FRANS

WOORDENSCHAT

THEMATISCHE WOORDENLIJST

NEDERLANDS FRANS

De meest bruikbare woorden
Om uw woordenschat uit te breiden en
uw taalvaardigheid aan te scherpen

9000 woorden

Thematische woordenschat Nederlands-Frans - 9000 woorden
Door Andrey Taranov

Woordenlijsten van T&P Books zijn bedoeld om u woorden van een vreemde taal te helpen leren, onthouden, en bestudering. Dit woordenboek is ingedeeld in thema's en behandelt alle belangrijk terreinen van het dagelijkse leven, bedrijven, wetenschap, cultuur, etc.

Het proces van het leren van woorden met behulp van de op thema's gebaseerde aanpak van T&P Books biedt u de volgende voordelen:

- Correct gegroepeerde informatie is bepalend voor succes bij opeenvolgende stadia van het leren van woorden
- De beschikbaarheid van woorden die van dezelfde stam zijn maakt het mogelijk om woordgroepen te onthouden (in plaats van losse woorden)
- Kleine groepen van woorden faciliteren het proces van het aanmaken van associatieve verbindingen, die nodig zijn bij het consolideren van de woordenschat
- Het niveau van talenkennis kan worden ingeschat door het aantal geleerde woorden

T&P Books Publishing
www.tpbooks.com

ISBN: 978-1-78492-292-4

Dit boek is ook beschikbaar in e-boek formaat.
Gelieve www.tpbooks.com te bezoeken of de belangrijkste online boekwinkels.

FRANSE WOORDENSCHAT
nieuwe woorden leren

T&P Books woordenlijsten zijn bedoeld om u te helpen vreemde woorden te leren, te onthouden, en te bestuderen. De woordenschat bevat meer dan 9000 veel gebruikte woorden die thematisch geordend zijn.

- De woordenlijst bevat de meest gebruikte woorden
- Aanbevolen als aanvulling bij welke taalcursus dan ook
- Voldoet aan de behoeften van de beginnende en gevorderde student in vreemde talen
- Geschikt voor dagelijks gebruik, bestudering en zelftestactiviteiten
- Maakt het mogelijk om uw woordenschat te evalueren

Bijzondere kenmerken van de woordenschat

- De woorden zijn gerangschikt naar hun betekenis, niet volgens alfabet
- De woorden worden weergegeven in drie kolommen om bestudering en zelftesten te vergemakkelijken
- Woorden in groepen worden verdeeld in kleine blokken om het leerproces te vergemakkelijken
- De woordenschat biedt een handige en eenvoudige beschrijving van elk buitenlands woord

De woordenschat bevat 256 onderwerpen zoals:

Basisconcepten, getallen, kleuren, maanden, seizoenen, meeteenheden, kleding en accessoires, eten & voeding, restaurant, familieleden, verwanten, karakter, gevoelens, emoties, ziekten, stad, dorp, bezienswaardigheden, winkelen, geld, huis, thuis, kantoor, werken op kantoor, import & export, marketing, werk zoeken, sport, onderwijs, computer, internet, gereedschap, natuur, landen, nationaliteiten en meer ...

INHOUDSOPGAVE

7

UITSPRAAKGIDS

Letter	Frans voorbeeld	T&P fonetisch alfabet	Nederlands voorbeeld

Klinkers

A a	cravate	[a]	acht
E e	mer	[ɛ]	elf, zwembad
I i [1]	hier	[j]	New York, januari
I i [2]	musique	[i]	bidden, tint
O o	porte	[o], [ɔ]	overeenkomst, bot
U u	rue	[y]	fuut, uur
Y y [3]	yacht	[j]	New York, januari
Y y [4]	type	[i]	bidden, tint

Medeklinkers

B b	robe	[b]	hebben
C c [5]	place	[s]	spreken, kosten
C c [6]	canard	[k]	kennen, kleur
Ç ç	leçon	[s]	spreken, kosten
D d	disque	[d]	Dank u, honderd
F f	femme	[f]	feestdag, informeren
G g [7]	page	[ʒ]	journalist, rouge
G g [8]	gare	[g]	goal, tango
H h	héros	[h]	stille [h]
J j	jour	[ʒ]	journalist, rouge
K k	kilo	[k]	kennen, kleur
L l	aller	[l]	delen, luchter
M m	maison	[m]	morgen, etmaal
N n	nom	[n]	nemen, zonder

P p	papier	[p]	parallel, koper
Q q	cinq	[k]	kennen, kleur
R r	mars	[r]	rollende [r]
S s [9]	raison	[z]	zeven, zesde
S s [10]	sac	[s]	spreken, kosten
T t	table	[t]	tomaat, taart
V v	verre	[v]	beloven, schrijven
W w	Taïwan	[w]	twee, willen
X x [11]	expliquer	[ks]	links, maximaal
X x [12]	exact	[gz]	[g] als in goal + [z]
X x [13]	dix	[s]	spreken, kosten

Letter	Frans voorbeeld	T&P fonetisch alfabet	Nederlands voorbeeld
X x [14]	dixième	[z]	zeven, zesde
Z z	zéro	[z]	zeven, zesde

Lettercombinaties

ai	faire	[ɛ]	elf, zwembad
au	faute	[o], [o:]	aankomst, rood
ay	payer	[ei]	Azerbeidzjan
ei	treize	[ɛ]	elf, zwembad
eau	eau	[o], [o:]	aankomst, rood
eu	beurre	[ø]	neus, beu
œ	œil	[ø]	neus, beu
œu	cœur	[ø:]	lange 'uh' als in deur
ou	nous	[u]	hoed, doe
oi	noir	[wa]	zwart, wachten
oy	voyage	[wa]	zwart, wachten
qu	quartier	[k]	kennen, kleur

ch	chat	[ʃ]	shampoo, machine
th	thé	[t]	tomaat, taart
ph	photo	[f]	feestdag, informeren
gu [15]	guerre	[g]	goal, tango
ge [16]	géographie	[ʒ]	journalist, rouge
gn	ligne	[ɲ]	cognac, nieuw
on, om	maison, nom	[ɔ̃]	nasale [o]

Opmerkingen

[1] voor klinkers
[2] elders
[3] voor klinkers
[4] elders
[5] voor e, i, y
[6] elders
[7] voor e, i, y
[8] elders
[9] tussen twee klinkers
[10] elders
[11] in de meeste gevallen
[12] zelden
[13] in dix, six, soixante
[14] in dixième, sixième
[15] voor e, i, u
[16] voor a, o, y

AFKORTINGEN
gebruikt in de woordenschat

Nederlandse afkortingen

mann.	-	mannelijk
vrouw.	-	vrouwelijk
mv.	-	meervoud
on.ww.	-	onovergankelijk werkwoord
ov.ww.	-	overgankelijk werkwoord
bn	-	bijvoeglijk naamwoord
bw	-	bijwoord
abn	-	als bijvoeglijk naamwoord
bijv.	-	bijvoorbeeld
enz.	-	enzovoort
wisk.	-	wiskunde
enk.	-	enkelvoud
ov.	-	over
mil.	-	militair
vn	-	voornaamwoord
telb.	-	telbaar
form.	-	formele taal
ontelb.	-	ontelbaar
inform.	-	informele taal
vw	-	voegwoord
vz	-	voorzetsel
ww	-	werkwoord

Nederlandse artikelen

de	-	gemeenschappelijk geslacht
het	-	onzijdig
de/het	-	onzijdig, gemeenschappelijk geslacht

Franse afkortingen

m	-	mannelijk zelfstandig naamwoord
f	-	vrouwelijk zelfstandig naamwoord
pl	-	meervoud
m pl	-	mannelijk meervoud
f pl	-	vrouwelijk meervoud

m, f	-	mannelijk, vrouwelijk
vt	-	overgankelijk werkwoord
vi	-	onovergankelijk werkwoord
adj	-	bijvoeglijk naamwoord
adv	-	bijwoord
conj	-	voegwoord
prep	-	voorzetsel
pron	-	voornaamwoord
v aux	-	hulp werkwoord
v imp	-	onpersoonlijk werkwoord
vi, vt	-	onovergankelijk, overgankelijk werkwoord
vp	-	pronominaal werkwoord
etc.	-	enzovoort

BASISBEGRIPPEN

Basisbegrippen Deel 1

1. Voornaamwoorden

ik	je	[ʒə]
jij, je	tu	[ty]
hij	il	[il]
zij, ze	elle	[ɛl]
het	ça	[sa]
wij, we	nous	[nu]
jullie	vous	[vu]
zij, ze (mann.)	ils	[il]
zij, ze (vrouw.)	elles	[ɛl]

2. Begroetingen. Begroetingen. Afscheid

Hallo! Dag!	Bonjour!	[bɔ̃ʒur]
Hallo!	Bonjour!	[bɔ̃ʒur]
Goedemorgen!	Bonjour!	[bɔ̃ʒur]
Goedemiddag!	Bonjour!	[bɔ̃ʒur]
Goedenavond!	Bonsoir!	[bɔ̃swar]
gedag zeggen (groeten)	dire bonjour	[dir bɔ̃ʒur]
Hoi!	Salut!	[saly]
groeten (het)	salut (m)	[saly]
verwelkomen (ww)	saluer (vt)	[salɥe]
Hoe is het?	Comment ça va?	[kɔmɑ̃ sa va]
Is er nog nieuws?	Quoi de neuf?	[kwa də nœf]
Dag! Tot ziens!	Au revoir!	[orəvwar]
Tot snel! Tot ziens!	À bientôt!	[a bjɛ̃to]
Vaarwel!	Adieu!	[adjø]
afscheid nemen (ww)	dire au revoir	[dir ərəvwar]
Tot kijk!	Salut!	[saly]
Dank u!	Merci!	[mɛrsi]
Dank u wel!	Merci beaucoup!	[mɛrsi boku]
Graag gedaan	Je vous en prie	[ʒə vuzɑ̃pri]
Geen dank!	Il n'y a pas de quoi	[il njapa də kwa]
Geen moeite.	Pas de quoi	[pa də kwa]
Excuseer me, ... (inform.)	Excuse-moi!	[ɛkskyz mwa]
Excuseer me, ... (form.)	Excusez-moi!	[ɛkskyze mwa]

15

excuseren (verontschuldigen)	excuser (vt)	[ɛkskyze]
zich verontschuldigen	s'excuser (vp)	[sɛkskyze]
Mijn excuses.	Mes excuses	[me zɛkskyz]
Het spijt me!	Pardonnez-moi!	[pardɔne mwa]
vergeven (ww)	pardonner (vt)	[pardɔne]
Maakt niet uit!	C'est pas grave	[sepagrav]
alsjeblieft	s'il vous plaît	[silvuple]

Vergeet het niet!	N'oubliez pas!	[nublije pɑ]
Natuurlijk!	Bien sûr!	[bjɛ̃ syːr]
Natuurlijk niet!	Bien sûr que non!	[bjɛ̃ syr kə nɔ̃]
Akkoord!	D'accord!	[dakɔr]
Zo is het genoeg!	Ça suffit!	[sa syfi]

3. Hoe aan te spreken

meneer	monsieur	[məsjø]
mevrouw	madame	[madam]
juffrouw	mademoiselle	[madmwazɛl]
jongeman	jeune homme	[ʒœn ɔm]
jongen	petit garçon	[pti garsɔ̃]
meisje	petite fille	[ptit fij]

4. Kardinale getallen. Deel 1

nul	zéro	[zero]
een	un	[œ̃]
twee	deux	[dø]
drie	trois	[trwa]
vier	quatre	[katr]

vijf	cinq	[sɛ̃k]
zes	six	[sis]
zeven	sept	[sɛt]
acht	huit	[ɥit]
negen	neuf	[nœf]

tien	dix	[dis]
elf	onze	[ɔ̃z]
twaalf	douze	[duz]
dertien	treize	[trɛz]
veertien	quatorze	[katɔrz]

vijftien	quinze	[kɛ̃z]
zestien	seize	[sɛz]
zeventien	dix-sept	[disɛt]
achttien	dix-huit	[dizɥit]
negentien	dix-neuf	[diznœf]

twintig	vingt	[vɛ̃]
eenentwintig	vingt et un	[vɛ̃teœ̃]
tweeëntwintig	vingt-deux	[vɛ̃tdø]

drieëntwintig	vingt-trois	[vɛ̃trwa]
dertig	trente	[trɑ̃t]
eenendertig	trente et un	[trɑ̃tœ̃]
tweeëndertig	trente-deux	[trɑ̃t dø]
drieëndertig	trente-trois	[trɑ̃t trwa]

veertig	quarante	[karɑ̃t]
eenenveertig	quarante et un	[karɑ̃tœ̃]
tweeënveertig	quarante-deux	[karɑ̃t dø]
drieënveertig	quarante-trois	[karɑ̃t trwa]

vijftig	cinquante	[sɛ̃kɑ̃t]
eenenvijftig	cinquante et un	[sɛ̃kɑ̃tœ̃]
tweeënvijftig	cinquante-deux	[sɛ̃kɑ̃t dø]
drieënvijftig	cinquante-trois	[sɛ̃kɑ̃t trwa]

zestig	soixante	[swasɑ̃t]
eenenzestig	soixante et un	[swasɑ̃tœ̃]
tweeënzestig	soixante-deux	[swasɑ̃t dø]
drieënzestig	soixante-trois	[swasɑ̃t trwa]

zeventig	soixante-dix	[swasɑ̃tdis]
eenenzeventig	soixante et onze	[swasɑ̃te ɔ̃z]
tweeënzeventig	soixante-douze	[swasɑ̃t duz]
drieënzeventig	soixante-treize	[swasɑ̃t trɛz]

tachtig	quatre-vingts	[katrəvɛ̃]
eenentachtig	quatre-vingt et un	[katrəvɛ̃tœ̃]
tweeëntachtig	quatre-vingt deux	[katrəvɛ̃ dø]
drieëntachtig	quatre-vingt trois	[katrəvɛ̃ trwa]

negentig	quatre-vingt-dix	[katrəvɛ̃dis]
eenennegentig	quatre-vingt et onze	[katrəvɛ̃ teɔ̃z]
tweeënnegentig	quatre-vingt-douze	[katrəvɛ̃ duz]
drieënnegentig	quatre-vingt-treize	[katrəvɛ̃ trɛz]

5. Kardinale getallen. Deel 2

honderd	cent	[sɑ̃]
tweehonderd	deux cents	[dø sɑ̃]
driehonderd	trois cents	[trwa sɑ̃]
vierhonderd	quatre cents	[katr sɑ̃]
vijfhonderd	cinq cents	[sɛ̃k sɑ̃]

zeshonderd	six cents	[si sɑ̃]
zevenhonderd	sept cents	[sɛt sɑ̃]
achthonderd	huit cents	[ɥi sɑ̃]
negenhonderd	neuf cents	[nœf sɑ̃]

duizend	mille	[mil]
tweeduizend	deux mille	[dø mil]
drieduizend	trois mille	[trwa mil]
tienduizend	dix mille	[di mil]
honderdduizend	cent mille	[sɑ̃ mil]

| miljoen (het) | million (m) | [miljõ] |
| miljard (het) | milliard (m) | [miljar] |

6. Ordinale getallen

eerste (bn)	premier (adj)	[prəmje]
tweede (bn)	deuxième (adj)	[døzjɛm]
derde (bn)	troisième (adj)	[trwazjɛm]
vierde (bn)	quatrième (adj)	[katrijɛm]
vijfde (bn)	cinquième (adj)	[sɛ̃kjɛm]

zesde (bn)	sixième (adj)	[sizjɛm]
zevende (bn)	septième (adj)	[sɛtjɛm]
achtste (bn)	huitième (adj)	[ɥitjɛm]
negende (bn)	neuvième (adj)	[nœvjɛm]
tiende (bn)	dixième (adj)	[dizjɛm]

7. Getallen. Breuken

breukgetal (het)	fraction (f)	[fraksjõ]
half	un demi	[œ̃ dəmi]
een derde	un tiers	[œ̃ tjɛr]
kwart	un quart	[œ̃ kar]

een achtste	un huitième	[œn ɥitjɛm]
een tiende	un dixième	[œ̃ dizjɛm]
twee derde	deux tiers	[dø tjɛr]
driekwart	trois quarts	[trwa kar]

8. Getallen. Eenvoudige berekeningen

aftrekking (de)	soustraction (f)	[sustraksjõ]
aftrekken (ww)	soustraire (vt)	[sustrɛr]
deling (de)	division (f)	[divizjõ]
delen (ww)	diviser (vt)	[divize]

optelling (de)	addition (f)	[adisjõ]
erbij optellen (bij elkaar voegen)	additionner (vt)	[adisjone]
optellen (ww)	ajouter (vt)	[aʒute]
vermenigvuldiging (de)	multiplication (f)	[myltiplikasjõ]
vermenigvuldigen (ww)	multiplier (vt)	[myltiplije]

9. Getallen. Diversen

cijfer (het)	chiffre (m)	[ʃifr]
nummer (het)	nombre (m)	[nõbr]
telwoord (het)	adjectif (m) numéral	[adʒɛktif nymeral]

minteken (het)	moins (m)	[mwɛ̃]
plusteken (het)	plus (m)	[ply]
formule (de)	formule (f)	[fɔrmyl]

berekening (de)	calcul (m)	[kalkyl]
tellen (ww)	compter (vt)	[kɔ̃te]
bijrekenen (ww)	calculer (vt)	[kalkyle]
vergelijken (ww)	comparer (vt)	[kɔ̃pare]

Hoeveel?	Combien?	[kɔ̃bjɛ̃]
som (de), totaal (het)	somme (f)	[sɔm]
uitkomst (de)	résultat (m)	[rezylta]
rest (de)	reste (m)	[rɛst]

enkele (bijv. ~ minuten)	quelques ...	[kɛlkə]
weinig (bw)	peu de ...	[pø də]
restant (het)	reste (m)	[rɛst]
anderhalf	un et demi	[œne dəmi]
dozijn (het)	douzaine (f)	[duzɛn]

middendoor (bw)	en deux	[ɑ̃ dø]
even (bw)	en parties égales	[ɑ̃ parti egal]
helft (de)	moitié (f)	[mwatje]
keer (de)	fois (f)	[fwa]

10. De belangrijkste werkwoorden. Deel 1

aanbevelen (ww)	recommander (vt)	[rəkɔmɑ̃de]
aandringen (ww)	insister (vi)	[ɛ̃siste]
aankomen (per auto, enz.)	venir (vi)	[vənir]
aanraken (ww)	toucher (vt)	[tuʃe]
adviseren (ww)	conseiller (vt)	[kɔ̃seje]

afdalen (on.ww.)	descendre (vi)	[desɑ̃dr]
afslaan (naar rechts ~)	tourner (vi)	[turne]
antwoorden (ww)	répondre (vi, vt)	[repɔ̃dr]
bang zijn (ww)	avoir peur	[avwar pœr]
bedreigen	menacer (vt)	[mənase]
(bijv. met een pistool)		

bedriegen (ww)	tromper (vt)	[trɔ̃pe]
beëindigen (ww)	finir (vt)	[finir]
beginnen (ww)	commencer (vt)	[kɔmɑ̃se]
begrijpen (ww)	comprendre (vt)	[kɔ̃prɑ̃dr]
beheren (managen)	diriger (vt)	[diriʒe]

| beledigen | insulter (vt) | [ɛ̃sylte] |
| (met scheldwoorden) | | |

beloven (ww)	promettre (vt)	[prɔmɛtr]
bereiden (koken)	préparer (vt)	[prepare]
bespreken (spreken over)	discuter (vt)	[diskyte]

| bestellen (eten ~) | commander (vt) | [kɔmɑ̃de] |
| bestraffen (een stout kind ~) | punir (vt) | [pynir] |

betalen (ww)	payer (vi, vt)	[peje]
betekenen (beduiden)	signifier (vt)	[siɲifje]
betreuren (ww)	regretter (vt)	[rəgrɛte]

bevallen (prettig vinden)	plaire (vt)	[plɛr]
bevelen (mil.)	ordonner (vt)	[ɔrdɔne]
bevrijden (stad, enz.)	libérer (vt)	[libere]
bewaren (ww)	garder (vt)	[garde]
bezitten (ww)	posséder (vt)	[pɔsede]

bidden (praten met God)	prier (vt)	[prije]
binnengaan (een kamer ~)	entrer (vi)	[ɑ̃tre]
breken (ww)	casser (vt)	[kase]
controleren (ww)	contrôler (vt)	[kɔ̃trole]
creëren (ww)	créer (vt)	[kree]

deelnemen (ww)	participer à ...	[partisipe a]
denken (ww)	penser (vi, vt)	[pɑ̃se]
doden (ww)	tuer (vt)	[tɥe]
doen (ww)	faire (vt)	[fɛr]
dorst hebben (ww)	avoir soif	[avwar swaf]

11. De belangrijkste werkwoorden. Deel 2

een hint geven	donner un indice	[dɔne ynɛ̃dis]
eisen (met klem vragen)	exiger (vt)	[ɛgziʒe]
excuseren (vergeven)	excuser (vt)	[ɛkskyze]
existeren (bestaan)	exister (vi)	[ɛgziste]
gaan (te voet)	aller (vi)	[ale]

gaan zitten (ww)	s'asseoir (vp)	[saswar]
gaan zwemmen	se baigner (vp)	[sə beɲe]
geven (ww)	donner (vt)	[dɔne]
glimlachen (ww)	sourire (vi)	[surir]
goed raden (ww)	deviner (vt)	[dəvine]

| grappen maken (ww) | plaisanter (vi) | [plɛzɑ̃te] |
| graven (ww) | creuser (vt) | [krøze] |

hebben (ww)	avoir (vt)	[avwar]
helpen (ww)	aider (vt)	[ede]
herhalen (opnieuw zeggen)	répéter (vt)	[repete]
honger hebben (ww)	avoir faim	[avwar fɛ̃]

hopen (ww)	espérer (vi)	[ɛspere]
horen (waarnemen met het oor)	entendre (vt)	[ɑ̃tɑ̃dr]
huilen (wenen)	pleurer (vi)	[plœre]
huren (huis, kamer)	louer (vt)	[lwe]
informeren (informatie geven)	informer (vt)	[ɛ̃fɔrme]
instemmen (akkoord gaan)	être d'accord	[ɛtr dakɔr]
jagen (ww)	chasser (vi, vt)	[ʃase]
kennen (kennis hebben van iemand)	connaître (vt)	[kɔnɛtr]

| kiezen (ww) | choisir (vt) | [ʃwazir] |
| klagen (ww) | se plaindre (vp) | [sə plɛ̃dr] |

kosten (ww)	coûter (vt)	[kute]
kunnen (ww)	pouvoir (v aux)	[puvwar]
lachen (ww)	rire (vi)	[rir]
laten vallen (ww)	faire tomber	[fɛr tõbe]
lezen (ww)	lire (vi, vt)	[lir]

liefhebben (ww)	aimer (vt)	[eme]
lunchen (ww)	déjeuner (vi)	[deʒœne]
nemen (ww)	prendre (vt)	[prãdr]
nodig zijn (ww)	être nécessaire	[ɛtr nesesɛr]

12. De belangrijkste werkwoorden. Deel 3

onderschatten (ww)	sous-estimer (vt)	[suzɛstime]
ondertekenen (ww)	signer (vt)	[siɲe]
ontbijten (ww)	prendre le petit déjeuner	[prãdr ləpti deʒœne]
openen (ww)	ouvrir (vt)	[uvrir]
ophouden (ww)	cesser (vt)	[sese]
opmerken (zien)	apercevoir (vt)	[apɛrsəvwar]

opscheppen (ww)	se vanter (vp)	[sə vãte]
opschrijven (ww)	prendre en note	[prãdr ã nɔt]
plannen (ww)	planifier (vt)	[planifje]
prefereren (verkiezen)	préférer (vt)	[prefere]
proberen (trachten)	essayer (vt)	[eseje]
redden (ww)	sauver (vt)	[sove]

rekenen op …	compter sur …	[kõte syr]
rennen (ww)	courir (vt)	[kurir]
reserveren (een hotelkamer ~)	réserver (vt)	[rezɛrve]
roepen (om hulp)	appeler (vt)	[aple]
schieten (ww)	tirer (vi)	[tire]
schreeuwen (ww)	crier (vi)	[krije]

schrijven (ww)	écrire (vt)	[ekrir]
souperen (ww)	dîner (vi)	[dine]
spelen (kinderen)	jouer (vt)	[ʒwe]
spreken (ww)	parler (vi, vt)	[parle]
stelen (ww)	voler (vt)	[vɔle]
stoppen (pauzeren)	s'arrêter (vp)	[sarete]

studeren (Nederlands ~)	étudier (vt)	[etydje]
sturen (zenden)	envoyer (vt)	[ãvwaje]
tellen (optellen)	compter (vi, vt)	[kõte]
toebehoren …	appartenir à …	[apartənir a]
toestaan (ww)	permettre (vt)	[pɛrmɛtr]
tonen (ww)	montrer (vt)	[mõtre]

| twijfelen (onzeker zijn) | douter (vt) | [dute] |
| uitgaan (ww) | sortir (vi) | [sɔrtir] |

uitnodigen (ww)	inviter (vt)	[ɛ̃vite]
uitspreken (ww)	prononcer (vt)	[prɔnɔ̃se]
uitvaren tegen (ww)	gronder (vt)	[grɔ̃de]

13. De belangrijkste werkwoorden. Deel 4

vallen (ww)	tomber (vi)	[tɔ̃be]
vangen (ww)	attraper (vt)	[atrape]
veranderen (anders maken)	changer (vt)	[ʃɑ̃ʒe]
verbaasd zijn (ww)	s'étonner (vp)	[setɔne]
verbergen (ww)	cacher (vt)	[kaʃe]

verdedigen (je land ~)	défendre (vt)	[defɑ̃dr]
verenigen (ww)	réunir (vt)	[reynir]
vergelijken (ww)	comparer (vt)	[kɔ̃pare]
vergeten (ww)	oublier (vt)	[ublije]
vergeven (ww)	pardonner (vt)	[pardɔne]

verklaren (uitleggen)	expliquer (vt)	[ɛksplike]
verkopen (per stuk ~)	vendre (vt)	[vɑ̃dr]
vermelden (praten over)	mentionner (vt)	[mɑ̃sjɔne]
versieren (decoreren)	décorer (vt)	[dekɔre]
vertalen (ww)	traduire (vt)	[tradɥir]

vertrouwen (ww)	avoir confiance	[avwar kɔ̃fjɑ̃s]
vervolgen (ww)	continuer (vt)	[kɔ̃tinɥe]
verwarren (met elkaar ~)	confondre (vt)	[kɔ̃fɔ̃dr]
verzoeken (ww)	demander (vt)	[dəmɑ̃de]
verzuimen (school, enz.)	manquer (vt)	[mɑ̃ke]

vinden (ww)	trouver (vt)	[truve]
vliegen (ww)	voler (vi)	[vɔle]
volgen (ww)	suivre (vt)	[sɥivr]
voorstellen (ww)	proposer (vt)	[prɔpoze]
voorzien (verwachten)	prévoir (vt)	[prevwar]
vragen (ww)	demander (vt)	[dəmɑ̃de]

waarnemen (ww)	observer (vt)	[ɔpsɛrve]
waarschuwen (ww)	avertir (vt)	[avɛrtir]
wachten (ww)	attendre (vt)	[atɑ̃dr]
weerspreken (ww)	objecter (vt)	[ɔbʒɛkte]
weigeren (ww)	se refuser (vp)	[sə rəfyze]

werken (ww)	travailler (vi)	[travaje]
weten (ww)	savoir (vt)	[savwar]
willen (verlangen)	vouloir (vt)	[vulwar]
zeggen (ww)	dire (vt)	[dir]
zich haasten (ww)	être pressé	[ɛtr prese]

zich interesseren voor ...	s'intéresser (vp)	[sɛ̃terese]
zich vergissen (ww)	se tromper (vp)	[sə trɔ̃pe]
zich verontschuldigen	s'excuser (vp)	[sɛkskyze]
zien (ww)	voir (vt)	[vwar]
zijn (ww)	être (vi)	[ɛtr]

zoeken (ww)	chercher (vt)	[ʃɛrʃe]
zwemmen (ww)	nager (vi)	[naʒe]
zwijgen (ww)	rester silencieux	[rɛste silãsjø]

14. Kleuren

kleur (de)	couleur (f)	[kulœr]
tint (de)	teinte (f)	[tɛ̃t]
kleurnuance (de)	ton (m)	[tõ]
regenboog (de)	arc-en-ciel (m)	[arkãsjɛl]

wit (bn)	blanc (adj)	[blã]
zwart (bn)	noir (adj)	[nwar]
grijs (bn)	gris (adj)	[gri]

groen (bn)	vert (adj)	[vɛr]
geel (bn)	jaune (adj)	[ʒon]
rood (bn)	rouge (adj)	[ruʒ]

blauw (bn)	bleu (adj)	[blø]
lichtblauw (bn)	bleu clair (adj)	[blø klɛr]
roze (bn)	rose (adj)	[roz]
oranje (bn)	orange (adj)	[ɔrãʒ]
violet (bn)	violet (adj)	[vjɔlɛ]
bruin (bn)	brun (adj)	[brœ̃]

| goud (bn) | d'or (adj) | [dɔr] |
| zilverkleurig (bn) | argenté (adj) | [arʒãte] |

beige (bn)	beige (adj)	[bɛʒ]
roomkleurig (bn)	crème (adj)	[krɛm]
turkoois (bn)	turquoise (adj)	[tyrkwaz]
kersrood (bn)	rouge cerise (adj)	[ruʒ səriz]
lila (bn)	lilas (adj)	[lila]
karmijnrood (bn)	framboise (adj)	[frãbwaz]

licht (bn)	clair (adj)	[klɛr]
donker (bn)	foncé (adj)	[fõse]
fel (bn)	vif (adj)	[vif]

kleur-, kleurig (bn)	de couleur (adj)	[də kulœr]
kleuren- (abn)	en couleurs (adj)	[ã kulœr]
zwart-wit (bn)	noir et blanc (adj)	[nwar e blã]
eenkleurig (bn)	monochrome (adj)	[mɔnɔkrom]
veelkleurig (bn)	multicolore (adj)	[myltikɔlɔr]

15. Vragen

Wie?	Qui?	[ki]
Wat?	Quoi?	[kwa]
Waar?	Où?	[u]
Waarheen?	Où?	[u]

Waar ... vandaan?	D'où?	[du]
Wanneer?	Quand?	[kɑ̃]
Waarom?	Pourquoi?	[purkwa]
Waarom?	Pourquoi?	[purkwa]

Waarvoor dan ook?	À quoi bon?	[ɑ kwa bɔ̃]
Hoe?	Comment?	[kɔmɑ̃]
Wat voor ...?	Quel?	[kɛl]
Welk?	Lequel?	[ləkɛl]

Aan wie?	À qui?	[ɑ ki]
Over wie?	De qui?	[də ki]
Waarover?	De quoi?	[də kwa]
Met wie?	Avec qui?	[avɛk ki]

| Hoeveel? | Combien? | [kɔ̃bjɛ̃] |
| Van wie? (mann.) | À qui? | [ɑ ki] |

16. Voorzetsels

met (bijv. ~ beleg)	avec ... (prep)	[avɛk]
zonder (~ accent)	sans ... (prep)	[sɑ̃]
naar (in de richting van)	à ... (prep)	[a]
over (praten ~)	de ... (prep)	[də]
voor (in tijd)	avant (prep)	[avɑ̃]
voor (aan de voorkant)	devant (prep)	[dəvɑ̃]

onder (lager dan)	sous ... (prep)	[su]
boven (hoger dan)	au-dessus de ... (prep)	[odsy də]
op (bovenop)	sur ... (prep)	[syr]
van (uit, afkomstig van)	de ... (prep)	[də]
van (gemaakt van)	en ... (prep)	[ɑ̃]

| over (bijv. ~ een uur) | dans ... (prep) | [dɑ̃] |
| over (over de bovenkant) | par dessus ... (prep) | [par dəsy] |

17. Functiewoorden. Bijwoorden. Deel 1

Waar?	Où?	[u]
hier (bw)	ici (adv)	[isi]
daar (bw)	là-bas (adv)	[laba]

| ergens (bw) | quelque part (adv) | [kɛlkə par] |
| nergens (bw) | nulle part (adv) | [nyl par] |

| bij ... (in de buurt) | près de ... (prep) | [prɛ də] |
| bij het raam | près de la fenêtre | [prɛdə la fənɛtr] |

Waarheen?	Où?	[u]
hierheen (bw)	ici (adv)	[isi]
daarheen (bw)	là-bas (adv)	[laba]
hiervandaan (bw)	d'ici (adv)	[disi]

daarvandaan (bw)	de là-bas (adv)	[də laba]
dichtbij (bw)	près (adv)	[prɛ]
ver (bw)	loin (adv)	[lwɛ̃]
in de buurt (van ...)	près de ...	[prɛ də]
vlakbij (bw)	tout près (adv)	[tu prɛ]
niet ver (bw)	pas loin (adv)	[pɑ lwɛ̃]
linker (bn)	gauche (adj)	[goʃ]
links (bw)	à gauche (adv)	[agoʃ]
linksaf, naar links (bw)	à gauche (adv)	[agoʃ]
rechter (bn)	droit (adj)	[drwa]
rechts (bw)	à droite (adv)	[adrwat]
rechtsaf, naar rechts (bw)	à droite (adv)	[adrwat]
vooraan (bw)	devant (adv)	[dəvã]
voorste (bn)	de devant (adj)	[də dəvã]
vooruit (bw)	en avant (adv)	[ɑn avã]
achter (bw)	derrière (adv)	[dɛrjɛr]
van achteren (bw)	par derrière (adv)	[par dɛrjɛr]
achteruit (naar achteren)	en arrière (adv)	[ɑn arjɛr]
midden (het)	milieu (m)	[miljø]
in het midden (bw)	au milieu (adv)	[omiljø]
opzij (bw)	de côté (adv)	[də kote]
overal (bw)	partout (adv)	[partu]
omheen (bw)	autour (adv)	[otur]
binnenuit (bw)	de l'intérieur	[də lɛ̃terjœr]
naar ergens (bw)	quelque part (adv)	[kɛlkə par]
rechtdoor (bw)	tout droit (adv)	[tu drwa]
terug (bijv. ~ komen)	en arrière (adv)	[ɑn arjɛr]
ergens vandaan (bw)	de quelque part	[də kɛlkə par]
ergens vandaan (en dit geld moet ~ komen)	de quelque part	[də kɛlkə par]
ten eerste (bw)	premièrement (adv)	[prəmjɛrmã]
ten tweede (bw)	deuxièmement (adv)	[døzjɛmmã]
ten derde (bw)	troisièmement (adv)	[trwazjɛmmã]
plotseling (bw)	soudain (adv)	[sudɛ̃]
in het begin (bw)	au début (adv)	[odeby]
voor de eerste keer (bw)	pour la première fois	[pur la prəmjɛr fwa]
lang voor ... (bw)	bien avant ...	[bjɛn avã]
opnieuw (bw)	de nouveau (adv)	[də nuvo]
voor eeuwig (bw)	pour toujours (adv)	[pur tuʒur]
nooit (bw)	jamais (adv)	[ʒamɛ]
weer (bw)	encore (adv)	[ãkɔr]
nu (bw)	maintenant (adv)	[mɛ̃tnã]
vaak (bw)	souvent (adv)	[suvã]
toen (bw)	alors (adv)	[alɔr]

urgent (bw)	d'urgence (adv)	[dyrʒɑ̃s]
meestal (bw)	d'habitude (adv)	[dabityd]

trouwens, ... (tussen haakjes)	à propos, ...	[aprɔpo]
mogelijk (bw)	c'est possible	[sepɔsibl]
waarschijnlijk (bw)	probablement (adv)	[prɔbabləmɑ̃]
misschien (bw)	peut-être (adv)	[pøtɛtr]
trouwens (bw)	en plus, ...	[ɑ̃plys]
daarom ...	c'est pourquoi ...	[se purkwa]
in weerwil van ...	malgré ...	[malgre]
dankzij ...	grâce à ...	[gras a]

wat (vn)	quoi (pron)	[kwa]
dat (vw)	que (conj)	[kə]
iets (vn)	quelque chose (pron)	[kɛlkə ʃoz]
iets	quelque chose (pron)	[kɛlkə ʃoz]
niets (vn)	rien	[rjɛ̃]

wie (~ is daar?)	qui (pron)	[ki]
iemand (een onbekende)	quelqu'un (pron)	[kɛlkœ̃]
iemand (een bepaald persoon)	quelqu'un (pron)	[kɛlkœ̃]

niemand (vn)	personne (pron)	[pɛrsɔn]
nergens (bw)	nulle part (adv)	[nyl par]
niemands (bn)	de personne	[də pɛrsɔn]
iemands (bn)	de n'importe qui	[də nɛ̃pɔrt ki]

zo (Ik ben ~ blij)	comme ça (adv)	[kɔmsa]
ook (evenals)	également (adv)	[egalmɑ̃]
alsook (eveneens)	aussi (adv)	[osi]

18. Functiewoorden. Bijwoorden. Deel 2

Waarom?	Pourquoi?	[purkwa]
om een bepaalde reden	on ne sait pourquoi	[ɔ̃nə sɛ purkwa]
omdat ...	parce que ...	[parskə]
voor een bepaald doel	pour une raison quelconque	[pur yn rɛzɔ̃ kɛlkɔ̃k]

en (vw)	et (conj)	[e]
of (vw)	ou (conj)	[u]
maar (vw)	mais (conj)	[mɛ]
voor (vz)	pour ... (prep)	[pur]

te (~ veel mensen)	trop (adv)	[tro]
alleen (bw)	seulement (adv)	[sœlmɑ̃]
precies (bw)	précisément (adv)	[presizemɑ̃]
ongeveer (~ 10 kg)	autour de ... (prep)	[otur də]

omstreeks (bw)	approximativement	[aprɔksimativmɑ̃]
bij benadering (bn)	approximatif (adj)	[aprɔksimatif]
bijna (bw)	presque (adv)	[prɛsk]

rest (de)	reste (m)	[rɛst]
de andere (tweede)	l'autre (adj)	[lotr]
ander (bn)	autre (adj)	[otr]
elk (bn)	chaque (adj)	[ʃak]
om het even welk	n'importe quel (adj)	[nɛ̃port kɛl]
veel (grote hoeveelheid)	beaucoup (adv)	[boku]
veel mensen	plusieurs (pron)	[plyzjœr]
iedereen (alle personen)	touts les ... , toutes les ...	[tut le], [tut le]
in ruil voor ...	en échange de ...	[ɑn eʃɑ̃ʒ də ...]
in ruil (bw)	en échange (adv)	[ɑn eʃɑ̃ʒ]
met de hand (bw)	à la main (adv)	[alamɛ̃]
onwaarschijnlijk (bw)	peu probable (adj)	[pø probabl]
waarschijnlijk (bw)	probablement (adv)	[probabləmɑ̃]
met opzet (bw)	exprès (adv)	[ɛksprɛ]
toevallig (bw)	par hasard (adv)	[par azar]
zeer (bw)	très (adv)	[trɛ]
bijvoorbeeld (bw)	par exemple (adv)	[par ɛgzɑ̃p]
tussen (~ twee steden)	entre ... (prep)	[ɑ̃tr]
tussen (te midden van)	parmi ... (prep)	[parmi]
zoveel (bw)	autant (adv)	[otɑ̃]
vooral (bw)	surtout (adv)	[syrtu]

Basisbegrippen Deel 2

19. Dagen van de week

maandag (de)	lundi (m)	[lœ̃di]
dinsdag (de)	mardi (m)	[mardi]
woensdag (de)	mercredi (m)	[mɛrkrədi]
donderdag (de)	jeudi (m)	[ʒødi]
vrijdag (de)	vendredi (m)	[vãdrədi]
zaterdag (de)	samedi (m)	[samdi]
zondag (de)	dimanche (m)	[dimãʃ]

vandaag (bw)	aujourd'hui (adv)	[oʒurdɥi]
morgen (bw)	demain (adv)	[dəmɛ̃]
overmorgen (bw)	après-demain (adv)	[aprɛdmɛ̃]
gisteren (bw)	hier (adv)	[ijɛr]
eergisteren (bw)	avant-hier (adv)	[avãtjɛr]

dag (de)	jour (m)	[ʒur]
werkdag (de)	jour (m) ouvrable	[ʒur uvrabl]
feestdag (de)	jour (m) férié	[ʒur ferje]
verlofdag (de)	jour (m) de repos	[ʒur də rəpo]
weekend (het)	week-end (m)	[wikɛnd]

de hele dag (bw)	toute la journée	[tut la ʒurne]
de volgende dag (bw)	le lendemain	[lõdmɛ̃]
twee dagen geleden	il y a 2 jours	[ilja də ʒur]
aan de vooravond (bw)	la veille	[la vɛj]
dag-, dagelijks (bn)	quotidien (adj)	[kɔtidjɛ̃]
elke dag (bw)	tous les jours	[tu le ʒur]

week (de)	semaine (f)	[səmɛn]
vorige week (bw)	la semaine dernière	[la səmɛn dɛrnjɛr]
volgende week (bw)	la semaine prochaine	[la səmɛn prɔʃɛn]
wekelijks (bn)	hebdomadaire (adj)	[ɛbdɔmadɛr]
elke week (bw)	chaque semaine	[ʃak səmɛn]
twee keer per week	2 fois par semaine	[dø fwa par səmɛn]
elke dinsdag	tous les mardis	[tu le mardi]

20. Uren. Dag en nacht

morgen (de)	matin (m)	[matɛ̃]
's morgens (bw)	le matin	[lə matɛ̃]
middag (de)	midi (m)	[midi]
's middags (bw)	dans l'après-midi	[dã laprɛmidi]

avond (de)	soir (m)	[swar]
's avonds (bw)	le soir	[lə swar]

nacht (de)	nuit (f)	[nɥi]
's nachts (bw)	la nuit	[la nɥi]
middernacht (de)	minuit (f)	[minɥi]
seconde (de)	seconde (f)	[səgɔ̃d]
minuut (de)	minute (f)	[minyt]
uur (het)	heure (f)	[œr]
halfuur (het)	demi-heure (f)	[dəmijœr]
kwartier (het)	un quart d'heure	[œ̃ kar dœr]
vijftien minuten	quinze minutes	[kɛ̃z minyt]
etmaal (het)	vingt-quatre heures	[vɛ̃tkatr œr]
zonsopgang (de)	lever (m) du soleil	[ləve dy sɔlɛj]
dageraad (de)	aube (f)	[ob]
vroege morgen (de)	pointe (f) du jour	[pwɛ̃t dy ʒur]
zonsondergang (de)	coucher (m) du soleil	[kuʃe dy sɔlɛj]
's morgens vroeg (bw)	tôt le matin	[to lə matɛ̃]
vanmorgen (bw)	ce matin	[sə matɛ̃]
morgenochtend (bw)	demain matin	[dəmɛ̃ matɛ̃]
vanmiddag (bw)	cet après-midi	[sɛt aprɛmidi]
's middags (bw)	dans l'après-midi	[dɑ̃ laprɛmidi]
morgenmiddag (bw)	demain après-midi	[dəmɛn aprɛmidi]
vanavond (bw)	ce soir	[sə swar]
morgenavond (bw)	demain soir	[dəmɛ̃ swar]
klokslag drie uur	à 3 heures précises	[ɑ trwa zœr presiz]
ongeveer vier uur	autour de 4 heures	[otur də katr œr]
tegen twaalf uur	vers midi	[vɛr midi]
over twintig minuten	dans 20 minutes	[dɑ̃ vɛ̃ minyt]
over een uur	dans une heure	[dɑ̃zyn œr]
op tijd (bw)	à temps	[ɑ tɑ̃]
kwart voor ...	moins le quart	[mwɛ̃ lə kar]
binnen een uur	en une heure	[ɑ̃nyn œr]
elk kwartier	tous les quarts d'heure	[tu le kar dœr]
de klok rond	24 heures sur 24	[vɛ̃tkatr œr syr vɛ̃tkatr]

21. Maanden. Seizoenen

januari (de)	janvier (m)	[ʒɑ̃vje]
februari (de)	février (m)	[fevrije]
maart (de)	mars (m)	[mars]
april (de)	avril (m)	[avril]
mei (de)	mai (m)	[mɛ]
juni (de)	juin (m)	[ʒɥɛ̃]
juli (de)	juillet (m)	[ʒɥijɛ]
augustus (de)	août (m)	[ut]
september (de)	septembre (m)	[separemɑ̃]
oktober (de)	octobre (m)	[ɔktɔbr]
november (de)	novembre (m)	[nɔvɑ̃br]
december (de)	décembre (m)	[desɑ̃br]

lente (de)	printemps (m)	[prɛ̃tɑ̃]
in de lente (bw)	au printemps	[oprɛ̃tɑ̃]
lente- (abn)	de printemps (adj)	[də prɛ̃tɑ̃]
zomer (de)	été (m)	[ete]
in de zomer (bw)	en été	[ɑn ete]
zomer-, zomers (bn)	d'été (adj)	[dete]
herfst (de)	automne (m)	[otɔn]
in de herfst (bw)	en automne	[ɑn otɔn]
herfst- (abn)	d'automne (adj)	[dotɔn]
winter (de)	hiver (m)	[ivɛr]
in de winter (bw)	en hiver	[ɑn ivɛr]
winter- (abn)	d'hiver (adj)	[divɛr]
maand (de)	mois (m)	[mwa]
deze maand (bw)	ce mois	[sə mwa]
volgende maand (bw)	le mois prochain	[lə mwa prɔʃɛ̃]
vorige maand (bw)	le mois dernier	[lə mwa dɛrnje]
een maand geleden (bw)	il y a un mois	[ilja œ̃ mwa]
over een maand (bw)	dans un mois	[dɑ̃zœn mwa]
over twee maanden (bw)	dans 2 mois	[dɑ̃ dø mwa]
de hele maand (bw)	tout le mois	[tu lə mwa]
een volle maand (bw)	tout un mois	[tutœ̃ mwa]
maand-, maandelijks (bn)	mensuel (adj)	[mɑ̃sɥɛl]
maandelijks (bw)	tous les mois	[tu le mwa]
elke maand (bw)	chaque mois	[ʃak mwa]
twee keer per maand	2 fois par mois	[dø fwa par mwa]
jaar (het)	année (f)	[ane]
dit jaar (bw)	cette année	[sɛt ane]
volgend jaar (bw)	l'année prochaine	[lane prɔʃɛn]
vorig jaar (bw)	l'année dernière	[lane dɛrnjɛr]
een jaar geleden (bw)	il y a un an	[ilja œnɑ̃]
over een jaar	dans un an	[dɑ̃zœn ɑ̃]
over twee jaar	dans 2 ans	[dɑ̃ dø zɑ̃]
het hele jaar	toute l'année	[tut lane]
een vol jaar	toute une année	[tutyn ane]
elk jaar	chaque année	[ʃak ane]
jaar-, jaarlijks (bn)	annuel (adj)	[anɥɛl]
jaarlijks (bw)	tous les ans	[tu lezɑ̃]
4 keer per jaar	4 fois par an	[katr fwa parɑ̃]
datum (de)	date (f)	[dat]
datum (de)	date (f)	[dat]
kalender (de)	calendrier (m)	[kalɑ̃drije]
een half jaar	six mois	[si mwa]
zes maanden	semestre (m)	[səmɛstr]
seizoen (bijv. lente, zomer)	saison (f)	[sɛzɔ̃]
eeuw (de)	siècle (m)	[sjɛkl]

22. Tijd. Diversen

tijd (de)	temps (m)	[tã]
ogenblik (het)	instant (m)	[ɛ̃stã]
moment (het)	moment (m)	[mɔmã]
ogenblikkelijk (bn)	instantané (adj)	[ɛ̃stãtane]
tijdsbestek (het)	laps (m) de temps	[laps də tã]
leven (het)	vie (f)	[vi]
eeuwigheid (de)	éternité (f)	[etɛrnite]

epoche (de), tijdperk (het)	époque (f)	[epɔk]
era (de), tijdperk (het)	ère (f)	[ɛr]
cyclus (de)	cycle (m)	[sikl]
periode (de)	période (f)	[perjɔd]
termijn (vastgestelde periode)	délai (m)	[delɛ]

toekomst (de)	avenir (m)	[avnir]
toekomstig (bn)	prochain (adj)	[prɔʃɛ̃]
de volgende keer	la fois prochaine	[la fwa prɔʃɛn]
verleden (het)	passé (m)	[pɑse]
vorig (bn)	passé (adj)	[pɑse]
de vorige keer	la fois passée	[la fwa pɑse]

later (bw)	plus tard (adv)	[ply tar]
na (~ het diner)	après ... (prep)	[aprɛ]
tegenwoordig (bw)	à présent (adv)	[aprezã]
nu (bw)	maintenant (adv)	[mɛ̃tnã]
onmiddellijk (bw)	immédiatement (adv)	[imedjatmã]
snel (bw)	bientôt (adv)	[bjɛ̃to]
bij voorbaat (bw)	d'avance (adv)	[davãs]

lang geleden (bw)	il y a longtemps	[ilja lõtã]
kort geleden (bw)	récemment (adv)	[resamã]
noodlot (het)	destin (m)	[dɛstɛ̃]
herinneringen (mv.)	souvenirs (m pl)	[suvnir]
archief (het)	archives (f pl)	[arʃiv]

tijdens ... (ten tijde van)	pendant ... (prep)	[pãdã]
lang (bw)	longtemps (adv)	[lõtã]
niet lang (bw)	pas longtemps (adv)	[pɑ lõtã]
vroeg (bijv. ~ in de ochtend)	tôt (adv)	[to]
laat (bw)	tard (adv)	[tar]

voor altijd (bw)	pour toujours (adv)	[pur tuʒur]
beginnen (ww)	commencer (vt)	[kɔmãse]
uitstellen (ww)	reporter (vt)	[rəpɔrte]

tegelijkertijd (bw)	en même temps (adv)	[ã mɛm tã]
voortdurend (bw)	tout le temps (adv)	[tu lə tã]
constant (bijv. ~ lawaai)	constant (adj)	[kõstã]
tijdelijk (bn)	temporaire (adj)	[tãpɔrɛr]

soms (bw)	parfois (adv)	[parfwa]
zelden (bw)	rarement (adv)	[rarmã]
vaak (bw)	souvent (adv)	[suvã]

23. Tegenovergestelden

rijk (bn)	riche (adj)	[riʃ]
arm (bn)	pauvre (adj)	[povr]
ziek (bn)	malade (adj)	[malad]
gezond (bn)	en bonne santé	[ã bɔn sãte]
groot (bn)	grand (adj)	[grã]
klein (bn)	petit (adj)	[pti]
snel (bw)	vite (adv)	[vit]
langzaam (bw)	lentement (adv)	[lãtmã]
snel (bn)	rapide (adj)	[rapid]
langzaam (bn)	lent (adj)	[lã]
vrolijk (bn)	joyeux (adj)	[ʒwajø]
treurig (bn)	triste (adj)	[trist]
samen (bw)	ensemble (adv)	[ãsãbl]
apart (bw)	séparément (adv)	[separemã]
hardop (~ lezen)	à haute voix (adv)	[a ot vwa]
stil (~ lezen)	à part soi	[a par swa]
hoog (bn)	haut (adj)	[o]
laag (bn)	bas (adj)	[ba]
diep (bn)	profond (adj)	[prɔfɔ̃]
ondiep (bn)	peu profond (adj)	[pø prɔfɔ̃]
ja	oui (adv)	[wi]
nee	non (adv)	[nɔ̃]
ver (bn)	lointain (adj)	[lwɛ̃tɛ̃]
dicht (bn)	proche (adj)	[prɔʃ]
ver (bw)	loin (adv)	[lwɛ̃]
dichtbij (bw)	près (adv)	[prɛ]
lang (bn)	long (adj)	[lɔ̃]
kort (bn)	court (adj)	[kur]
vriendelijk (goedhartig)	bon (adj)	[bɔ̃]
kwaad (bn)	méchant (adj)	[meʃã]
gehuwd (mann.)	marié (adj)	[marje]
ongehuwd (mann.)	célibataire (adj)	[selibatɛr]
verbieden (ww)	interdire (vt)	[ɛ̃tɛrdir]
toestaan (ww)	permettre (vt)	[pɛrmɛtr]
einde (het)	fin (f)	[fɛ̃]
begin (het)	début (m)	[dəbu]

| linker (bn) | gauche (adj) | [goʃ] |
| rechter (bn) | droit (adj) | [drwa] |

| eerste (bn) | premier (adj) | [prəmje] |
| laatste (bn) | dernier (adj) | [dɛrnje] |

| misdaad (de) | crime (m) | [krim] |
| bestraffing (de) | punition (f) | [pynisjɔ̃] |

| bevelen (ww) | ordonner (vt) | [ɔrdɔne] |
| gehoorzamen (ww) | obéir (vt) | [ɔbeir] |

| recht (bn) | droit (adj) | [drwa] |
| krom (bn) | courbé (adj) | [kurbe] |

| paradijs (het) | paradis (m) | [paradi] |
| hel (de) | enfer (m) | [ɑ̃fɛr] |

| geboren worden (ww) | naître (vi) | [nɛtr] |
| sterven (ww) | mourir (vi) | [murir] |

| sterk (bn) | fort (adj) | [fɔr] |
| zwak (bn) | faible (adj) | [fɛbl] |

| oud (bn) | vieux (adj) | [vjø] |
| jong (bn) | jeune (adj) | [ʒœn] |

| oud (bn) | vieux (adj) | [vjø] |
| nieuw (bn) | neuf (adj) | [nœf] |

| hard (bn) | dur (adj) | [dyr] |
| zacht (bn) | mou (adj) | [mu] |

| warm (bn) | chaud (adj) | [ʃo] |
| koud (bn) | froid (adj) | [frwa] |

| dik (bn) | gros (adj) | [gro] |
| dun (bn) | maigre (adj) | [mɛgr] |

| smal (bn) | étroit (adj) | [etrwa] |
| breed (bn) | large (adj) | [larʒ] |

| goed (bn) | bon (adj) | [bɔ̃] |
| slecht (bn) | mauvais (adj) | [movɛ] |

| moedig (bn) | vaillant (adj) | [vajɑ̃] |
| laf (bn) | peureux (adj) | [pœrø] |

24. Lijnen en vormen

vierkant (het)	carré (m)	[kare]
vierkant (bn)	carré (adj)	[kare]
cirkel (de)	cercle (m)	[sɛrkl]
rond (bn)	rond (adj)	[rɔ̃]

driehoek (de)	triangle (m)	[trijãgl]
driehoekig (bn)	triangulaire (adj)	[trijãgylɛr]
ovaal (het)	ovale (m)	[ɔval]
ovaal (bn)	ovale (adj)	[ɔval]
rechthoek (de)	rectangle (m)	[rɛktãgl]
rechthoekig (bn)	rectangulaire (adj)	[rɛktãgylɛr]
piramide (de)	pyramide (f)	[piramid]
ruit (de)	losange (m)	[lɔzãʒ]
trapezium (het)	trapèze (m)	[trapɛz]
kubus (de)	cube (m)	[kyb]
prisma (het)	prisme (m)	[prism]
omtrek (de)	circonférence (f)	[sirkõferãs]
bol, sfeer (de)	sphère (f)	[sfɛr]
bal (de)	globe (m)	[glɔb]
diameter (de)	diamètre (m)	[djamɛtr]
straal (de)	rayon (m)	[rɛjõ]
omtrek (~ van een cirkel)	périmètre (m)	[perimɛtr]
middelpunt (het)	centre (m)	[sãtr]
horizontaal (bn)	horizontal (adj)	[ɔrizõtal]
verticaal (bn)	vertical (adj)	[vɛrtikal]
parallel (de)	parallèle (f)	[paralɛl]
parallel (bn)	parallèle (adj)	[paralɛl]
lijn (de)	ligne (f)	[liɲ]
streep (de)	trait (m)	[trɛ]
rechte lijn (de)	ligne (f) droite	[liɲ drwat]
kromme (de)	courbe (f)	[kurb]
dun (bn)	fin (adj)	[fɛ̃]
omlijning (de)	contour (m)	[kõtur]
snijpunt (het)	croisement (m)	[krwazmã]
rechte hoek (de)	angle (m) droit	[ãgl drwa]
segment (het)	segment (m)	[sɛgmã]
sector (de)	secteur (m)	[sɛktœr]
zijde (de)	côté (m)	[kote]
hoek (de)	angle (m)	[ãgl]

25. Meeteenheden

gewicht (het)	poids (m)	[pwa]
lengte (de)	longueur (f)	[lõgœr]
breedte (de)	largeur (f)	[larʒœr]
hoogte (de)	hauteur (f)	[otœr]
diepte (de)	profondeur (f)	[prɔfõdœr]
volume (het)	volume (m)	[vɔlym]
oppervlakte (de)	surface (f)	[syrfas]
gram (het)	gramme (m)	[gram]
milligram (het)	milligramme (m)	[miligram]

kilogram (het)	kilogramme (m)	[kilogram]
ton (duizend kilo)	tonne (f)	[tɔn]
pond (het)	livre (f)	[livr]
ons (het)	once (f)	[ɔ̃s]

meter (de)	mètre (m)	[mɛtr]
millimeter (de)	millimètre (m)	[milimɛtr]
centimeter (de)	centimètre (m)	[sãtimɛtr]
kilometer (de)	kilomètre (m)	[kilɔmɛtr]
mijl (de)	mille (m)	[mil]

duim (de)	pouce (m)	[pus]
voet (de)	pied (m)	[pje]
yard (de)	yard (m)	[jard]

vierkante meter (de)	mètre (m) carré	[mɛtr kare]
hectare (de)	hectare (m)	[ɛktar]

liter (de)	litre (m)	[litr]
graad (de)	degré (m)	[dəgre]
volt (de)	volt (m)	[vɔlt]
ampère (de)	ampère (m)	[ãpɛr]
paardenkracht (de)	cheval-vapeur (m)	[ʃəvalvapœr]

hoeveelheid (de)	quantité (f)	[kãtite]
een beetje ...	un peu de ...	[œ̃ pø də]
helft (de)	moitié (f)	[mwatje]
dozijn (het)	douzaine (f)	[duzɛn]
stuk (het)	pièce (f)	[pjɛs]

afmeting (de)	dimension (f)	[dimãsjɔ̃]
schaal (bijv. ~ van 1 op 50)	échelle (f)	[eʃɛl]

minimaal (bn)	minimal (adj)	[minimal]
minste (bn)	le plus petit (adj)	[lə ply pəti]
medium (bn)	moyen (adj)	[mwajɛ̃]
maximaal (bn)	maximal (adj)	[maksimal]
grootste (bn)	le plus grand (adj)	[lə ply grã]

26. Containers

glazen pot (de)	bocal (m)	[bɔkal]
blik (conserven~)	boîte (f) en fer-blanc	[bwat ã fɛrblã]
emmer (de)	seau (m)	[so]
ton (bijv. regenton)	tonneau (m)	[tɔno]

ronde waterbak (de)	bassine (f)	[basin]
tank (bijv. watertank-70-ltr)	réservoir (m)	[rezɛrvwar]
heupfles (de)	flasque (f)	[flask]
jerrycan (de)	jerrycan (m)	[ʒerikan]
tank (bijv. ketelwagen)	citerne (f)	[sitɛrn]

beker (de)	grande tasse (f)	[grãd tɑs]
kopje (het)	tasse (f)	[tɑs]

schoteltje (het)	soucoupe (f)	[sukup]
glas (het)	verre (m)	[vɛr]
wijnglas (het)	verre (m) à pied	[vɛr ɑ pje]
steelpan (de)	casserole (f)	[kasrɔl]

| fles (de) | bouteille (f) | [butɛj] |
| flessenhals (de) | goulot (m) | [gulo] |

karaf (de)	carafe (f)	[karaf]
kruik (de)	cruche (f)	[kryʃ]
vat (het)	récipient (m)	[resipjɑ̃]
pot (de)	pot (m)	[po]
vaas (de)	vase (m)	[vaz]

flacon (de)	flacon (m)	[flakɔ̃]
flesje (het)	fiole (f)	[fjɔl]
tube (bijv. ~ tandpasta)	tube (m)	[tyb]

zak (bijv. ~ aardappelen)	sac (m)	[sak]
tasje (het)	sac (m)	[sak]
pakje (~ sigaretten, enz.)	paquet (m)	[pakɛ]

doos (de)	boîte (f)	[bwat]
kist (de)	caisse (f)	[kɛs]
mand (de)	panier (m)	[panje]

27. Materialen

materiaal (het)	matériau (m)	[materjo]
hout (het)	bois (m)	[bwa]
houten (bn)	en bois (adj)	[ɑ̃ bwa]

| glas (het) | verre (m) | [vɛr] |
| glazen (bn) | en verre (adj) | [ɑ̃ vɛr] |

| steen (de) | pierre (f) | [pjɛr] |
| stenen (bn) | en pierre (adj) | [ɑ̃ pjɛr] |

| plastic (het) | plastique (m) | [plastik] |
| plastic (bn) | en plastique (adj) | [ɑ̃ plastik] |

| rubber (het) | caoutchouc (m) | [kautʃu] |
| rubber-, rubberen (bn) | en caoutchouc (adj) | [ɑ̃ kautʃu] |

| stof (de) | tissu (m) | [tisy] |
| van stof (bn) | en tissu (adj) | [ɑ̃ tisy] |

| papier (het) | papier (m) | [papje] |
| papieren (bn) | de papier (adj) | [də papje] |

karton (het)	carton (m)	[kartɔ̃]
kartonnen (bn)	en carton (adj)	[ɑ̃ kartɔ̃]
polyethyleen (het)	polyéthylène (m)	[pɔlietilɛn]
cellofaan (het)	cellophane (f)	[selɔfan]

multiplex (het)	contreplaqué (m)	[kõtrəplake]
porselein (het)	porcelaine (f)	[pɔpylasjõ]
porseleinen (bn)	de porcelaine (adj)	[də pɔrsəlɛn]
klei (de)	argile (f)	[arʒil]
klei-, van klei (bn)	en argile (adj)	[ɑn arʒil]
keramiek (de)	céramique (f)	[seramik]
keramieken (bn)	en céramique (adj)	[ɑ̃ seramik]

28. Metalen

metaal (het)	métal (m)	[metal]
metalen (bn)	métallique (adj)	[metalik]
legering (de)	alliage (m)	[aljaʒ]

goud (het)	or (m)	[ɔr]
gouden (bn)	en or (adj)	[ɑn ɔr]
zilver (het)	argent (m)	[arʒɑ̃]
zilveren (bn)	en argent (adj)	[ɑn asje]

IJzer (het)	fer (m)	[fɛr]
IJzeren (bn)	en fer (adj)	[ɑ̃ fɛr]
staal (het)	acier (m)	[asje]
stalen (bn)	en acier	[ɑn asje]
koper (het)	cuivre (m)	[kɥivr]
koperen (bn)	en cuivre (adj)	[ɑ̃ kɥivr]

aluminium (het)	aluminium (m)	[alyminjɔm]
aluminium (bn)	en aluminium (adj)	[ɑn alyminjɔm]
brons (het)	bronze (m)	[brõz]
bronzen (bn)	en bronze (adj)	[ɑ̃ brõz]

messing (het)	laiton (m)	[lɛtõ]
nikkel (het)	nickel (m)	[nikɛl]
platina (het)	platine (f)	[platin]
kwik (het)	mercure (m)	[mɛrkyr]
tin (het)	étain (m)	[etɛ̃]
lood (het)	plomb (m)	[plõ]
zink (het)	zinc (m)	[zɛ̃g]

MENS

Mens. Het lichaam

29. Mensen. Basisbegrippen

mens (de)	être (m) humain	[ɛtr ymɛ̃]
man (de)	homme (m)	[ɔm]
vrouw (de)	femme (f)	[fam]
kind (het)	enfant (m, f)	[ɑ̃fɑ̃]
meisje (het)	fille (f)	[fij]
jongen (de)	garçon (m)	[garsɔ̃]
tiener, adolescent (de)	adolescent (m)	[adɔlesɑ̃]
oude man (de)	vieillard (m)	[vjɛjar]
oude vrouw (de)	vieille femme (f)	[vjɛj fam]

30. Menselijke anatomie

organisme (het)	organisme (m)	[ɔrganism]
hart (het)	cœur (m)	[kœr]
bloed (het)	sang (m)	[sɑ̃]
slagader (de)	artère (f)	[artɛr]
ader (de)	veine (f)	[vɛn]
hersenen (mv.)	cerveau (m)	[sɛrvo]
zenuw (de)	nerf (m)	[nɛr]
zenuwen (mv.)	nerfs (m pl)	[nɛr]
wervel (de)	vertèbre (f)	[vɛrtɛbr]
ruggengraat (de)	colonne (f) vertébrale	[kɔlɔn vɛrtebral]
maag (de)	estomac (m)	[ɛstɔma]
darmen (mv.)	intestin (m)	[ɛ̃tɛstɛ̃]
darm (de)	boyau (m)	[bwajo]
lever (de)	foie (m)	[fwa]
nier (de)	rein (m)	[rɛ̃]
been (deel van het skelet)	os (m)	[ɔs]
skelet (het)	squelette (f)	[skəlɛt]
rib (de)	côte (f)	[kot]
schedel (de)	crâne (m)	[kran]
spier (de)	muscle (m)	[myskl]
biceps (de)	biceps (m)	[bisɛps]
triceps (de)	triceps (m)	[trisɛps]
pees (de)	tendon (m)	[tɑ̃dɔ̃]
gewricht (het)	articulation (f)	[artikylasjɔ̃]

longen (mv.)	poumons (m pl)	[pumɔ̃]
geslachtsorganen (mv.)	organes (m pl) génitaux	[ɔrgan ʒenito]
huid (de)	peau (f)	[po]

31. Hoofd

hoofd (het)	tête (f)	[tɛt]
gezicht (het)	visage (m)	[vizaʒ]
neus (de)	nez (m)	[ne]
mond (de)	bouche (f)	[buʃ]

oog (het)	œil (m)	[œj]
ogen (mv.)	les yeux	[lezjø]
pupil (de)	pupille (f)	[pypij]
wenkbrauw (de)	sourcil (m)	[sursi]
wimper (de)	cil (m)	[sil]
ooglid (het)	paupière (f)	[popjɛr]

tong (de)	langue (f)	[lɑ̃g]
tand (de)	dent (f)	[dɑ̃]
lippen (mv.)	lèvres (f pl)	[lɛvr]
jukbeenderen (mv.)	pommettes (f pl)	[pomɛt]
tandvlees (het)	gencive (f)	[ʒɑ̃siv]
gehemelte (het)	palais (m)	[palɛ]

neusgaten (mv.)	narines (f pl)	[narin]
kin (de)	menton (m)	[mɑ̃tɔ̃]
kaak (de)	mâchoire (f)	[mɑʃwar]
wang (de)	joue (f)	[ʒu]

voorhoofd (het)	front (m)	[frɔ̃]
slaap (de)	tempe (f)	[tɑ̃p]
oor (het)	oreille (f)	[ɔrɛj]
achterhoofd (het)	nuque (f)	[nyk]
hals (de)	cou (m)	[ku]
keel (de)	gorge (f)	[gɔrʒ]

haren (mv.)	cheveux (m pl)	[ʃəvø]
kapsel (het)	coiffure (f)	[kwafyr]
haarsnit (de)	coupe (f)	[kup]
pruik (de)	perruque (f)	[peryk]

snor (de)	moustache (f)	[mustaʃ]
baard (de)	barbe (f)	[barb]
dragen (een baard, enz.)	porter (vt)	[pɔrte]
vlecht (de)	tresse (f)	[trɛs]
bakkebaarden (mv.)	favoris (m pl)	[favɔri]

ros (roodachtig, rossig)	roux (adj)	[ru]
grijs (~ haar)	gris (adj)	[gri]
kaal (bn)	chauve (adj)	[ʃov]
kale plek (de)	calvitie (f)	[kalvisi]
paardenstaart (de)	queue (f) de cheval	[kø də ʃəval]
pony (de)	frange (f)	[frɑ̃ʒ]

32. Menselijk lichaam

hand (de)	main (f)	[mɛ̃]
arm (de)	bras (m)	[bra]
vinger (de)	doigt (m)	[dwa]
teen (de)	orteil (m)	[ɔrtɛj]
duim (de)	pouce (m)	[pus]
pink (de)	petit doigt (m)	[pəti dwa]
nagel (de)	ongle (m)	[ɔ̃gl]
vuist (de)	poing (m)	[pwɛ̃]
handpalm (de)	paume (f)	[pom]
pols (de)	poignet (m)	[pwaɲɛ]
voorarm (de)	avant-bras (m)	[avɑ̃bra]
elleboog (de)	coude (m)	[kud]
schouder (de)	épaule (f)	[epol]
been (rechter ~)	jambe (f)	[ʒɑ̃b]
voet (de)	pied (m)	[pje]
knie (de)	genou (m)	[ʒənu]
kuit (de)	mollet (m)	[mɔlɛ]
heup (de)	hanche (f)	[ɑ̃ʃ]
hiel (de)	talon (m)	[talɔ̃]
lichaam (het)	corps (m)	[kɔr]
buik (de)	ventre (m)	[vɑ̃tr]
borst (de)	poitrine (f)	[pwatrin]
borst (de)	sein (m)	[sɛ̃]
zijde (de)	côté (m)	[kote]
rug (de)	dos (m)	[do]
lage rug (de)	reins (m pl)	[rɛ̃]
taille (de)	taille (f)	[taj]
navel (de)	nombril (m)	[nɔ̃bril]
billen (mv.)	fesses (f pl)	[fɛs]
achterwerk (het)	derrière (m)	[dɛrjɛr]
huidvlek (de)	grain (m) de beauté	[grɛ̃ də bote]
moedervlek (de)	tache (f) de vin	[taʃ də vɛ̃]
tatoeage (de)	tatouage (m)	[tatwaʒ]
litteken (het)	cicatrice (f)	[sikatris]

Kleding en accessoires

33. Bovenkleding. Jassen

kleren (mv.), kleding (de)	vêtement (m)	[vɛtmã]
bovenkleding (de)	survêtement (m)	[syrvɛtmã]
winterkleding (de)	vêtement (m) d'hiver	[vɛtmã divɛr]
jas (de)	manteau (m)	[mãto]
bontjas (de)	manteau (m) de fourrure	[mãto də furyr]
bontjasje (het)	veste (f) en fourrure	[vɛst ã furyr]
donzen jas (de)	manteau (m) de duvet	[manto də dyvɛ]
jasje (bijv. een leren ~)	veste (f)	[vɛst]
regenjas (de)	imperméable (m)	[ɛ̃pɛrmeabl]
waterdicht (bn)	imperméable (adj)	[ɛ̃pɛrmeabl]

34. Heren & dames kleding

overhemd (het)	chemise (f)	[ʃəmiz]
broek (de)	pantalon (m)	[pãtalõ]
jeans (de)	jean (m)	[dʒin]
colbert (de)	veston (m)	[vɛstõ]
kostuum (het)	complet (m)	[kõplɛ]
jurk (de)	robe (f)	[rɔb]
rok (de)	jupe (f)	[ʒyp]
blouse (de)	chemisette (f)	[ʃəmizɛt]
wollen vest (de)	gilet (m) en laine	[ʒilɛ ã lɛn]
blazer (kort jasje)	jaquette (f)	[ʒakɛt]
T-shirt (het)	tee-shirt (m)	[tiʃœrt]
shorts (mv.)	short (m)	[ʃɔrt]
trainingspak (het)	costume (m) de sport	[kɔstym də spɔr]
badjas (de)	peignoir (m) de bain	[pɛɲwar də bɛ̃]
pyjama (de)	pyjama (m)	[piʒama]
sweater (de)	chandail (m)	[ʃãdaj]
pullover (de)	pull-over (m)	[pylɔvɛr]
gilet (het)	gilet (m)	[ʒilɛ]
rokkostuum (het)	queue-de-pie (f)	[kødpi]
smoking (de)	smoking (m)	[smɔkiŋ]
uniform (het)	uniforme (m)	[ynifɔrm]
werkkleding (de)	tenue (f) de travail	[təny də travaj]
overall (de)	salopette (f)	[salɔpɛt]
doktersjas (de)	blouse (f)	[bluz]

35. Kleding. Ondergoed

ondergoed (het)	sous-vêtements (m pl)	[suvɛtmɑ̃]
herenslip (de)	boxer (m)	[bɔksɛr]
slipjes (mv.)	slip (m) de femme	[slip də fam]
onderhemd (het)	maillot (m) de corps	[majo də kɔr]
sokken (mv.)	chaussettes (f pl)	[ʃosɛt]
nachthemd (het)	chemise (f) de nuit	[ʃəmiz də nɥi]
beha (de)	soutien-gorge (m)	[sutjɛ̃gɔrʒ]
kniekousen (mv.)	chaussettes (f pl) hautes	[ʃosɛt ot]
panty (de)	collants (m pl)	[kɔlɑ̃]
nylonkousen (mv.)	bas (m pl)	[ba]
badpak (het)	maillot (m) de bain	[majo də bɛ̃]

36. Hoofddeksels

hoed (de)	bonnet (m)	[bɔnɛ]
deukhoed (de)	chapeau (m) feutre	[ʃapo føtr]
honkbalpet (de)	casquette (f) de base-ball	[kaskɛt də bɛzbol]
kleppet (de)	casquette (f)	[kaskɛt]
baret (de)	béret (m)	[berɛ]
kap (de)	capuche (f)	[kapyʃ]
panamahoed (de)	panama (m)	[panama]
gebreide muts (de)	bonnet (m) de laine	[bɔnɛ də lɛn]
hoofddoek (de)	foulard (m)	[fular]
dameshoed (de)	chapeau (m) de femme	[ʃapo də fam]
veiligheidshelm (de)	casque (m)	[kask]
veldmuts (de)	calot (m)	[kalo]
helm, valhelm (de)	casque (m)	[kask]
bolhoed (de)	melon (m)	[məlɔ̃]
hoge hoed (de)	haut-de-forme (m)	[o də fɔrm]

37. Schoeisel

schoeisel (het)	chaussures (f pl)	[ʃosyr]
schoenen (mv.)	bottines (f pl)	[bɔtin]
vrouwenschoenen (mv.)	souliers (m pl)	[sulje]
laarzen (mv.)	bottes (f pl)	[bɔt]
pantoffels (mv.)	chaussons (m pl)	[ʃosɔ̃]
sportschoenen (mv.)	tennis (m pl)	[tenis]
sneakers (mv.)	baskets (f pl)	[baskɛt]
sandalen (mv.)	sandales (f pl)	[sɑ̃dal]
schoenlapper (de)	cordonnier (m)	[kɔrdɔnje]
hiel (de)	talon (m)	[talɔ̃]

paar (een ~ schoenen)	paire (f)	[pɛr]
veter (de)	lacet (m)	[lase]
rijgen (schoenen ~)	lacer (vt)	[lase]
schoenlepel (de)	chausse-pied (m)	[ʃospje]
schoensmeer (de/het)	cirage (m)	[siraʒ]

38. Textiel. Weefsel

katoen (de/het)	coton (m)	[kɔtɔ̃]
katoenen (bn)	de coton (adj)	[də kɔtɔ̃]
vlas (het)	lin (m)	[lɛ̃]
vlas-, van vlas (bn)	de lin (adj)	[də lɛ̃]

zijde (de)	soie (f)	[swa]
zijden (bn)	de soie (adj)	[də swa]
wol (de)	laine (f)	[lɛn]
wollen (bn)	en laine (adj)	[ɑ̃ lɛn]

fluweel (het)	velours (m)	[vəlur]
suède (de)	chamois (m)	[ʃamwa]
ribfluweel (het)	velours (m) côtelé	[vəlur kotle]

nylon (de/het)	nylon (m)	[nilɔ̃]
nylon-, van nylon (bn)	en nylon (adj)	[ɑ̃ nilɔ̃]
polyester (het)	polyester (m)	[pɔliɛstɛr]
polyester- (abn)	en polyester (adj)	[ɑ̃ pɔliɛstɛr]

leer (het)	cuir (m)	[kɥir]
leren (van leer gemaak)	en cuir (adj)	[ɑ̃ kɥir]
bont (het)	fourrure (f)	[furyr]
bont- (abn)	en fourrure (adj)	[ɑ̃ furyr]

39. Persoonlijke accessoires

handschoenen (mv.)	gants (m pl)	[gɑ̃]
wanten (mv.)	moufles (f pl)	[mufl]
sjaal (fleece ~)	écharpe (f)	[eʃarp]

bril (de)	lunettes (f pl)	[lynɛt]
brilmontuur (het)	monture (f)	[mɔ̃tyr]
paraplu (de)	parapluie (m)	[paraplɥi]
wandelstok (de)	canne (f)	[kan]
haarborstel (de)	brosse (f) â cheveux	[brɔs a ʃəvø]
waaier (de)	éventail (m)	[evɑ̃taj]

das (de)	cravate (f)	[kravat]
strikje (het)	nœud papillon (m)	[nø papijɔ̃]
bretels (mv.)	bretelles (f pl)	[brətɛl]
zakdoek (de)	mouchoir (m)	[muʃwar]

| kam (de) | peigne (m) | [pɛɲ] |
| haarspeldje (het) | barrette (f) | [barɛt] |

| schuifspeldje (het) | épingle (f) â cheveux | [epɛ̃gl a ʃəvø] |
| gesp (de) | boucle (f) | [bukl] |

| broekriem (de) | ceinture (f) | [sɛ̃tyr] |
| draagriem (de) | bandoulière (f) | [bãduljɛr] |

handtas (de)	sac (m)	[sak]
damestas (de)	sac (m) â main	[sak a mɛ̃]
rugzak (de)	sac (m) â dos	[sak a do]

40. Kleding. Diversen

mode (de)	mode (f)	[mɔd]
de mode (bn)	â la mode (adj)	[alamɔd]
kledingstilist (de)	couturier (m)	[kutyrje]

kraag (de)	col (m)	[kɔl]
zak (de)	poche (f)	[pɔʃ]
zak- (abn)	de poche (adj)	[də pɔʃ]
mouw (de)	manche (f)	[mãʃ]
lusje (het)	bride (f)	[brid]
gulp (de)	braguette (f)	[bragɛt]

rits (de)	fermeture (f) â glissière	[fɛrmətyr a glisjɛr]
sluiting (de)	agrafe (f)	[agraf]
knoop (de)	bouton (m)	[butõ]
knoopsgat (het)	boutonnière (f)	[butɔnjɛr]
losraken (bijv. knopen)	s'arracher (vp)	[saraʃe]

naaien (kleren, enz.)	coudre (vi, vt)	[kudr]
borduren (ww)	broder (vt)	[brɔde]
borduursel (het)	broderie (f)	[brɔdri]
naald (de)	aiguille (f)	[eguij]
draad (de)	fil (m)	[fil]
naad (de)	couture (f)	[kutyr]

vies worden (ww)	se salir (vp)	[sə salir]
vlek (de)	tache (f)	[taʃ]
gekreukt raken (ov. kleren)	se froisser (vp)	[sə frwase]
scheuren (ov.ww.)	déchirer (vt)	[deʃire]
mot (de)	mite (f)	[mit]

41. Persoonlijke verzorging. Schoonheidsmiddelen

tandpasta (de)	dentifrice (m)	[dãtifris]
tandenborstel (de)	brosse (f) â dents	[brɔs a dã]
tanden poetsen (ww)	se brosser les dents	[sə brɔse le dã]

scheermes (het)	rasoir (m)	[razwar]
scheerschuim (het)	crème (f) â raser	[krɛm a raze]
zich scheren (ww)	se raser (vp)	[sə raze]
zeep (de)	savon (m)	[savõ]

shampoo (de)	shampooing (m)	[ʃɑ̃pwɛ̃]
schaar (de)	ciseaux (m pl)	[sizo]
nagelvijl (de)	lime (f) à ongles	[lim ɑ ɔ̃gl]
nagelknipper (de)	pinces (f pl) à ongles	[pɛ̃s ɑ ɔ̃gl]
pincet (het)	pince (f)	[pɛ̃s]

cosmetica (de)	produits (m pl) de beauté	[prɔdyi də bote]
masker (het)	masque (m) de beauté	[mask də bote]
manicure (de)	manucure (f)	[manykyr]
manicure doen	se faire les ongles	[sə fɛr le zɔ̃gl]
pedicure (de)	pédicurie (f)	[pedikyri]

cosmetica tasje (het)	trousse (f) de toilette	[trus də twalɛt]
poeder (de/het)	poudre (f)	[pudr]
poederdoos (de)	poudrier (m)	[pudrije]
rouge (de)	fard (m) à joues	[far ɑ ʒu]

parfum (de/het)	parfum (m)	[parfœ̃]
eau de toilet (de)	eau (f) de toilette	[o də twalɛt]
lotion (de)	lotion (f)	[losjɔ̃]
eau de cologne (de)	eau de Cologne (f)	[o də kɔlɔɲ]

oogschaduw (de)	fard (m) à paupières	[far ɑ popjɛr]
oogpotlood (het)	crayon (m) à paupières	[krɛjɔ̃ ɑ popjɛr]
mascara (de)	mascara (m)	[maskara]

lippenstift (de)	rouge (m) à lèvres	[ruʒ ɑ lɛvr]
nagellak (de)	vernis (m) à ongles	[vɛrni ɑ ɔ̃gl]
haarlak (de)	laque (f) pour les cheveux	[lak pur le ʃəvø]
deodorant (de)	déodorant (m)	[deɔdɔrɑ̃]

crème (de)	crème (f)	[krɛm]
gezichtscrème (de)	crème (f) pour le visage	[krɛm pur lə vizaʒ]
handcrème (de)	crème (f) pour les mains	[krɛm pur le mɛ̃]
antirimpelcrème (de)	crème (f) anti-rides	[krɛm ɑ̃tirid]
dagcrème (de)	crème (f) de jour	[krɛm də ʒur]
nachtcrème (de)	crème (f) de nuit	[krɛm də nɥi]
dag- (abn)	de jour (adj)	[də ʒur]
nacht- (abn)	de nuit (adj)	[də nɥi]

tampon (de)	tampon (m)	[tɑ̃pɔ̃]
toiletpapier (het)	papier (m) de toilette	[papje də twalɛt]
föhn (de)	sèche-cheveux (m)	[sɛʃʃəvø]

42. Juwelen

sieraden (mv.)	bijoux (m pl)	[biʒu]
edel (bijv. ~ stenen)	précieux (adj)	[presjø]
keurmerk (het)	poinçon (m)	[pwɛ̃sɔ̃]

ring (de)	bague (f)	[bag]
trouwring (de)	alliance (f)	[aljɑ̃s]
armband (de)	bracelet (m)	[braslɛ]
oorringen (mv.)	boucles (f pl) d'oreille	[bukl dɔrɛj]

halssnoer (het)	collier (m)	[kɔlje]
kroon (de)	couronne (f)	[kurɔn]
kralen snoer (het)	collier (m)	[kɔlje]

diamant (de)	diamant (m)	[djamã]
smaragd (de)	émeraude (f)	[emrod]
robijn (de)	rubis (m)	[rybi]
saffier (de)	saphir (m)	[safir]
parel (de)	perle (f)	[pɛrl]
barnsteen (de)	ambre (m)	[ãbr]

43. Horloges. Klokken

polshorloge (het)	montre (f)	[mɔ̃tr]
wijzerplaat (de)	cadran (m)	[kadrã]
wijzer (de)	aiguille (f)	[eɡɥij]
metalen horlogeband (de)	bracelet (m)	[braslɛ]
horlogebandje (het)	bracelet (m)	[braslɛ]

batterij (de)	pile (f)	[pil]
leeg zijn (ww)	être déchargé	[ɛtr deʃarʒe]
batterij vervangen	changer de pile	[ʃãʒe də pil]
voorlopen (ww)	avancer (vi)	[avãse]
achterlopen (ww)	retarder (vi)	[rətarde]

wandklok (de)	pendule (f)	[pãdyl]
zandloper (de)	sablier (m)	[sablije]
zonnewijzer (de)	cadran (m) solaire	[kadrã sɔlɛr]
wekker (de)	réveil (m)	[revɛj]
horlogemaker (de)	horloger (m)	[ɔrlɔʒe]
repareren (ww)	réparer (vt)	[repare]

Voedsel. Voeding

44. Voedsel

vlees (het)	viande (f)	[vjãd]
kip (de)	poulet (m)	[pulɛ]
kuiken (het)	poulet (m)	[pulɛ]
eend (de)	canard (m)	[kanar]
gans (de)	oie (f)	[wa]
wild (het)	gibier (m)	[ʒibje]
kalkoen (de)	dinde (f)	[dɛ̃d]
varkensvlees (het)	du porc	[dy pɔr]
kalfsvlees (het)	du veau	[dy vo]
schapenvlees (het)	du mouton	[dy mutõ]
rundvlees (het)	du bœuf	[dy bœf]
konijnenvlees (het)	lapin (m)	[lapɛ̃]
worst (de)	saucisson (m)	[sosisõ]
saucijs (de)	saucisse (f)	[sosis]
spek (het)	bacon (m)	[bekɔn]
ham (de)	jambon (m)	[ʒãbõ]
gerookte achterham (de)	cuisse (f)	[kɥis]
paté, pastei (de)	pâté (m)	[pɑte]
lever (de)	foie (m)	[fwa]
varkensvet (het)	lard (m)	[lar]
gehakt (het)	farce (f)	[fars]
tong (de)	langue (f)	[lãg]
ei (het)	œuf (m)	[œf]
eieren (mv.)	les œufs	[lezø]
eiwit (het)	blanc (m) d'œuf	[blɑ̃ dœf]
eigeel (het)	jaune (m) d'œuf	[ʒon dœf]
vis (de)	poisson (m)	[pwasõ]
zeevruchten (mv.)	fruits (m pl) de mer	[frɥi də mɛr]
schaaldieren (mv.)	crustacés (m pl)	[krystase]
kaviaar (de)	caviar (m)	[kavjar]
krab (de)	crabe (m)	[krab]
garnaal (de)	crevette (f)	[krəvɛt]
oester (de)	huître (f)	[ɥitr]
langoest (de)	langoustine (f)	[lãgustin]
octopus (de)	poulpe (m)	[pulp]
inktvis (de)	calamar (m)	[kalamar]
steur (de)	esturgeon (m)	[ɛstyrʒõ]
zalm (de)	saumon (m)	[somõ]
heilbot (de)	flétan (m)	[fletã]

kabeljauw (de)	morue (f)	[mɔry]
makreel (de)	maquereau (m)	[makro]
tonijn (de)	thon (m)	[tɔ̃]
paling (de)	anguille (f)	[ɑ̃gij]
forel (de)	truite (f)	[trɥit]
sardine (de)	sardine (f)	[sardin]
snoek (de)	brochet (m)	[brɔʃɛ]
haring (de)	hareng (m)	[arɑ̃]
brood (het)	pain (m)	[pɛ̃]
kaas (de)	fromage (m)	[frɔmaʒ]
suiker (de)	sucre (m)	[sykr]
zout (het)	sel (m)	[sɛl]
rijst (de)	riz (m)	[ri]
pasta (de)	pâtes (m pl)	[pɑt]
noedels (mv.)	nouilles (f pl)	[nuj]
boter (de)	beurre (m)	[bœr]
plantaardige olie (de)	huile (f) végétale	[ɥil veʒetal]
zonnebloemolie (de)	huile (f) de tournesol	[ɥil də turnəsɔl]
margarine (de)	margarine (f)	[margarin]
olijven (mv.)	olives (f pl)	[ɔliv]
olijfolie (de)	huile (f) d'olive	[ɥil dɔliv]
melk (de)	lait (m)	[lɛ]
gecondenseerde melk (de)	lait (m) condensé	[lɛ kɔ̃dɑ̃se]
yoghurt (de)	yogourt (m)	[jaurt]
zure room (de)	crème (f) aigre	[krɛm ɛgr]
room (de)	crème (f)	[krɛm]
mayonaise (de)	sauce (f) mayonnaise	[sos majɔnɛz]
crème (de)	crème (f) au beurre	[krɛm o bœr]
graan (het)	gruau (m)	[gryo]
meel (het), bloem (de)	farine (f)	[farin]
conserven (mv.)	conserves (f pl)	[kɔ̃sɛrv]
maïsvlokken (mv.)	pétales (m pl) de maïs	[petal də mais]
honing (de)	miel (m)	[mjɛl]
jam (de)	confiture (f)	[kɔ̃fityr]
kauwgom (de)	gomme (f) à mâcher	[gɔm a mɑʃe]

45. Drankjes

water (het)	eau (f)	[o]
drinkwater (het)	eau (f) potable	[o pɔtabl]
mineraalwater (het)	eau (f) minérale	[o mineral]
zonder gas	plate (adj)	[plat]
koolzuurhoudend (bn)	gazeuse (adj)	[gazøz]
bruisend (bn)	pétillante (adj)	[petijɑ̃t]

IJs (het)	glace (f)	[glas]
met ijs	avec de la glace	[avɛk dəla glas]

alcohol vrij (bn)	sans alcool	[sɑ̃ zalkɔl]
alcohol vrije drank (de)	boisson (f) non alcoolisée	[bwasɔ̃ nɔnalkɔlize]
frisdrank (de)	rafraîchissement (m)	[rafrɛʃismɑ̃]
limonade (de)	limonade (f)	[limɔnad]

alcoholische dranken (mv.)	boissons (f pl) alcoolisées	[bwasɔ̃ alkɔlize]
wijn (de)	vin (m)	[vɛ̃]
witte wijn (de)	vin (m) blanc	[vɛ̃ blɑ̃]
rode wijn (de)	vin (m) rouge	[vɛ̃ ruʒ]

likeur (de)	liqueur (f)	[likœr]
champagne (de)	champagne (m)	[ʃɑ̃paɲ]
vermout (de)	vermouth (m)	[vɛrmut]

whisky (de)	whisky (m)	[wiski]
wodka (de)	vodka (f)	[vɔdka]
gin (de)	gin (m)	[dʒin]
cognac (de)	cognac (m)	[kɔɲak]
rum (de)	rhum (m)	[rɔm]

koffie (de)	café (m)	[kafe]
zwarte koffie (de)	café (m) noir	[kafe nwar]
koffie (de) met melk	café (m) au lait	[kafe o lɛ]
cappuccino (de)	cappuccino (m)	[kaputʃino]
oploskoffie (de)	café (m) soluble	[kafe sɔlybl]

melk (de)	lait (m)	[lɛ]
cocktail (de)	cocktail (m)	[kɔktɛl]
milkshake (de)	cocktail (m) au lait	[kɔktɛl o lɛ]

sap (het)	jus (m)	[ʒy]
tomatensap (het)	jus (m) de tomate	[ʒy də tɔmat]
sinaasappelsap (het)	jus (m) d'orange	[ʒy dɔrɑ̃ʒ]
vers geperst sap (het)	jus (m) pressé	[ʒy prese]

bier (het)	bière (f)	[bjɛr]
licht bier (het)	bière (f) blonde	[bjɛr blɔ̃d]
donker bier (het)	bière (f) brune	[bjɛr bryn]

thee (de)	thé (m)	[te]
zwarte thee (de)	thé (m) noir	[te nwar]
groene thee (de)	thé (m) vert	[te vɛr]

46. Groenten

groenten (mv.)	légumes (m pl)	[legym]
verse kruiden (mv.)	verdure (f)	[vɛrdyr]

tomaat (de)	tomate (f)	[tɔmat]
augurk (de)	concombre (m)	[kɔ̃kɔ̃br]
wortel (de)	carotte (f)	[karɔt]

aardappel (de)	pomme (f) de terre	[pɔm də tɛr]
ui (de)	oignon (m)	[ɔɲɔ̃]
knoflook (de)	ail (m)	[aj]

kool (de)	chou (m)	[ʃu]
bloemkool (de)	chou-fleur (m)	[ʃuflœr]
spruitkool (de)	chou (m) de Bruxelles	[ʃu də brysɛl]
broccoli (de)	brocoli (m)	[brɔkɔli]

rode biet (de)	betterave (f)	[bɛtrav]
aubergine (de)	aubergine (f)	[obɛrʒin]
courgette (de)	courgette (f)	[kurʒɛt]
pompoen (de)	potiron (m)	[pɔtirɔ̃]
raap (de)	navet (m)	[navɛ]

peterselie (de)	persil (m)	[pɛrsi]
dille (de)	fenouil (m)	[fənuj]
sla (de)	laitue (f), salade (f)	[lety], [salad]
selderij (de)	céleri (m)	[sɛlri]
asperge (de)	asperge (f)	[aspɛrʒ]
spinazie (de)	épinard (m)	[epinar]

erwt (de)	pois (m)	[pwa]
bonen (mv.)	fèves (f pl)	[fɛv]
maïs (de)	maïs (m)	[mais]
boon (de)	haricot (m)	[ariko]

peper (de)	poivron (m)	[pwavrɔ̃]
radijs (de)	radis (m)	[radi]
artisjok (de)	artichaut (m)	[artiʃo]

47. Vruchten. Noten

vrucht (de)	fruit (m)	[frɥi]
appel (de)	pomme (f)	[pɔm]
peer (de)	poire (f)	[pwar]
citroen (de)	citron (m)	[sitrɔ̃]
sinaasappel (de)	orange (f)	[ɔrɑ̃ʒ]
aardbei (de)	fraise (f)	[frɛz]

mandarijn (de)	mandarine (f)	[mɑ̃darin]
pruim (de)	prune (f)	[pryn]
perzik (de)	pêche (f)	[pɛʃ]
abrikoos (de)	abricot (m)	[abriko]
framboos (de)	framboise (f)	[frɑ̃bwaz]
ananas (de)	ananas (m)	[anana]

banaan (de)	banane (f)	[banan]
watermeloen (de)	pastèque (f)	[pastɛk]
druif (de)	raisin (m)	[rɛzɛ̃]
zure kers (de)	cerise (f)	[səriz]
zoete kers (de)	merise (f)	[məriz]
meloen (de)	melon (m)	[məlɔ̃]
grapefruit (de)	pamplemousse (m)	[pɑ̃pləmus]

avocado (de)	avocat (m)	[avɔka]
papaja (de)	papaye (f)	[papaj]
mango (de)	mangue (f)	[mɑ̃g]
granaatappel (de)	grenade (f)	[grənad]

rode bes (de)	groseille (f) rouge	[grozɛj ruʒ]
zwarte bes (de)	cassis (m)	[kasis]
kruisbes (de)	groseille (f) verte	[grozɛj vɛrt]
bosbes (de)	myrtille (f)	[mirtij]
braambes (de)	mûre (f)	[myr]

rozijn (de)	raisin (m) sec	[rɛzɛ̃ sɛk]
vijg (de)	figue (f)	[fig]
dadel (de)	datte (f)	[dat]

pinda (de)	cacahuète (f)	[kakawɛt]
amandel (de)	amande (f)	[amɑ̃d]
walnoot (de)	noix (f)	[nwa]
hazelnoot (de)	noisette (f)	[nwazɛt]
kokosnoot (de)	noix (f) de coco	[nwa də kɔkɔ]
pistaches (mv.)	pistaches (f pl)	[pistaʃ]

48. Brood. Snoep

suikerbakkerij (de)	confiserie (f)	[kɔ̃fizri]
brood (het)	pain (m)	[pɛ̃]
koekje (het)	biscuit (m)	[biskɥi]

chocolade (de)	chocolat (m)	[ʃɔkɔla]
chocolade- (abn)	en chocolat (adj)	[ɑ̃ ʃɔkɔla]
snoepje (het)	bonbon (m)	[bɔ̃bɔ̃]
cakeje (het)	gâteau (m)	[gato]
taart (bijv. verjaardags~)	tarte (f)	[tart]

| pastei (de) | gâteau (m) | [gato] |
| vulling (de) | garniture (f) | [garnityr] |

confituur (de)	confiture (f)	[kɔ̃fityr]
marmelade (de)	marmelade (f)	[marməlad]
wafel (de)	gaufre (f)	[gofr]
IJsje (het)	glace (f)	[glas]
pudding (de)	pudding (m)	[pudiŋ]

49. Bereide gerechten

gerecht (het)	plat (m)	[pla]
keuken (bijv. Franse ~)	cuisine (f)	[kɥizin]
recept (het)	recette (f)	[rəsɛt]
portie (de)	portion (f)	[pɔrsjɔ̃]

| salade (de) | salade (f) | [salad] |
| soep (de) | soupe (f) | [sup] |

bouillon (de)	bouillon (m)	[bujõ]
boterham (de)	sandwich (m)	[sãdwitʃ]
spiegelei (het)	les œufs brouillés	[lezø bruje]

hamburger (de)	boulette (f)	[bulɛt]
hamburger (de)	hamburger (m)	[ãbœrgœr]
biefstuk (de)	steak (m)	[stɛk]
hutspot (de)	rôti (m)	[roti]

garnering (de)	garniture (f)	[garnityr]
spaghetti (de)	spaghettis (m pl)	[spagɛti]
aardappelpuree (de)	purée (f)	[pyre]
pizza (de)	pizza (f)	[pidza]
pap (de)	bouillie (f)	[buji]
omelet (de)	omelette (f)	[ɔmlɛt]

gekookt (in water)	cuit à l'eau (adj)	[kɥitalo]
gerookt (bn)	fumé (adj)	[fyme]
gebakken (bn)	frit (adj)	[fri]
gedroogd (bn)	sec (adj)	[sɛk]
diepvries (bn)	congelé (adj)	[kõʒle]
gemarineerd (bn)	mariné (adj)	[marine]

zoet (bn)	sucré (adj)	[sykre]
gezouten (bn)	salé (adj)	[sale]
koud (bn)	froid (adj)	[frwa]
heet (bn)	chaud (adj)	[ʃo]
bitter (bn)	amer (adj)	[amɛr]
lekker (bn)	bon (adj)	[bõ]

koken (in kokend water)	cuire à l'eau	[kɥir a lo]
bereiden (avondmaaltijd ~)	préparer (vt)	[prepare]
bakken (ww)	faire frire	[fɛr frir]
opwarmen (ww)	réchauffer (vt)	[reʃofe]

zouten (ww)	saler (vt)	[sale]
peperen (ww)	poivrer (vt)	[pwavre]
raspen (ww)	râper (vt)	[rape]
schil (de)	peau (f)	[po]
schillen (ww)	éplucher (vt)	[eplyʃe]

50. Kruiden

zout (het)	sel (m)	[sɛl]
gezouten (bn)	salé (adj)	[sale]
zouten (ww)	saler (vt)	[sale]

zwarte peper (de)	poivre (m) noir	[pwavr nwar]
rode peper (de)	poivre (m) rouge	[pwavr ruʒ]
mosterd (de)	moutarde (f)	[mutard]
mierikswortel (de)	raifort (m)	[rɛfor]

| condiment (het) | condiment (m) | [kõdimã] |
| specerij , kruiderij (de) | épice (f) | [epis] |

| saus (de) | sauce (f) | [sos] |
| azijn (de) | vinaigre (m) | [vinɛgr] |

anijs (de)	anis (m)	[ani(s)]
basilicum (de)	basilic (m)	[bazilik]
kruidnagel (de)	clou (m) de girofle	[klu də ʒirɔfl]
gember (de)	gingembre (m)	[ʒɛ̃ʒɑ̃br]
koriander (de)	coriandre (m)	[kɔrjɑ̃dr]
kaneel (de/het)	cannelle (f)	[kanɛl]

sesamzaad (het)	sésame (m)	[sezam]
laurierblad (het)	feuille (f) de laurier	[fœj də lɔrje]
paprika (de)	paprika (m)	[paprika]
komijn (de)	cumin (m)	[kymɛ̃]
saffraan (de)	safran (m)	[safrɑ̃]

51. Maaltijden

| eten (het) | nourriture (f) | [nurityr] |
| eten (ww) | manger (vi, vt) | [mɑ̃ʒe] |

ontbijt (het)	petit déjeuner (m)	[pəti deʒœne]
ontbijten (ww)	prendre le petit déjeuner	[prɑ̃dr ləpti deʒœne]
lunch (de)	déjeuner (m)	[deʒœne]
lunchen (ww)	déjeuner (vi)	[deʒœne]
avondeten (het)	dîner (m)	[dine]
souperen (ww)	dîner (vi)	[dine]

| eetlust (de) | appétit (m) | [apeti] |
| Eet smakelijk! | Bon appétit! | [bɔn apeti] |

openen (een fles ~)	ouvrir (vt)	[uvrir]
morsen (koffie, enz.)	renverser (vt)	[rɑ̃vɛrse]
zijn gemorst	se renverser (vp)	[sə rɑ̃vɛrse]

koken (water kookt bij 100°C)	bouillir (vi)	[bujir]
koken (Hoe om water te ~)	faire bouillir	[fɛr bujir]
gekookt (~ water)	bouilli (adj)	[buji]
afkoelen (koeler maken)	refroidir (vt)	[rəfrwadir]
afkoelen (koeler worden)	se refroidir (vp)	[sə rəfrwadir]

| smaak (de) | goût (m) | [gu] |
| nasmaak (de) | arrière-goût (m) | [arjɛrgu] |

volgen een dieet	suivre un régime	[sɥivr œ̃ reʒim]
dieet (het)	régime (m)	[reʒim]
vitamine (de)	vitamine (f)	[vitamin]
calorie (de)	calorie (f)	[kalɔri]
vegetariër (de)	végétarien (m)	[veʒetarjɛ̃]
vegetarisch (bn)	végétarien (adj)	[veʒetarjɛ̃]

vetten (mv.)	lipides (m pl)	[lipid]
eiwitten (mv.)	protéines (f pl)	[prɔtein]
koolhydraten (mv.)	glucides (m pl)	[glysid]

53

snede (de)	tranche (f)	[trɑ̃ʃ]
stuk (bijv. een ~ taart)	morceau (m)	[mɔrso]
kruimel (de)	miette (f)	[mjɛt]

52. Tafelschikking

lepel (de)	cuillère (f)	[kɥijɛr]
mes (het)	couteau (m)	[kuto]
vork (de)	fourchette (f)	[furʃɛt]

kopje (het)	tasse (f)	[tɑs]
bord (het)	assiette (f)	[asjɛt]
schoteltje (het)	soucoupe (f)	[sukup]
servet (het)	serviette (f)	[sɛrvjɛt]
tandenstoker (de)	cure-dent (m)	[kyrdɑ̃]

53. Restaurant

restaurant (het)	restaurant (m)	[rɛstɔrɑ̃]
koffiehuis (het)	salon (m) de café	[salɔ̃ də kafe]
bar (de)	bar (m)	[bar]
tearoom (de)	salon (m) de thé	[salɔ̃ də te]

kelner, ober (de)	serveur (m)	[sɛrvœr]
serveerster (de)	serveuse (f)	[sɛrvøz]
barman (de)	barman (m)	[barman]

menu (het)	carte (f)	[kart]
wijnkaart (de)	carte (f) des vins	[kart de vɛ̃]
een tafel reserveren	réserver une table	[rezɛrve yn tabl]

gerecht (het)	plat (m)	[pla]
bestellen (eten ~)	commander (vt)	[kɔmɑ̃de]
een bestelling maken	faire la commande	[fɛr la kɔmɑ̃d]

aperitief (de/het)	apéritif (m)	[aperitif]
voorgerecht (het)	hors-d'œuvre (m)	[ɔrdœvr]
dessert (het)	dessert (m)	[desɛr]

rekening (de)	addition (f)	[adisjɔ̃]
de rekening betalen	régler l'addition	[regle ladisjɔ̃]
wisselgeld teruggeven	rendre la monnaie	[rɑ̃dr la mɔnɛ]
fooi (de)	pourboire (m)	[purbwar]

Familie, verwanten en vrienden

54. Persoonlijke informatie. Formulieren

naam (de)	prénom (m)	[prenõ]
achternaam (de)	nom (m) de famille	[nõ də famij]
geboortedatum (de)	date (f) de naissance	[dat də nɛsɑ̃s]
geboorteplaats (de)	lieu (m) de naissance	[ljø də nɛsɑ̃s]

nationaliteit (de)	nationalité (f)	[nasjɔnalite]
woonplaats (de)	domicile (m)	[dɔmisil]
land (het)	pays (m)	[pei]
beroep (het)	profession (f)	[prɔfɛsjõ]

geslacht (ov. het vrouwelijk ~)	sexe (m)	[sɛks]
lengte (de)	taille (f)	[taj]
gewicht (het)	poids (m)	[pwa]

55. Familieleden. Verwanten

moeder (de)	mère (f)	[mɛr]
vader (de)	père (m)	[pɛr]
zoon (de)	fils (m)	[fis]
dochter (de)	fille (f)	[fij]

jongste dochter (de)	fille (f) cadette	[fij kadɛt]
jongste zoon (de)	fils (m) cadet	[fis kadɛ]
oudste dochter (de)	fille (f) aînée	[fij ene]
oudste zoon (de)	fils (m) aîné	[fis ene]

broer (de)	frère (m)	[frɛr]
zuster (de)	sœur (f)	[sœr]

neef (zoon van oom/tante)	cousin (m)	[kuzɛ̃]
nicht (dochter van oom/tante)	cousine (f)	[kuzin]
mama (de)	maman (f)	[mamɑ̃]
papa (de)	papa (m)	[papa]
ouders (mv.)	parents (pl)	[parɑ̃]
kind (het)	enfant (m, f)	[ɑ̃fɑ̃]
kinderen (mv.)	enfants (pl)	[ɑ̃fɑ̃]

oma (de)	grand-mère (f)	[grɑ̃mɛr]
opa (de)	grand-père (m)	[grɑ̃pɛr]
kleinzoon (de)	petit-fils (m)	[pti fis]
kleindochter (de)	petite-fille (f)	[ptit fij]
kleinkinderen (mv.)	petits-enfants (pl)	[pətizɑ̃fɑ̃]
oom (de)	oncle (m)	[õkl]

tante (de)	tante (f)	[tɑ̃t]
neef (zoon van broer/zus)	neveu (m)	[nəvø]
nicht (dochter van broer/zus)	nièce (f)	[njɛs]

schoonmoeder (de)	belle-mère (f)	[bɛlmɛr]
schoonvader (de)	beau-père (m)	[bopɛr]
schoonzoon (de)	gendre (m)	[ʒɑ̃dr]
stiefmoeder (de)	belle-mère, marâtre (f)	[bɛlmɛr], [marɑtr]
stiefvader (de)	beau-père (m)	[bopɛr]

zuigeling (de)	nourrisson (m)	[nurisɔ̃]
wiegenkind (het)	bébé (m)	[bebe]
kleuter (de)	petit (m)	[pti]

vrouw (de)	femme (f)	[fam]
man (de)	mari (m)	[mari]
echtgenoot (de)	époux (m)	[epu]
echtgenote (de)	épouse (f)	[epuz]

gehuwd (mann.)	marié (adj)	[marje]
gehuwd (vrouw.)	mariée (adj)	[marje]
ongehuwd (mann.)	célibataire (adj)	[selibatɛr]
vrijgezel (de)	célibataire (m)	[selibatɛr]
gescheiden (bn)	divorcé (adj)	[divɔrse]
weduwe (de)	veuve (f)	[vœv]
weduwnaar (de)	veuf (m)	[vœf]

familielid (het)	parent (m)	[parɑ̃]
dichte familielid (het)	parent (m) proche	[parɑ̃ prɔʃ]
verre familielid (het)	parent (m) éloigné	[parɑ̃ elwaɲe]
familieleden (mv.)	parents (m pl)	[parɑ̃]

wees (weesjongen)	orphelin (m)	[ɔrfəlɛ̃]
wees (weesmeisje)	orpheline (f)	[ɔrfəlin]
voogd (de)	tuteur (m)	[tytœr]
adopteren (een jongen te ~)	adopter (vt)	[adɔpte]
adopteren (een meisje te ~)	adopter (vt)	[adɔpte]

56. Vrienden. Collega's

vriend (de)	ami (m)	[ami]
vriendin (de)	amie (f)	[ami]
vriendschap (de)	amitié (f)	[amitje]
bevriend zijn (ww)	être ami	[ɛtr ami]

makker (de)	copain (m)	[kɔpɛ̃]
vriendin (de)	copine (f)	[kɔpin]
partner (de)	partenaire (m)	[partənɛr]

chef (de)	chef (m)	[ʃɛf]
baas (de)	supérieur (m)	[syperjœr]
eigenaar (de)	propriétaire (m)	[prɔprijetɛr]
ondergeschikte (de)	subordonné (m)	[sybɔrdɔne]
collega (de)	collègue (m, f)	[kɔlɛg]

kennis (de)	connaissance (f)	[kɔnɛsɑ̃s]
medereiziger (de)	compagnon (m) de route	[kɔ̃paɲɔ̃ də rut]
klasgenoot (de)	copain (m) de classe	[kɔpɛ̃ də klas]

buurman (de)	voisin (m)	[vwazɛ̃]
buurvrouw (de)	voisine (f)	[vwazin]
buren (mv.)	voisins (m pl)	[vwazɛ̃]

57. Man. Vrouw

vrouw (de)	femme (f)	[fam]
meisje (het)	jeune fille (f)	[ʒœn fij]
bruid (de)	fiancée (f)	[fijɑ̃se]

mooi(e) (vrouw, meisje)	belle (adj)	[bɛl]
groot, grote (vrouw, meisje)	de grande taille	[də grɑ̃d taj]
slank(e) (vrouw, meisje)	svelte (adj)	[svɛlt]
korte, kleine (vrouw, meisje)	de petite taille	[də ptit taj]

blondine (de)	blonde (f)	[blɔ̃d]
brunette (de)	brune (f)	[brœ̃]

dames- (abn)	de femme (adj)	[də fam]
maagd (de)	vierge (f)	[vjɛrʒ]
zwanger (bn)	enceinte (adj)	[ɑ̃sɛ̃t]

man (de)	homme (m)	[ɔm]
blonde man (de)	blond (m)	[blɔ̃]
bruinharige man (de)	brun (m)	[brœ̃]
groot (bn)	de grande taille	[də grɑ̃d taj]
klein (bn)	de petite taille	[də ptit taj]

onbeleefd (bn)	rude (adj)	[ryd]
gedrongen (bn)	trapu (adj)	[trapy]
robuust (bn)	robuste (adj)	[rɔbyst]
sterk (bn)	fort (adj)	[fɔr]
sterkte (de)	force (f)	[fɔrs]

mollig (bn)	gros (adj)	[gro]
getaand (bn)	basané (adj)	[bazane]
slank (bn)	svelte (adj)	[svɛlt]
elegant (bn)	élégant (adj)	[elegɑ̃]

58. Leeftijd

leeftijd (de)	âge (m)	[ɑʒ]
jeugd (de)	jeunesse (f)	[ʒœnɛs]
jong (bn)	jeune (adj)	[ʒœn]

jonger (bn)	plus jeune (adj)	[ply ʒœn]
ouder (bn)	plus âgé (adj)	[plyzɑʒe]
jongen (de)	jeune homme (m)	[ʒœn ɔm]

| tiener, adolescent (de) | adolescent (m) | [adɔlesɑ̃] |
| kerel (de) | gars (m) | [ga] |

| oude man (de) | vieillard (m) | [vjɛjar] |
| oude vrouw (de) | vieille femme (f) | [vjɛj fam] |

| volwassen (bn) | adulte (m) | [adylt] |
| van middelbare leeftijd (bn) | d'âge moyen (adj) | [daʒ mwajɛ̃] |

| bejaard (bn) | âgé (adj) | [aʒe] |
| oud (bn) | vieux (adj) | [vjø] |

pensioen (het)	retraite (f)	[rətrɛt]
met pensioen gaan	prendre sa retraite	[prɑ̃dr sa rətrɛt]
gepensioneerde (de)	retraité (m)	[rətrɛte]

59. Kinderen

kind (het)	enfant (m, f)	[ɑ̃fɑ̃]
kinderen (mv.)	enfants (pl)	[ɑ̃fɑ̃]
tweeling (de)	jumeaux (m pl)	[ʒymo]

wieg (de)	berceau (m)	[bɛrso]
rammelaar (de)	hochet (m)	[ɔʃɛ]
luier (de)	couche (f)	[kuʃ]

| speen (de) | tétine (f) | [tetin] |
| kinderwagen (de) | poussette (m) | [pusɛt] |

| kleuterschool (de) | école (f) maternelle | [ekɔl matɛrnɛl] |
| babysitter (de) | baby-sitter (m, f) | [bebisitœr] |

| kindertijd (de) | enfance (f) | [ɑ̃fɑ̃s] |
| pop (de) | poupée (f) | [pupe] |

| speelgoed (het) | jouet (m) | [ʒwɛ] |
| bouwspeelgoed (het) | jeu (m) de construction | [ʒø də kɔ̃stryksjɔ̃] |

welopgevoed (bn)	bien élevé (adj)	[bjɛn elve]
onopgevoed (bn)	mal élevé (adj)	[mal elve]
verwend (bn)	gâté (adj)	[gate]

| stout zijn (ww) | faire le vilain | [fɛr lə vilɛ̃] |
| stout (bn) | vilain (adj) | [vilɛ̃] |

| stoutheid (de) | espièglerie (f) | [ɛspjɛgləri] |
| stouterd (de) | vilain (m) | [vilɛ̃] |

| gehoorzaam (bn) | obéissant (adj) | [ɔbeisɑ̃] |
| ongehoorzaam (bn) | désobéissant (adj) | [dezɔbeisɑ̃] |

braaf (bn)	sage (adj)	[saʒ]
slim (verstandig)	intelligent (adj)	[ɛ̃teliʒɑ̃]
wonderkind (het)	l'enfant prodige	[lɑ̃fɑ̃ prɔdiʒ]

60. Gehuwde paren. Gezinsleven

kussen (een kus geven)	embrasser (vt)	[ãbrase]
elkaar kussen (ww)	s'embrasser (vp)	[sãbrase]
gezin (het)	famille (f)	[famij]
gezins- (abn)	familial (adj)	[familjal]
paar (het)	couple (m)	[kupl]
huwelijk (het)	mariage (m)	[marjaʒ]
thuis (het)	foyer (m) familial	[fwaje familjal]
dynastie (de)	dynastie (f)	[dinasti]
date (de)	rendez-vous (m)	[rãdevu]
zoen (de)	baiser (m)	[beze]
liefde (de)	amour (m)	[amur]
liefhebben (ww)	aimer (vt)	[eme]
geliefde (bn)	aimé (adj)	[eme]
tederheid (de)	tendresse (f)	[tãdrɛs]
teder (bn)	tendre (adj)	[tãdr]
trouw (de)	fidélité (f)	[fidelite]
trouw (bn)	fidèle (adj)	[fidɛl]
zorg (bijv. bejaarden~)	soin (m)	[swk]
zorgzaam (bn)	attentionné (adj)	[atãsjɔne]
jonggehuwden (mv.)	jeunes mariés (pl)	[ʒœ̃ marje]
wittebroodsweken (mv.)	lune (f) de miel	[lyn də mjɛl]
trouwen (vrouw)	se marier (vp)	[sə marje]
trouwen (man)	se marier (vp)	[sə marje]
bruiloft (de)	mariage (m)	[marjaʒ]
gouden bruiloft (de)	les noces d'or	[le nɔs dɔr]
verjaardag (de)	anniversaire (m)	[anivɛrsɛr]
minnaar (de)	amant (m)	[amã]
minnares (de)	maîtresse (f)	[mɛtrɛs]
overspel (het)	adultère (m)	[adyltɛr]
overspel plegen (ww)	commettre l'adultère	[kɔmɛtr ladyltɛr]
jaloers (bn)	jaloux (adj)	[ʒalu]
jaloers zijn (echtgenoot, enz.)	être jaloux	[ɛtr ʒalu]
echtscheiding (de)	divorce (m)	[divɔrs]
scheiden (ww)	divorcer (vi)	[divɔrse]
ruzie hebben (ww)	se disputer (vp)	[sə dispyte]
vrede sluiten (ww)	se réconcilier (vp)	[sə rekɔ̃silje]
samen (bw)	ensemble (adv)	[ãsãbl]
seks (de)	sexe (m)	[sɛks]
geluk (het)	bonheur (m)	[bɔnœr]
gelukkig (bn)	heureux (adj)	[œrø]
ongeluk (het)	malheur (m)	[malœr]
ongelukkig (bn)	malheureux (adj)	[malœrø]

Karakter. Gevoelens. Emoties

61. Gevoelens. Emoties

gevoel (het)	sentiment (m)	[sãtimã]
gevoelens (mv.)	sentiments (m pl)	[sãtimã]
voelen (ww)	sentir (vt)	[sãtir]
honger (de)	faim (f)	[fɛ̃]
honger hebben (ww)	avoir faim	[avwar fɛ̃]
dorst (de)	soif (f)	[swaf]
dorst hebben	avoir soif	[avwar swaf]
slaperigheid (de)	somnolence (f)	[sɔmnifɛr]
willen slapen	avoir sommeil	[avwar sɔmɛj]
moeheid (de)	fatigue (f)	[fatig]
moe (bn)	fatigué (adj)	[fatige]
vermoeid raken (ww)	être fatigué	[ɛtr fatige]
stemming (de)	humeur (f)	[ymœr]
verveling (de)	ennui (m)	[ãnɥi]
zich vervelen (ww)	s'ennuyer (vp)	[sãnɥije]
afzondering (de)	solitude (f)	[sɔlityd]
zich afzonderen (ww)	s'isoler (vp)	[sizɔle]
bezorgd maken (ww)	inquiéter (vt)	[ɛ̃kjete]
zich bezorgd maken	s'inquiéter (vp)	[sɛ̃kjete]
zorg (bijv. geld~en)	inquiétude (f)	[ɛ̃kjetyd]
ongerustheid (de)	préoccupation (f)	[preɔkypasjɔ̃]
ongerust (bn)	soucieux (adj)	[susjø]
zenuwachtig zijn (ww)	s'énerver (vp)	[senɛrve]
in paniek raken	paniquer (vi)	[panike]
hoop (de)	espoir (m)	[ɛspwar]
hopen (ww)	espérer (vi)	[ɛspere]
zekerheid (de)	certitude (f)	[sɛrtityd]
zeker (bn)	certain (adj)	[sɛrtɛ̃]
onzekerheid (de)	incertitude (f)	[ɛ̃sɛrtityd]
onzeker (bn)	incertain (adj)	[ɛ̃sɛrtɛ̃]
dronken (bn)	ivre (adj)	[ivr]
nuchter (bn)	sobre (adj)	[sɔbr]
zwak (bn)	faible (adj)	[fɛbl]
gelukkig (bn)	heureux (adj)	[œrø]
doen schrikken (ww)	faire peur	[fɛr pœr]
toorn (de)	fureur (f)	[fyrœr]
woede (de)	rage (f), colère (f)	[raʒ], [kɔlɛr]
depressie (de)	dépression (f)	[depresjɔ̃]
ongemak (het)	inconfort (m)	[ɛ̃kɔ̃fɔr]

gemak, comfort (het)	confort (m)	[kɔ̃fɔr]
spijt hebben (ww)	regretter (vt)	[rəgrɛte]
spijt (de)	regret (m)	[rəgrɛ]
pech (de)	malchance (f)	[malʃɑ̃s]
bedroefdheid (de)	tristesse (f)	[tristɛs]

schaamte (de)	honte (f)	[ɔ̃t]
pret (de), plezier (het)	joie, allégresse (f)	[ʒwa], [alegrɛs]
enthousiasme (het)	enthousiasme (m)	[ɑ̃tuzjasm]
enthousiasteling (de)	enthousiaste (m)	[ɑ̃tuzjast]
enthousiasme vertonen	avoir de l'enthousiasme	[avwar də lɑ̃tuzjasm]

62. Karakter. Persoonlijkheid

karakter (het)	caractère (m)	[karaktɛr]
karakterfout (de)	défaut (m)	[defo]
verstand (het)	esprit (m)	[ɛspri]
rede (de)	raison (f)	[rɛzɔ̃]

geweten (het)	conscience (f)	[kɔ̃sjɑ̃s]
gewoonte (de)	habitude (f)	[abityd]
bekwaamheid (de)	capacité (f)	[kapasite]
kunnen (bijv., ~ zwemmen)	savoir (vt)	[savwar]

geduldig (bn)	patient (adj)	[pasjɑ̃]
ongeduldig (bn)	impatient (adj)	[ɛ̃pasjɑ̃]
nieuwsgierig (bn)	curieux (adj)	[kyrjø]
nieuwsgierigheid (de)	curiosité (f)	[kyrjozite]

bescheidenheid (de)	modestie (f)	[mɔdɛsti]
bescheiden (bn)	modeste (adj)	[mɔdɛst]
onbescheiden (bn)	vaniteux (adj)	[vanitø]

luiheid (de)	paresse (f)	[parɛs]
lui (bn)	paresseux (adj)	[parɛsø]
luiwammes (de)	paresseux (m)	[parɛsø]

sluwheid (de)	astuce (f)	[astys]
sluw (bn)	rusé (adj)	[ryze]
wantrouwen (het)	méfiance (f)	[mefjɑ̃s]
wantrouwig (bn)	méfiant (adj)	[mefjɑ̃]

gulheid (de)	générosité (f)	[ʒenerɔzite]
gul (bn)	généreux (adj)	[ʒenerø]
talentrijk (bn)	doué (adj)	[dwe]
talent (het)	talent (m)	[talɑ̃]

moedig (bn)	courageux (adj)	[kuraʒø]
moed (de)	courage (m)	[kuraʒ]
eerlijk (bn)	honnête (adj)	[ɔnɛt]
eerlijkheid (de)	honnêteté (f)	[ɔnɛtte]

| voorzichtig (bn) | prudent (adj) | [prydɑ̃] |
| manhaftig (bn) | courageux (adj) | [kuraʒø] |

ernstig (bn)	sérieux (adj)	[serjø]
streng (bn)	sévère (adj)	[sevɛr]
resoluut (bn)	décidé (adj)	[deside]
onzeker, irresoluut (bn)	indécis (adj)	[ɛ̃desi]
schuchter (bn)	timide (adj)	[timid]
schuchterheid (de)	timidité (f)	[timidite]
vertrouwen (het)	confiance (f)	[kɔ̃fjɑ̃s]
vertrouwen (ww)	croire (vt)	[krwar]
goedgelovig (bn)	confiant (adj)	[kɔ̃fjɑ̃]
oprecht (bw)	sincèrement (adv)	[sɛ̃sɛrmɑ̃]
oprecht (bn)	sincère (adj)	[sɛ̃sɛr]
oprechtheid (de)	sincérité (f)	[sɛ̃serite]
open (bn)	ouvert (adj)	[uvɛr]
rustig (bn)	calme (adj)	[kalm]
openhartig (bn)	franc (adj)	[frɑ̃]
naïef (bn)	naïf (adj)	[naif]
verstrooid (bn)	distrait (adj)	[distrɛ]
leuk, grappig (bn)	drôle, amusant (adj)	[drol], [amyzɑ̃]
gierigheid (de)	avidité (f)	[avidite]
gierig (bn)	avare (adj)	[avar]
inhalig (bn)	radin (adj)	[radɛ̃]
kwaad (bn)	méchant (adj)	[meʃɑ̃]
koppig (bn)	têtu (adj)	[tety]
onaangenaam (bn)	désagréable (adj)	[dezagreabl]
egoïst (de)	égoïste (m)	[egɔist]
egoïstisch (bn)	égoïste (adj)	[egɔist]
lafaard (de)	peureux (m)	[pœrø]
laf (bn)	peureux (adj)	[pœrø]

63. Slaap. Dromen

slapen (ww)	dormir (vi)	[dɔrmir]
slaap (in ~ vallen)	sommeil (m)	[sɔmɛj]
droom (de)	rêve (m)	[rɛv]
dromen (in de slaap)	rêver (vi)	[rɛve]
slaperig (bn)	endormi (adj)	[ɑ̃dɔrmi]
bed (het)	lit (m)	[li]
matras (de)	matelas (m)	[matla]
deken (de)	couverture (f)	[kuvɛrtyr]
kussen (het)	oreiller (m)	[ɔrɛje]
laken (het)	drap (m)	[dra]
slapeloosheid (de)	insomnie (f)	[ɛ̃sɔmni]
slapeloos (bn)	sans sommeil (adj)	[sɑ̃ sɔmɛj]
slaapmiddel (het)	somnifère (m)	[sɔmnifɛr]
slaapmiddel innemen	prendre un somnifère	[prɑ̃dr œ̃ sɔmnifɛr]
willen slapen	avoir sommeil	[avwar sɔmɛj]

geeuwen (ww)	bâiller (vi)	[baje]
gaan slapen	aller se coucher	[ale sə kuʃe]
het bed opmaken	faire le lit	[fɛr le li]
inslapen (ww)	s'endormir (vp)	[sɑ̃dɔrmir]

nachtmerrie (de)	cauchemar (m)	[koʃmar]
gesnurk (het)	ronflement (m)	[rɔ̃fləmɑ̃]
snurken (ww)	ronfler (vi)	[rɔ̃fle]

wekker (de)	réveil (m)	[revɛj]
wekken (ww)	réveiller (vt)	[reveje]
wakker worden (ww)	se réveiller (vp)	[sə reveje]
opstaan (ww)	se lever (vp)	[sə ləve]
zich wassen (ww)	se laver (vp)	[sə lave]

64. Humor. Gelach. Blijdschap

humor (de)	humour (m)	[ymur]
gevoel (het) voor humor	sens (m) de l'humour	[sɑ̃s də lymur]
plezier hebben (ww)	s'amuser (vp)	[samyze]
vrolijk (bn)	joyeux (adj)	[ʒwajø]
pret (de), plezier (het)	joie, allégresse (f)	[ʒwa], [alegrɛs]

glimlach (de)	sourire (m)	[surir]
glimlachen (ww)	sourire (vi)	[surir]
beginnen te lachen (ww)	se mettre à rire	[sə mɛtr a rir]
lachen (ww)	rire (vi)	[rir]
lach (de)	rire (m)	[rir]

mop (de)	anecdote (f)	[anɛkdɔt]
grappig (een ~ verhaal)	drôle (adj)	[drol]
grappig (~e clown)	comique, ridicule (adj)	[komik], [ridikyl]

grappen maken (ww)	plaisanter (vi)	[plɛzɑ̃te]
grap (de)	plaisanterie (f)	[plɛzɑ̃tri]
blijheid (de)	joie (f)	[ʒwa]
blij zijn (ww)	se réjouir (vp)	[sə reʒwir]
blij (bn)	joyeux (adj)	[ʒwajø]

65. Discussie, conversatie. Deel 1

| communicatie (de) | communication (f) | [kɔmynikasjɔ̃] |
| communiceren (ww) | communiquer (vi) | [kɔmynike] |

conversatie (de)	conversation (f)	[kɔ̃vɛrsasjɔ̃]
dialoog (de)	dialogue (m)	[djalɔg]
discussie (de)	discussion (f)	[diskysjɔ̃]
debat (het)	débat (m)	[deba]
debatteren, twisten (ww)	discuter (vi)	[diskyte]

| gesprekspartner (de) | interlocuteur (m) | [ɛ̃tɛrlɔkytœr] |
| thema (het) | sujet (m) | [syʒɛ] |

standpunt (het)	point (m) de vue	[pwɛ̃ də vy]
mening (de)	opinion (f)	[ɔpinjɔ̃]
toespraak (de)	discours (m)	[diskur]

bespreking (de)	discussion (f)	[diskysjɔ̃]
bespreken (spreken over)	discuter (vt)	[diskyte]
gesprek (het)	conversation (f)	[kɔ̃vɛrsasjɔ̃]
spreken (converseren)	converser (vi)	[kɔ̃vɛrse]
ontmoeting (de)	rencontre (f)	[rɑ̃kɔ̃tr]
ontmoeten (ww)	se rencontrer (vp)	[sə rɑ̃kɔ̃tre]

spreekwoord (het)	proverbe (m)	[prɔvɛrb]
gezegde (het)	dicton (m)	[diktɔ̃]
raadsel (het)	devinette (f)	[dəvinɛt]
een raadsel opgeven	poser une devinette	[poze yn dəvinɛt]
wachtwoord (het)	mot (m) de passe	[mo də pɑs]
geheim (het)	secret (m)	[səkrɛ]

eed (de)	serment (m)	[sɛrmɑ̃]
zweren (een eed doen)	jurer (vi)	[ʒyre]
belofte (de)	promesse (f)	[prɔmɛs]
beloven (ww)	promettre (vt)	[prɔmɛtr]

advies (het)	conseil (m)	[kɔ̃sɛj]
adviseren (ww)	conseiller (vt)	[kɔ̃seje]
advies volgen (iemands ~)	suivre le conseil	[sɥivr lə kɔ̃sɛj]
luisteren (gehoorzamen)	écouter (vt)	[ekute]

nieuws (het)	nouvelle (f)	[nuvɛl]
sensatie (de)	sensation (f)	[sɑ̃sasjɔ̃]
informatie (de)	renseignements (m pl)	[rɑ̃sɛɲəmɑ̃]
conclusie (de)	conclusion (f)	[kɔ̃klyzjɔ̃]
stem (de)	voix (f)	[vwa]
compliment (het)	compliment (m)	[kɔ̃plimɑ̃]
vriendelijk (bn)	aimable (adj)	[ɛmabl]

woord (het)	mot (m)	[mo]
zin (de), zinsdeel (het)	phrase (f)	[fraz]
antwoord (het)	réponse (f)	[repɔ̃s]

| waarheid (de) | vérité (f) | [verite] |
| leugen (de) | mensonge (m) | [mɑ̃sɔ̃ʒ] |

gedachte (de)	pensée (f)	[pɑ̃se]
idee (de/het)	idée (f)	[ide]
fantasie (de)	fantaisie (f)	[fɑ̃tezi]

66. Discussie, conversatie. Deel 2

gerespecteerd (bn)	respecté (adj)	[rɛspɛkte]
respecteren (ww)	respecter (vt)	[rɛspɛkte]
respect (het)	respect (m)	[rɛspɛ]
Geachte ... (brief)	Cher ...	[ʃɛr ...]
voorstellen (Mag ik jullie ~)	présenter (vt)	[prezɑ̃te]

kennismaken (met ...)	faire la connaissance	[fɛr la kɔnɛsɑ̃s]
intentie (de)	intention (f)	[ɛ̃tɑ̃sjɔ̃]
intentie hebben (ww)	avoir l'intention	[avwar lɛ̃tɑ̃sjɔ̃]
wens (de)	souhait (m)	[swɛ]
wensen (ww)	souhaiter (vt)	[swete]
verbazing (de)	étonnement (m)	[etɔnmɑ̃]
verbazen (verwonderen)	étonner (vt)	[etɔne]
verbaasd zijn (ww)	s'étonner (vp)	[setɔne]
geven (ww)	donner (vt)	[dɔne]
nemen (ww)	prendre (vt)	[prɑ̃dr]
teruggeven (ww)	rendre (vt)	[rɑ̃dr]
retourneren (ww)	retourner (vt)	[rəturne]
zich verontschuldigen	s'excuser (vp)	[sɛkskyze]
verontschuldiging (de)	excuse (f)	[ɛkskyz]
vergeven (ww)	pardonner (vt)	[pardɔne]
spreken (ww)	parler (vi)	[parle]
luisteren (ww)	écouter (vt)	[ekute]
aanhoren (ww)	écouter jusqu'au bout	[ekute ʒyskə bu]
begrijpen (ww)	comprendre (vt)	[kɔ̃prɑ̃dr]
tonen (ww)	montrer (vt)	[mɔ̃tre]
kijken naar ...	regarder (vt)	[rəgarde]
roepen (vragen te komen)	appeler (vt)	[aple]
afleiden (storen)	distraire (vt)	[distrɛr]
storen (lastigvallen)	ennuyer (vt)	[ɑ̃nɥije]
doorgeven (ww)	passer (vt)	[pɑse]
verzoek (het)	prière (f)	[prijɛr]
verzoeken (ww)	demander (vt)	[dəmɑ̃de]
eis (de)	exigence (f)	[ɛgziʒɑ̃s]
eisen (met klem vragen)	exiger (vt)	[ɛgziʒe]
beledigen	taquiner (vt)	[takine]
(beledigende namen geven)		
uitlachen (ww)	se moquer (vp)	[sə mɔke]
spot (de)	moquerie (f)	[mɔkri]
bijnaam (de)	surnom (m)	[syrnɔ̃]
zinspeling (de)	allusion (f)	[alyzjɔ̃]
zinspelen (ww)	faire allusion	[fɛr alyzjɔ̃]
impliceren (duiden op)	sous-entendre (vt)	[suzɑ̃tɑ̃dr]
beschrijving (de)	description (f)	[dɛskripsjɔ̃]
beschrijven (ww)	décrire (vt)	[dekrir]
lof (de)	éloge (m)	[elɔʒ]
loven (ww)	louer (vt)	[lwe]
teleurstelling (de)	déception (f)	[desɛpsjɔ̃]
teleurstellen (ww)	décevoir (vt)	[desəvwar]
teleurgesteld zijn (ww)	être déçu	[ɛtr desy]
veronderstelling (de)	supposition (f)	[sypozisjɔ̃]
veronderstellen (ww)	supposer (vt)	[sypoze]

| waarschuwing (de) | avertissement (m) | [avɛrtismɑ̃] |
| waarschuwen (ww) | prévenir (vt) | [prevnir] |

67. Discussie, conversatie. Deel 3

| aanpraten (ww) | convaincre (vt) | [kɔ̃vɛ̃kr] |
| kalmeren (kalm maken) | calmer (vt) | [kalme] |

stilte (de)	silence (m)	[silɑ̃s]
zwijgen (ww)	rester silencieux	[rɛste silɑ̃sjø]
fluisteren (ww)	chuchoter (vi, vt)	[ʃyʃɔte]
gefluister (het)	chuchotement (m)	[ʃyʃɔtmɑ̃]

| open, eerlijk (bw) | sincèrement (adv) | [sɛ̃sɛrmɑ̃] |
| volgens mij ... | à mon avis ... | [amɔ̃ avi] |

detail (het)	détail (m)	[detaj]
gedetailleerd (bn)	détaillé (adj)	[detaje]
gedetailleerd (bw)	en détail (adv)	[ɑ̃ detaj]

| hint (de) | indice (m) | [ɛ̃dis] |
| een hint geven | donner un indice | [dɔne ynɛ̃dis] |

blik (de)	regard (m)	[rəgar]
een kijkje nemen	jeter un coup d'oeil	[ʒəte œ̃ ku dœj]
strak (een ~ke blik)	fixe (adj)	[fiks]
knipperen (ww)	clignoter (vi)	[kliɲɔte]
knipogen (ww)	cligner de l'oeil	[kliɲe də lœj]
knikken (ww)	hocher la tête	[ɔʃe la tɛt]

zucht (de)	soupir (m)	[supir]
zuchten (ww)	soupirer (vi)	[supire]
huiveren (ww)	tressaillir (vi)	[tresajir]
gebaar (het)	geste (m)	[ʒɛst]
aanraken (ww)	toucher (vt)	[tuʃe]
grijpen (ww)	saisir (vt)	[sezir]
een schouderklopje geven	taper (vt)	[tape]

Kijk uit!	Attention!	[atɑ̃sjɔ̃]
Echt?	Vraiment?	[vrɛmɑ̃]
Bent je er zeker van?	Tu es sûr?	[ty ɛ syr]
Succes!	Bonne chance!	[bɔn ʃɑ̃s]
Juist, ja!	Compris!	[kɔ̃pri]
Wat jammer!	Dommage!	[dɔmaʒ]

68. Overeenstemming. Weigering

instemming (het)	accord (m)	[akɔr]
instemmen (akkoord gaan)	être d'accord	[ɛtr dakɔr]
goedkeuring (de)	approbation (f)	[aprɔbasjɔ̃]
goedkeuren (ww)	approuver (vt)	[apruve]
weigering (de)	refus (m)	[rəfy]

weigeren (ww)	se refuser (vp)	[sə rəfyze]
Geweldig!	Super!	[sypɛr]
Goed!	Bon!	[bõ]
Akkoord!	D'accord!	[dakɔr]

verboden (bn)	interdit (adj)	[ɛ̃tɛrdi]
het is verboden	c'est interdit	[sɛtɛ̃tɛrdi]
het is onmogelijk	c'est impossible	[set ɛ̃pɔsibl]
onjuist (bn)	incorrect (adj)	[ɛ̃kɔrɛkt]

afwijzen (ww)	décliner (vt)	[dekline]
steunen	soutenir (vt)	[sutnir]
(een goed doel, enz.)		
aanvaarden (excuses ~)	accepter (vt)	[aksɛpte]

bevestigen (ww)	confirmer (vt)	[kõfirme]
bevestiging (de)	confirmation (f)	[kõfirmasjõ]
toestemming (de)	permission (f)	[pɛrmisjõ]
toestaan (ww)	permettre (vt)	[pɛrmɛtr]
beslissing (de)	décision (f)	[desizjõ]
z'n mond houden (ww)	ne pas dire un mot	[nəpɑ dir œ̃ mo]

voorwaarde (de)	condition (f)	[kõdisjõ]
smoes (de)	excuse (f)	[ɛkskyz]
lof (de)	éloge (m)	[elɔʒ]
loven (ww)	louer (vt)	[lwe]

69. Succes. Veel geluk. Mislukking

succes (het)	succès (m)	[syksɛ]
succesvol (bw)	avec succès (adv)	[avɛk syksɛ]
succesvol (bn)	réussi (adj)	[reysi]

geluk (het)	chance (f)	[ʃɑ̃s]
Succes!	Bonne chance!	[bɔn ʃɑ̃s]
geluks- (bn)	de chance (adj)	[də ʃɑ̃s]
gelukkig (fortuinlijk)	chanceux (adj)	[ʃɑ̃sø]

mislukking (de)	échec (m)	[eʃɛk]
tegenslag (de)	infortune (f)	[ɛ̃fortyn]
pech (de)	malchance (f)	[malʃɑ̃s]
zonder succes (bn)	raté (adj)	[rate]
catastrofe (de)	catastrophe (f)	[katastrɔf]

fierheid (de)	fierté (f)	[fjɛrte]
fier (bn)	fier (adj)	[fjɛr]
fier zijn (ww)	être fier	[ɛtr fjɛr]

winnaar (de)	gagnant (m)	[gaɲɑ̃]
winnen (ww)	gagner (vi)	[gaɲe]
verliezen (ww)	perdre (vi)	[pɛrdr]
poging (de)	tentative (f)	[tɑ̃tativ]
pogen, proberen (ww)	essayer (vt)	[eseje]
kans (de)	chance (f)	[ʃɑ̃s]

70. Ruzies. Negatieve emoties

schreeuw (de)	cri (m)	[kri]
schreeuwen (ww)	crier (vi)	[krije]
beginnen te schreeuwen	se mettre à crier	[sə mɛtr a krije]

ruzie (de)	dispute (f)	[dispyt]
ruzie hebben (ww)	se disputer (vp)	[sə dispyte]
schandaal (het)	scandale (m)	[skãdal]
schandaal maken (ww)	faire un scandale	[fɛr œ̃ skãdal]
conflict (het)	conflit (m)	[kɔ̃fli]
misverstand (het)	malentendu (m)	[malãtãdy]

belediging (de)	insulte (f)	[ɛ̃sylt]
beledigen	insulter (vt)	[ɛ̃sylte]
(met scheldwoorden)		
beledigd (bn)	insulté (adj)	[ɛ̃sylte]
krenking (de)	offense (f)	[ɔfãs]
krenken (beledigen)	offenser (vt)	[ɔfãse]
gekwetst worden (ww)	s'offenser (vp)	[sɔfãse]

verontwaardiging (de)	indignation (f)	[ɛ̃diɲasjɔ̃]
verontwaardigd zijn (ww)	s'indigner (vp)	[sɛ̃diɲe]
klacht (de)	plainte (f)	[plɛ̃t]
klagen (ww)	se plaindre (vp)	[sə plɛ̃dr]

verontschuldiging (de)	excuse (f)	[ɛkskyz]
zich verontschuldigen	s'excuser (vp)	[sɛkskyze]
excuus vragen	demander pardon	[dəmãde pardɔ̃]

kritiek (de)	critique (f)	[kritik]
bekritiseren (ww)	critiquer (vt)	[kritike]
beschuldiging (de)	accusation (f)	[akyzasjɔ̃]
beschuldigen (ww)	accuser (vt)	[akyze]

wraak (de)	vengeance (f)	[vãʒãs]
wreken (ww)	se venger (vp)	[sə vãʒe]
wraak nemen (ww)	faire payer	[fɛr peje]

minachting (de)	mépris (m)	[mepri]
minachten (ww)	mépriser (vt)	[meprize]
haat (de)	haine (f)	[ɛn]
haten (ww)	haïr (vt)	[air]

zenuwachtig (bn)	nerveux (adj)	[nɛrvø]
zenuwachtig zijn (ww)	s'énerver (vp)	[senɛrve]
boos (bn)	fâché (adj)	[faʃe]
boos maken (ww)	fâcher (vt)	[faʃe]

vernedering (de)	humiliation (f)	[ymiljasjɔ̃]
vernederen (ww)	humilier (vt)	[ymilje]
zich vernederen (ww)	s'humilier (vp)	[symilje]

| schok (de) | choc (m) | [ʃɔk] |
| schokken (ww) | choquer (vt) | [ʃɔke] |

| onaangenaamheid (de) | ennui (m) | [ãnɥi] |
| onaangenaam (bn) | désagréable (adj) | [dezagreabl] |

vrees (de)	peur (f)	[pœr]
vreselijk (bijv. ~ onweer)	terrible (adj)	[tɛribl]
eng (bn)	effrayant (adj)	[efrɛjã]
gruwel (de)	horreur (f)	[ɔrœr]
vreselijk (~ nieuws)	horrible (adj)	[ɔribl]

beginnen te beven	commencer à trembler	[kɔmãse a trãble]
huilen (wenen)	pleurer (vi)	[plœre]
beginnen te huilen (wenen)	se mettre à pleurer	[sə mɛtr ɑ plœre]
traan (de)	larme (f)	[larm]

schuld (~ geven aan)	faute (f)	[fot]
schuldgevoel (het)	culpabilité (f)	[kylpabilite]
schande (de)	déshonneur (m)	[dezɔnœr]
protest (het)	protestation (f)	[prɔtɛstasjõ]
stress (de)	stress (m)	[strɛs]

storen (lastigvallen)	déranger (vt)	[derãʒe]
kwaad zijn (ww)	être furieux	[ɛtr fyrjø]
kwaad (bn)	en colère, fâché (adj)	[ã kɔlɛr], [faʃe]
beëindigen (een relatie ~)	rompre (vt)	[rõpr]
vloeken (ww)	réprimander (vt)	[reprimãde]

schrikken (schrik krijgen)	prendre peur	[prãdr pœr]
slaan (iemand ~)	frapper (vt)	[frape]
vechten (ww)	se battre (vp)	[sə batr]

regelen (conflict)	régler (vt)	[regle]
ontevreden (bn)	mécontent (adj)	[mekõtã]
woedend (bn)	enragé (adj)	[ãraʒe]

| Dat is niet goed! | Ce n'est pas bien! | [sə nɛpɑ bjɛ̃] |
| Dat is slecht! | C'est mal! | [sɛ mal] |

Geneeskunde

71. Ziekten

ziekte (de)	maladie (f)	[maladi]
ziek zijn (ww)	être malade	[ɛtr malad]
gezondheid (de)	santé (f)	[sɑ̃te]
snotneus (de)	rhume (m)	[rym]
angina (de)	angine (f)	[ɑ̃ʒin]
verkoudheid (de)	refroidissement (m)	[rəfrwadismɑ̃]
verkouden raken (ww)	prendre froid	[prɑ̃dr frwa]
bronchitis (de)	bronchite (f)	[brɔ̃ʃit]
longontsteking (de)	pneumonie (f)	[pnømɔni]
griep (de)	grippe (f)	[grip]
bijziend (bn)	myope (adj)	[mjɔp]
verziend (bn)	presbyte (adj)	[prɛsbit]
scheelheid (de)	strabisme (m)	[strabism]
scheel (bn)	strabique (adj)	[strabik]
grauwe staar (de)	cataracte (f)	[katarakt]
glaucoom (het)	glaucome (m)	[glokom]
beroerte (de)	insulte (f)	[ɛ̃sylt]
hartinfarct (het)	crise (f) cardiaque	[kriz kardjak]
myocardiaal infarct (het)	infarctus (m) de myocarde	[ɛ̃farktys də mjɔkard]
verlamming (de)	paralysie (f)	[paralizi]
verlammen (ww)	paralyser (vt)	[paralize]
allergie (de)	allergie (f)	[alɛrʒi]
astma (de/het)	asthme (m)	[asm]
diabetes (de)	diabète (m)	[djabɛt]
tandpijn (de)	mal (m) de dents	[mal də dɑ̃]
tandbederf (het)	carie (f)	[kari]
diarree (de)	diarrhée (f)	[djare]
constipatie (de)	constipation (f)	[kɔ̃stipasjɔ̃]
maagstoornis (de)	estomac (m) barbouillé	[ɛstɔma barbuje]
voedselvergiftiging (de)	intoxication (f) alimentaire	[ɛ̃tɔksikasjɔn alimɑ̃tɛr]
voedselvergiftiging oplopen	être intoxiqué	[ɛtr ɛ̃tɔksike]
artritis (de)	arthrite (f)	[artrit]
rachitis (de)	rachitisme (m)	[raʃitism]
reuma (het)	rhumatisme (m)	[rymatism]
arteriosclerose (de)	athérosclérose (f)	[ateroskleroz]
gastritis (de)	gastrite (f)	[gastrit]
blindedarmontsteking (de)	appendicite (f)	[apɛ̃disit]

| galblaasontsteking (de) | cholécystite (f) | [kɔlesistit] |
| zweer (de) | ulcère (m) | [ylsɛr] |

mazelen (mv.)	rougeole (f)	[ruʒɔl]
rodehond (de)	rubéole (f)	[rybeɔl]
geelzucht (de)	jaunisse (f)	[ʒonis]
leverontsteking (de)	hépatite (f)	[epatit]

schizofrenie (de)	schizophrénie (f)	[skizɔfreni]
dolheid (de)	rage (f)	[raʒ]
neurose (de)	névrose (f)	[nevroz]
hersenschudding (de)	commotion (f) cérébrale	[kɔmɔsjõ serebral]

kanker (de)	cancer (m)	[kãsɛr]
sclerose (de)	sclérose (f)	[skleroz]
multiple sclerose (de)	sclérose (f) en plaques	[skleroz ã plak]

alcoholisme (het)	alcoolisme (m)	[alkɔlism]
alcoholicus (de)	alcoolique (m)	[alkɔlik]
syfilis (de)	syphilis (f)	[sifilis]
AIDS (de)	SIDA (m)	[sida]

tumor (de)	tumeur (f)	[tymœr]
kwaadaardig (bn)	maligne (adj)	[maliɲ]
goedaardig (bn)	bénigne (adj)	[beniɲ]

koorts (de)	fièvre (f)	[fjɛvr]
malaria (de)	malaria (f)	[malarja]
gangreen (het)	gangrène (f)	[gãgrɛn]
zeeziekte (de)	mal (m) de mer	[mal də mɛr]
epilepsie (de)	épilepsie (f)	[epilɛpsi]

epidemie (de)	épidémie (f)	[epidemi]
tyfus (de)	typhus (m)	[tifys]
tuberculose (de)	tuberculose (f)	[tybɛrkyloz]
cholera (de)	choléra (m)	[kɔlera]
pest (de)	peste (f)	[pɛst]

72. Symptomen. Behandelingen. Deel 1

symptoom (het)	symptôme (m)	[sɛ̃ptom]
temperatuur (de)	température (f)	[tãperatyr]
verhoogde temperatuur (de)	fièvre (f)	[fjɛvr]
polsslag (de)	pouls (m)	[pu]

duizeling (de)	vertige (m)	[vɛrtiʒ]
heet (erg warm)	chaud (adj)	[ʃo]
koude rillingen (mv.)	frisson (m)	[frisõ]
bleek (bn)	pâle (adj)	[pɑl]

hoest (de)	toux (f)	[tu]
hoesten (ww)	tousser (vi)	[tuse]
niezen (ww)	éternuer (vi)	[etɛrnɥe]
flauwte (de)	évanouissement (m)	[evanwismã]

flauwvallen (ww)	s'évanouir (vp)	[sevanwir]
blauwe plek (de)	bleu (m)	[blø]
buil (de)	bosse (f)	[bɔs]
zich stoten (ww)	se heurter (vp)	[sə œrte]
kneuzing (de)	meurtrissure (f)	[mœrtrisyr]
kneuzen (gekneusd zijn)	se faire mal	[sə fɛr mal]

hinken (ww)	boiter (vi)	[bwate]
verstuiking (de)	foulure (f)	[fulyr]
verstuiken (enkel, enz.)	se démettre (vp)	[sə demɛtr]
breuk (de)	fracture (f)	[fraktyr]
een breuk oplopen	avoir une fracture	[avwar yn fraktyr]

snijwond (de)	coupure (f)	[kupyr]
zich snijden (ww)	se couper (vp)	[sə kupe]
bloeding (de)	hémorragie (f)	[emɔraʒi]

brandwond (de)	brûlure (f)	[brylyr]
zich branden (ww)	se brûler (vp)	[sə bryle]

prikken (ww)	se piquer (vp)	[sə pike]
zich prikken (ww)	se piquer (vp)	[sə pike]
blesseren (ww)	blesser (vt)	[blese]
blessure (letsel)	blessure (f)	[blesyr]
wond (de)	blessure (f)	[blesyr]
trauma (het)	trauma (m)	[troma]

IJlen (ww)	délirer (vi)	[delire]
stotteren (ww)	bégayer (vi)	[begeje]
zonnesteek (de)	insolation (f)	[ɛ̃sɔlasjɔ̃]

73. Symptomen. Behandelingen. Deel 2

pijn (de)	douleur (f)	[dulœr]
splinter (de)	écharde (f)	[eʃard]

zweet (het)	sueur (f)	[syœr]
zweten (ww)	suer (vi)	[sye]
braking (de)	vomissement (m)	[vɔmismɑ̃]
stuiptrekkingen (mv.)	spasmes (m pl)	[spasm]

zwanger (bn)	enceinte (adj)	[ɑ̃sɛ̃t]
geboren worden (ww)	naître (vi)	[nɛtr]
geboorte (de)	accouchement (m)	[akuʃmɑ̃]
baren (ww)	accoucher (vt)	[akuʃe]
abortus (de)	avortement (m)	[avɔrtəmɑ̃]

ademhaling (de)	respiration (f)	[rɛspirasjɔ̃]
inademing (de)	inhalation (f)	[inalasjɔ̃]
uitademing (de)	expiration (f)	[ɛkspirasjɔ̃]
uitademen (ww)	expirer (vi)	[ɛkspire]
inademen (ww)	inspirer (vi)	[inale]
invalide (de)	invalide (m)	[ɛ̃valid]
gehandicapte (de)	handicapé (m)	[ɑ̃dikape]

drugsverslaafde (de)	drogué (m)	[drɔge]
doof (bn)	sourd (adj)	[sur]
stom (bn)	muet (adj)	[mɥɛ]
doofstom (bn)	sourd-muet (adj)	[surmɥɛ]

krankzinnig (bn)	fou (adj)	[fu]
krankzinnige (man)	fou (m)	[fu]
krankzinnige (vrouw)	folle (f)	[fɔl]
krankzinnig worden	devenir fou	[dəvnir fu]

gen (het)	gène (m)	[ʒɛn]
immuniteit (de)	immunité (f)	[imynite]
erfelijk (bn)	héréditaire (adj)	[ereditɛr]
aangeboren (bn)	congénital (adj)	[kɔ̃ʒenital]

virus (het)	virus (m)	[virys]
microbe (de)	microbe (m)	[mikrɔb]
bacterie (de)	bactérie (f)	[bakteri]
infectie (de)	infection (f)	[ɛ̃fɛksjɔ̃]

74. Symptomen. Behandelingen. Deel 3

| ziekenhuis (het) | hôpital (m) | [ɔpital] |
| patiënt (de) | patient (m) | [pasjɑ̃] |

diagnose (de)	diagnostic (m)	[djagnɔstik]
genezing (de)	cure (f)	[kyr]
medische behandeling (de)	traitement (m)	[trɛtmɑ̃]
onder behandeling zijn	se faire soigner	[sə fɛr swaɲe]
behandelen (ww)	traiter (vt)	[trete]
zorgen (zieken ~)	soigner (vt)	[swaɲe]
ziekenzorg (de)	soins (m pl)	[swɛ̃]

operatie (de)	opération (f)	[ɔperasjɔ̃]
verbinden (een arm ~)	panser (vt)	[pɑ̃se]
verband (het)	pansement (m)	[pɑ̃smɑ̃]

vaccin (het)	vaccination (f)	[vaksinasjɔ̃]
inenten (vaccineren)	vacciner (vt)	[vaksine]
injectie (de)	piqûre (f)	[pikyr]
een injectie geven	faire une piqûre	[fɛr yn pikyr]

aanval (de)	crise, attaque (f)	[kriz], [atak]
amputatie (de)	amputation (f)	[ɑ̃pytasjɔ̃]
amputeren (ww)	amputer (vt)	[ɑ̃pyte]
coma (het)	coma (m)	[kɔma]
in coma liggen	être dans le coma	[ɛtr dɑ̃ lə kɔma]
intensieve zorg, ICU (de)	réanimation (f)	[reanimasjɔ̃]

zich herstellen (ww)	se rétablir (vp)	[sə retablir]
toestand (de)	état (m)	[eta]
bewustzijn (het)	conscience (f)	[kɔ̃sjɑ̃s]
geheugen (het)	mémoire (f)	[memwar]
trekken (een kies ~)	arracher (vt)	[araʃe]

| vulling (de) | plombage (m) | [plɔ̃baʒ] |
| vullen (ww) | plomber (vt) | [plɔ̃be] |

| hypnose (de) | hypnose (f) | [ipnɔz] |
| hypnotiseren (ww) | hypnotiser (vt) | [ipnɔtize] |

75. Artsen

dokter, arts (de)	médecin (m)	[medsɛ̃]
ziekenzuster (de)	infirmière (f)	[ɛ̃firmjɛr]
lijfarts (de)	médecin (m) personnel	[medsɛ̃ pɛrsɔnɛl]

tandarts (de)	dentiste (m)	[dɑ̃tist]
oogarts (de)	ophtalmologiste (m)	[ɔftalmɔlɔʒist]
therapeut (de)	généraliste (m)	[ʒeneralist]
chirurg (de)	chirurgien (m)	[ʃiryrʒjɛ̃]

psychiater (de)	psychiatre (m)	[psikjatr]
pediater (de)	pédiatre (m)	[pedjatr]
psycholoog (de)	psychologue (m)	[psikɔlɔg]
gynaecoloog (de)	gynécologue (m)	[ʒinekɔlɔg]
cardioloog (de)	cardiologue (m)	[kardjolɔg]

76. Geneeskunde. Medicijnen. Accessoires

geneesmiddel (het)	médicament (m)	[medikamɑ̃]
middel (het)	remède (m)	[rəmɛd]
voorschrijven (ww)	prescrire (vt)	[prɛskrir]
recept (het)	ordonnance (f)	[ɔrdɔnɑ̃s]

tablet (de/het)	comprimé (m)	[kɔ̃prime]
zalf (de)	onguent (m)	[ɔ̃gɑ̃]
ampul (de)	ampoule (f)	[ɑ̃pul]
drank (de)	mixture (f)	[mikstyr]
siroop (de)	sirop (m)	[siro]
pil (de)	pilule (f)	[pilyl]
poeder (de/het)	poudre (f)	[pudr]

verband (het)	bande (f)	[bɑ̃d]
watten (mv.)	coton (m)	[kɔtɔ̃]
jodium (het)	iode (m)	[jɔd]

pleister (de)	sparadrap (m)	[sparadra]
pipet (de)	compte-gouttes (m)	[kɔ̃tgut]
thermometer (de)	thermomètre (m)	[tɛrmɔmɛtr]
spuit (de)	seringue (f)	[sərɛ̃g]

| rolstoel (de) | fauteuil (m) roulant | [fotœj rulɑ̃] |
| krukken (mv.) | béquilles (f pl) | [bekij] |

| pijnstiller (de) | anesthésique (m) | [anɛstezik] |
| laxeermiddel (het) | purgatif (m) | [pyrgatif] |

74

spiritus (de)	alcool (m)	[alkɔl]
medicinale kruiden (mv.)	herbe (f) médicinale	[ɛrb medisinal]
kruiden- (abn)	d'herbes (adj)	[dɛrb]

77. Roken. Tabaksproducten

tabak (de)	tabac (m)	[taba]
sigaret (de)	cigarette (f)	[sigarɛt]
sigaar (de)	cigare (f)	[sigar]
pijp (de)	pipe (f)	[pip]
pakje (~ sigaretten)	paquet (m)	[pakɛ]

lucifers (mv.)	allumettes (f pl)	[alymɛt]
luciferdoosje (het)	boîte (f) d'allumettes	[bwat dalymɛt]
aansteker (de)	briquet (m)	[brikɛ]
asbak (de)	cendrier (m)	[sãdrije]
sigarettendoosje (het)	étui (m) à cigarettes	[etɥi ɑ sigarɛt]

| sigarettenpijpje (het) | fume-cigarette (m) | [fymsigarɛt] |
| filter (de/het) | filtre (m) | [filtr] |

roken (ww)	fumer (vi, vt)	[fyme]
een sigaret opsteken	allumer une cigarette	[alyme yn sigarɛt]
roken (het)	tabagisme (m)	[tabaʒism]
roker (de)	fumeur (m)	[fymœr]

peuk (de)	mégot (m)	[mego]
rook (de)	fumée (f)	[fyme]
as (de)	cendre (f)	[sãdr]

HET MENSELIJKE LEEFGEBIED

Stad

78. Stad. Het leven in de stad

stad (de)	ville (f)	[vil]
hoofdstad (de)	capitale (f)	[kapital]
dorp (het)	village (m)	[vilaʒ]
plattegrond (de)	plan (m) de la ville	[plɑ̃ də la vil]
centrum (ov. een stad)	centre-ville (m)	[sɑ̃trəvil]
voorstad (de)	banlieue (f)	[bɑ̃ljø]
voorstads- (abn)	de banlieue (adj)	[də bɑ̃ljø]
randgemeente (de)	périphérie (f)	[periferi]
omgeving (de)	alentours (m pl)	[alɑ̃tur]
blok (huizenblok)	quartier (m)	[kartje]
woonwijk (de)	quartier (m) résidentiel	[kartje rezidɑ̃sjɛl]
verkeer (het)	trafic (m)	[trafik]
verkeerslicht (het)	feux (m pl) de circulation	[fø də sirkylasjɔ̃]
openbaar vervoer (het)	transport (m) urbain	[trɑ̃spɔr yrbɛ̃]
kruispunt (het)	carrefour (m)	[karfur]
zebrapad (oversteekplaats)	passage (m) piéton	[pɑsaʒ pjetɔ̃]
onderdoorgang (de)	passage (m) souterrain	[pɑsaʒ sutɛrɛ̃]
oversteken (de straat ~)	traverser (vt)	[travɛrse]
voetganger (de)	piéton (m)	[pjetɔ̃]
trottoir (het)	trottoir (m)	[trɔtwar]
brug (de)	pont (m)	[pɔ̃]
dijk (de)	quai (m)	[kɛ]
fontein (de)	fontaine (f)	[fɔ̃tɛn]
allee (de)	allée (f)	[ale]
park (het)	parc (m)	[park]
boulevard (de)	boulevard (m)	[bulvar]
plein (het)	place (f)	[plas]
laan (de)	avenue (f)	[avny]
straat (de)	rue (f)	[ry]
zijstraat (de)	ruelle (f)	[rɥɛl]
doodlopende straat (de)	impasse (f)	[ɛ̃pas]
huis (het)	maison (f)	[mɛzɔ̃]
gebouw (het)	édifice (m)	[edifis]
wolkenkrabber (de)	gratte-ciel (m)	[gratsjɛl]
gevel (de)	façade (f)	[fasad]
dak (het)	toit (m)	[twa]

venster (het)	fenêtre (f)	[fənɛtr]
boog (de)	arc (m)	[ark]
pilaar (de)	colonne (f)	[kɔlɔn]
hoek (ov. een gebouw)	coin (m)	[kwɛ̃]

vitrine (de)	vitrine (f)	[vitrin]
gevelreclame (de)	enseigne (f)	[ɑ̃sɛɲ]
affiche (de/het)	affiche (f)	[afiʃ]
reclameposter (de)	affiche (f) publicitaire	[afiʃ pyblisitɛr]
aanplakbord (het)	panneau-réclame (m)	[pano reklam]

vuilnis (de/het)	ordures (f pl)	[ɔrdyr]
vuilnisbak (de)	poubelle (f)	[pubɛl]
afval weggooien (ww)	jeter ... à terre	[ʒəte ... a tɛr]
stortplaats (de)	décharge (f)	[deʃarʒ]

telefooncel (de)	cabine (f) téléphonique	[kabin telefɔnik]
straatlicht (het)	réverbère (m)	[revɛrbɛr]
bank (de)	banc (m)	[bɑ̃]

politieagent (de)	policier (m)	[pɔlisje]
politie (de)	police (f)	[pɔlis]
zwerver (de)	clochard (m)	[klɔʃar]
dakloze (de)	sans-abri (m)	[sɑ̃zabri]

79. Stedelijke instellingen

winkel (de)	magasin (m)	[magazɛ̃]
apotheek (de)	pharmacie (f)	[farmasi]
optiek (de)	opticien (m)	[ɔptisjɛ̃]
winkelcentrum (het)	centre (m) commercial	[sɑ̃tr kɔmɛrsjal]
supermarkt (de)	supermarché (m)	[sypɛrmarʃe]

bakkerij (de)	boulangerie (f)	[bulɑ̃ʒri]
bakker (de)	boulanger (m)	[bulɑ̃ʒe]
banketbakkerij (de)	pâtisserie (f)	[pɑtisri]
kruidenier (de)	épicerie (f)	[episri]
slagerij (de)	boucherie (f)	[buʃri]

| groentewinkel (de) | magasin (m) de légumes | [magazɛ̃ də legym] |
| markt (de) | marché (m) | [marʃe] |

koffiehuis (het)	salon (m) de café	[salɔ̃ də kafe]
restaurant (het)	restaurant (m)	[rɛstɔrɑ̃]
bar (de)	brasserie (f)	[brasri]
pizzeria (de)	pizzeria (f)	[pidzerja]

kapperssalon (de/het)	salon (m) de coiffure	[salɔ̃ də kwafyr]
postkantoor (het)	poste (f)	[pɔst]
stomerij (de)	pressing (m)	[presiŋ]
fotostudio (de)	atelier (m) de photo	[atəlje də fɔto]

| schoenwinkel (de) | magasin (m) de chaussures | [magazɛ̃ də ʃosyr] |
| boekhandel (de) | librairie (f) | [librɛri] |

sportwinkel (de)	magasin (m) d'articles de sport	[magazɛ̃ dartikl də spɔr]
kledingreparatie (de)	atelier (m) de retouche	[atəlje də rətuʃ]
kledingverhuur (de)	location (f) de vêtements	[lɔkasjɔ̃ də vɛtmɑ̃]
videotheek (de)	location (f) de films	[lɔkasjɔ̃ də film]

circus (de/het)	cirque (m)	[sirk]
dierentuin (de)	zoo (m)	[zoo]
bioscoop (de)	cinéma (m)	[sinema]
museum (het)	musée (m)	[myze]
bibliotheek (de)	bibliothèque (f)	[biblijɔtɛk]

theater (het)	théâtre (m)	[teɑtr]
opera (de)	opéra (m)	[ɔpera]
nachtclub (de)	boîte (f) de nuit	[bwat də nɥi]
casino (het)	casino (m)	[kazino]

moskee (de)	mosquée (f)	[mɔske]
synagoge (de)	synagogue (f)	[sinagɔg]
kathedraal (de)	cathédrale (f)	[katedral]
tempel (de)	temple (m)	[tɑ̃pl]
kerk (de)	église (f)	[egliz]

instituut (het)	institut (m)	[ɛ̃stity]
universiteit (de)	université (f)	[ynivɛrsite]
school (de)	école (f)	[ekɔl]

gemeentehuis (het)	préfecture (f)	[prefɛktyr]
stadhuis (het)	mairie (f)	[meri]
hotel (het)	hôtel (m)	[otɛl]
bank (de)	banque (f)	[bɑ̃k]

ambassade (de)	ambassade (f)	[ɑ̃basad]
reisbureau (het)	agence (f) de voyages	[aʒɑ̃s də vwajaʒ]
informatieloket (het)	bureau (m) d'information	[byro dɛ̃fɔrmasjɔ̃]
wisselkantoor (het)	bureau (m) de change	[byro də ʃɑ̃ʒ]

| metro (de) | métro (m) | [metro] |
| ziekenhuis (het) | hôpital (m) | [ɔpital] |

| benzinestation (het) | station-service (f) | [stasjɔ̃sɛrvis] |
| parking (de) | parking (m) | [parkiŋ] |

80. Borden

gevelreclame (de)	enseigne (f)	[ɑ̃sɛɲ]
opschrift (het)	pancarte (f)	[pɑ̃kart]
poster (de)	poster (m)	[pɔstɛr]
wegwijzer (de)	indicateur (m) de direction	[ɛ̃dikatœr də dirɛksjɔ̃]
pijl (de)	flèche (f)	[flɛʃ]

| waarschuwing (verwittiging) | avertissement (m) | [avɛrtismɑ̃] |
| waarschuwingsbord (het) | panneau (m) d'avertissement | [pano davɛrtismɑ̃] |

waarschuwen (ww)	avertir (vt)	[avɛrtir]
vrije dag (de)	jour (m) de repos	[ʒur də rəpo]
dienstregeling (de)	horaire (m)	[ɔrɛr]
openingsuren (mv.)	heures (f pl) d'ouverture	[zœr duvɛrtyr]

WELKOM!	BIENVENUE!	[bjɛ̃vny]
INGANG	ENTRÉE	[ãtre]
UITGANG	SORTIE	[sɔrti]

DUWEN	POUSSER	[puse]
TREKKEN	TIRER	[tire]
OPEN	OUVERT	[uvɛr]
GESLOTEN	FERMÉ	[fɛrme]

| DAMES | FEMMES | [fam] |
| HEREN | HOMMES | [ɔm] |

KORTING	RABAIS	[sɔld]
UITVERKOOP	SOLDES	[rabɛ]
NIEUW!	NOUVEAU!	[nuvo]
GRATIS	GRATUIT	[gratɥi]

PAS OP!	ATTENTION!	[atãsjɔ̃]
VOLGEBOEKT	COMPLET	[kɔ̃plɛ]
GERESERVEERD	RÉSERVÉ	[rezɛrve]

| ADMINISTRATIE | ADMINISTRATION | [administrasjɔ̃] |
| ALLEEN VOOR PERSONEEL | RÉSERVÉ AU PERSONNEL | [rezɛrve o pɛrsɔnɛl] |

GEVAARLIJKE HOND	ATTENTION CHIEN MÉCHANT	[atãsjɔ̃ ʃjɛ̃ meʃã]
VERBODEN TE ROKEN!	DÉFENSE DE FUMER	[defãs də fyme]
NIET AANRAKEN!	PRIERE DE NE PAS TOUCHER	[prijɛr dənəpa tuʃe]

GEVAARLIJK	DANGEREUX	[dãʒrø]
GEVAAR	DANGER	[dãʒe]
HOOGSPANNING	HAUTE TENSION	[ot tãsjɔ̃]
VERBODEN TE ZWEMMEN	BAIGNADE INTERDITE	[bɛɲad ɛ̃tɛrdit]
BUITEN GEBRUIK	HORS SERVICE	[ɔr sɛrvis]

ONTVLAMBAAR	INFLAMMABLE	[ɛ̃flamabl]
VERBODEN	INTERDIT	[ɛ̃tɛrdi]
DOORGANG VERBODEN	PASSAGE INTERDIT	[pɑsaʒ ɛ̃tɛrdi]
OPGELET PAS GEVERFD	PEINTURE FRAÎCHE	[pɛ̃tyr frɛʃ]

81. Stedelijk vervoer

bus, autobus (de)	autobus (m)	[otobys]
tram (de)	tramway (m)	[tramwɛ]
trolleybus (de)	trolleybus (m)	[trɔlɛbys]
route (de)	itinéraire (m)	[itinerɛr]
nummer (busnummer, enz.)	numéro (m)	[nymero]

rijden met ...	prendre ...	[prãdr]
stappen (in de bus ~)	monter (vi)	[mõte]
afstappen (ww)	descendre de ...	[desãdr də]

halte (de)	arrêt (m)	[arɛ]
volgende halte (de)	arrêt (m) prochain	[arɛt prɔʃɛ̃]
eindpunt (het)	terminus (m)	[tɛrminys]
dienstregeling (de)	horaire (m)	[ɔrɛr]
wachten (ww)	attendre (vt)	[atãdr]

| kaartje (het) | ticket (m) | [tikɛ] |
| reiskosten (de) | prix (m) du ticket | [pri dy tikɛ] |

kassier (de)	caissier (m)	[kesje]
kaartcontrole (de)	contrôle (m) des tickets	[kõtrol de tikɛ]
controleur (de)	contrôleur (m)	[kõtrolœr]

te laat zijn (ww)	être en retard	[ɛtr ã rətar]
missen (de bus ~)	rater (vt)	[rate]
zich haasten (ww)	se dépêcher	[sə depeʃe]

taxi (de)	taxi (m)	[taksi]
taxichauffeur (de)	chauffeur (m) de taxi	[ʃofœr də taksi]
met de taxi (bw)	en taxi	[ã taksi]
taxistandplaats (de)	arrêt (m) de taxi	[arɛ də taksi]
een taxi bestellen	appeler un taxi	[aple œ̃ taksi]
een taxi nemen	prendre un taxi	[prãdr œ̃ taksi]

verkeer (het)	trafic (m)	[trafik]
file (de)	embouteillage (m)	[ãbutɛjaʒ]
spitsuur (het)	heures (f pl) de pointe	[œr də pwɛ̃t]
parkeren (on.ww.)	se garer (vp)	[sə gare]
parkeren (ov.ww.)	garer (vt)	[gare]
parking (de)	parking (m)	[parkiŋ]

metro (de)	métro (m)	[metro]
halte (bijv. kleine treinhalte)	station (f)	[stasjõ]
de metro nemen	prendre le métro	[prãdr lə metro]
trein (de)	train (m)	[trɛ̃]
station (treinstation)	gare (f)	[gar]

82. Bezienswaardigheden

monument (het)	monument (m)	[mɔnymã]
vesting (de)	forteresse (f)	[fɔrtərɛs]
paleis (het)	palais (m)	[palɛ]
kasteel (het)	château (m)	[ʃato]
toren (de)	tour (f)	[tur]
mausoleum (het)	mausolée (m)	[mozɔle]

architectuur (de)	architecture (f)	[arʃitɛktyr]
middeleeuws (bn)	médiéval (adj)	[medjeval]
oud (bn)	ancien (adj)	[ãsjɛ̃]
nationaal (bn)	national (adj)	[nasjɔnal]

bekend (bn)	connu (adj)	[kɔny]
toerist (de)	touriste (m)	[turist]
gids (de)	guide (m)	[gid]
rondleiding (de)	excursion (f)	[ɛkskyrsjõ]
tonen (ww)	montrer (vt)	[mõtre]
vertellen (ww)	raconter (vt)	[rakõte]

vinden (ww)	trouver (vt)	[truve]
verdwalen (de weg kwijt zijn)	se perdre (vp)	[sə pɛrdr]
plattegrond (~ van de metro)	plan (m)	[plã]
plattegrond (~ van de stad)	carte (f)	[kart]

souvenir (het)	souvenir (m)	[suvnir]
souvenirwinkel (de)	boutique (f) de souvenirs	[butik də suvnir]
een foto maken (ww)	prendre en photo	[prãdr ã fɔto]
zich laten fotograferen	se faire prendre en photo	[sə fɛr prãdr ã fɔto]

83. Winkelen

kopen (ww)	acheter (vt)	[aʃte]
aankoop (de)	achat (m)	[aʃa]
winkelen (ww)	faire des achats	[fɛr dezaʃa]
winkelen (het)	shopping (m)	[ʃɔpiŋ]

| open zijn (ov. een winkel, enz.) | être ouvert | [ɛtr uvɛr] |
| gesloten zijn (ww) | être fermé | [ɛtr fɛrme] |

schoeisel (het)	chaussures (f pl)	[ʃosyr]
kleren (mv.)	vêtement (m)	[vɛtmã]
cosmetica (de)	produits (m pl) de beauté	[prɔdyi də bote]
voedingswaren (mv.)	produits (m pl) alimentaires	[prɔdyi alimãtɛr]
geschenk (het)	cadeau (m)	[kado]

| verkoper (de) | vendeur (m) | [vãdœr] |
| verkoopster (de) | vendeuse (f) | [vãdøz] |

kassa (de)	caisse (f)	[kɛs]
spiegel (de)	miroir (m)	[mirwar]
toonbank (de)	comptoir (m)	[kõtwar]
paskamer (de)	cabine (f) d'essayage	[kabin desɛjaʒ]

aanpassen (ww)	essayer (vt)	[eseje]
passen (ov. kleren)	aller bien	[ale bjɛ̃]
bevallen (prettig vinden)	plaire à ...	[plɛr ɑ]

prijs (de)	prix (m)	[pri]
prijskaartje (het)	étiquette (f) de prix	[etikɛt də pri]
kosten (ww)	coûter (vi, vt)	[kute]
Hoeveel?	Combien?	[kõbjɛ̃]
korting (de)	rabais (m)	[rabɛ]

| niet duur (bn) | pas cher (adj) | [pɑ ʃɛr] |
| goedkoop (bn) | bon marché (adj) | [bõ marʃe] |

| duur (bn) | cher (adj) | [ʃɛr] |
| Dat is duur. | C'est cher | [sɛ ʃɛr] |

verhuur (de)	location (f)	[lɔkasjɔ̃]
huren (smoking, enz.)	louer (v)	[lwe]
krediet (het)	crédit (m)	[kredi]
op krediet (bw)	à crédit (adv)	[akredi]

84. Geld

geld (het)	argent (m)	[arʒɑ̃]
ruil (de)	échange (m)	[eʃɑ̃ʒ]
koers (de)	cours (m) de change	[kur də ʃɑ̃ʒ]
geldautomaat (de)	distributeur (m)	[distribytœr]
muntstuk (de)	monnaie (f)	[mɔnɛ]

| dollar (de) | dollar (m) | [dɔlar] |
| euro (de) | euro (m) | [øro] |

lire (de)	lire (f)	[lir]
Duitse mark (de)	mark (m) allemand	[mark almɑ̃]
frank (de)	franc (m)	[frɑ̃]
pond sterling (het)	livre sterling (f)	[livr stɛrliŋ]
yen (de)	yen (m)	[jɛn]

schuld (geldbedrag)	dette (f)	[dɛt]
schuldenaar (de)	débiteur (m)	[debitœr]
uitlenen (ww)	prêter (vt)	[prete]
lenen (geld ~)	emprunter (vt)	[ɑ̃prœ̃te]

bank (de)	banque (f)	[bɑ̃k]
bankrekening (de)	compte (m)	[kɔ̃t]
op rekening storten	verser dans le compte	[vɛrse dɑ̃ lə kɔ̃t]
opnemen (ww)	retirer du compte	[rətire dy kɔ̃t]

kredietkaart (de)	carte (f) de crédit	[kart də kredi]
baar geld (het)	espèces (f pl)	[ɛspɛs]
cheque (de)	chèque (m)	[ʃɛk]
een cheque uitschrijven	faire un chèque	[fɛr œ̃ ʃɛk]
chequeboekje (het)	chéquier (m)	[ʃekje]

portefeuille (de)	portefeuille (m)	[pɔrtəfœj]
geldbeugel (de)	bourse (f)	[burs]
portemonnee (de)	porte-monnaie (m)	[pɔrtmɔnɛ]
safe (de)	coffre fort (m)	[kɔfr fɔr]

erfgenaam (de)	héritier (m)	[eritje]
erfenis (de)	héritage (m)	[eritaʒ]
fortuin (het)	fortune (f)	[fɔrtyn]

huur (de)	location (f)	[lɔkasjɔ̃]
huurprijs (de)	loyer (m)	[lwaje]
huren (huis, kamer)	louer (vt)	[lwe]
prijs (de)	prix (m)	[pri]

| kostprijs (de) | coût (m) | [ku] |
| som (de) | somme (f) | [sɔm] |

uitgeven (geld besteden)	dépenser (vt)	[depãse]
kosten (mv.)	dépenses (f pl)	[depãs]
bezuinigen (ww)	économiser (vt)	[ekɔnɔmize]
zuinig (bn)	économe (adj)	[ekɔnɔm]

betalen (ww)	payer (vi, vt)	[peje]
betaling (de)	paiement (m)	[pɛmã]
wisselgeld (het)	monnaie (f)	[mɔnɛ]

belasting (de)	impôt (m)	[ɛ̃po]
boete (de)	amende (f)	[amãd]
beboeten (bekeuren)	mettre une amende	[mɛtr ynamãd]

85. Post. Postkantoor

postkantoor (het)	poste (f)	[pɔst]
post (de)	courrier (m)	[kurje]
postbode (de)	facteur (m)	[faktœr]
openingsuren (mv.)	heures (f pl) d'ouverture	[zœr duvɛrtyr]

brief (de)	lettre (f)	[lɛtr]
aangetekende brief (de)	recommandé (m)	[rəkɔmãde]
briefkaart (de)	carte (f) postale	[kart pɔstal]
telegram (het)	télégramme (m)	[telegram]
postpakket (het)	colis (m)	[kɔli]
overschrijving (de)	mandat (m) postal	[mãda pɔstal]

ontvangen (ww)	recevoir (vt)	[rəsəvwar]
sturen (zenden)	envoyer (vt)	[ãvwaje]
verzending (de)	envoi (m)	[ãvwa]

adres (het)	adresse (f)	[adrɛs]
postcode (de)	code (m) postal	[kɔd pɔstal]
verzender (de)	expéditeur (m)	[ɛkspeditœr]
ontvanger (de)	destinataire (m)	[dɛstinatɛr]

| naam (de) | prénom (m) | [prenɔ̃] |
| achternaam (de) | nom (m) de famille | [nɔ̃ də famij] |

tarief (het)	tarif (m)	[tarif]
standaard (bn)	normal (adj)	[nɔrmal]
zuinig (bn)	économique (adj)	[ekɔnɔmik]

gewicht (het)	poids (m)	[pwa]
afwegen (op de weegschaal)	peser (vt)	[pəze]
envelop (de)	enveloppe (f)	[ãvlɔp]
postzegel (de)	timbre (m)	[tɛ̃br]
een postzegel plakken op	timbrer (vt)	[tɛ̃bre]

Woning. Huis. Thuis

86. Huis. Woning

huis (het)	maison (f)	[mɛzõ]
thuis (bw)	chez soi	[ʃeswa]
cour (de)	cour (f)	[kur]
omheining (de)	clôture (f)	[klotyr]

baksteen (de)	brique (f)	[brik]
van bakstenen	en brique (adj)	[ã brik]
steen (de)	pierre (f)	[pjɛr]
stenen (bn)	en pierre (adj)	[ã pjɛr]
beton (het)	béton (m)	[betõ]
van beton	en béton (adj)	[ã betõ]

nieuw (bn)	neuf (adj)	[nœf]
oud (bn)	vieux (adj)	[vjø]
vervallen (bn)	délabré (adj)	[delabre]
modern (bn)	moderne (adj)	[mɔdɛrn]
met veel verdiepingen	à plusieurs étages	[a plyzjœr zetaʒ]
hoog (bn)	haut (adj)	[o]

verdieping (de)	étage (m)	[etaʒ]
met een verdieping	sans étage (adj)	[sã zetaʒ]

laagste verdieping (de)	rez-de-chaussée (m)	[redʃose]
bovenverdieping (de)	dernier étage (m)	[dɛrnjɛr etaʒ]

dak (het)	toit (m)	[twa]
schoorsteen (de)	cheminée (f)	[ʃəmine]

dakpan (de)	tuile (f)	[tɥil]
pannen- (abn)	en tuiles (adj)	[ã tɥil]
zolder (de)	grenier (m)	[grənje]

venster (het)	fenêtre (f)	[fənɛtr]
glas (het)	vitre (f)	[vitr]

vensterbank (de)	rebord (m)	[rəbɔr]
luiken (mv.)	volets (m pl)	[vɔle]

muur (de)	mur (m)	[myr]
balkon (het)	balcon (m)	[balkõ]
regenpijp (de)	gouttière (f)	[gutjɛr]

boven (bw)	en haut (adv)	[ɑn o]
naar boven gaan (ww)	monter (vi)	[mõte]
afdalen (on.ww.)	descendre (vi)	[desãdr]
verhuizen (ww)	déménager (vi)	[demenaʒe]

87. Huis. Ingang. Lift

ingang (de)	entrée (f)	[ɑ̃tre]
trap (de)	escalier (m)	[ɛskalje]
treden (mv.)	marches (f pl)	[marʃ]
trapleuning (de)	rampe (f)	[rɑ̃p]
hal (de)	hall (m)	[ol]
postbus (de)	boîte (f) à lettres	[bwat ɑ lɛtr]
vuilnisbak (de)	poubelle (f)	[pubɛl]
vuilniskoker (de)	vide-ordures (m)	[vidɔrdyr]
lift (de)	ascenseur (m)	[asɑ̃sœr]
goederenlift (de)	monte-charge (m)	[mɔ̃tʃarʒ]
liftcabine (de)	cabine (f)	[kabin]
de lift nemen	prendre l'ascenseur	[prɑ̃dr lasɑ̃sœr]
appartement (het)	appartement (m)	[apartəmɑ̃]
bewoners (mv.)	locataires (m pl)	[lɔkatɛr]
buurman (de)	voisin (m)	[vwazɛ̃]
buurvrouw (de)	voisine (f)	[vwazin]
buren (mv.)	voisins (m pl)	[vwazɛ̃]

88. Huis. Elektriciteit

elektriciteit (de)	électricité (f)	[elɛktrisite]
lamp (de)	ampoule (f)	[ɑ̃pul]
schakelaar (de)	interrupteur (m)	[ɛ̃teryptœr]
zekering (de)	plomb, fusible (m)	[plɔ̃], [fyzibl]
draad (de)	fil (m)	[fil]
bedrading (de)	installation (f) électrique	[ɛ̃stalasjɔ̃ elɛktrik]
elektriciteitsmeter (de)	compteur (m) électrique	[kɔ̃tœr elɛktrik]
gegevens (mv.)	relevé (m)	[rəlve]

89. Huis. Deuren. Sloten

deur (de)	porte (f)	[pɔrt]
toegangspoort (de)	portail (m)	[pɔrtaj]
deurkruk (de)	poignée (f)	[pwaɲe]
ontsluiten (ontgrendelen)	déverrouiller (vt)	[devɛruje]
openen (ww)	ouvrir (vt)	[uvrir]
sluiten (ww)	fermer (vt)	[fɛrme]
sleutel (de)	clé, clef (f)	[kle]
sleutelbos (de)	trousseau (m), jeu (m)	[truso], [ʒø]
knarsen (bijv. scharnier)	grincer (vi)	[grɛ̃se]
knarsgeluid (het)	grincement (m)	[grɛ̃smɑ̃]
scharnier (het)	gond (m)	[gɔ̃]
deurmat (de)	paillasson (m)	[pajasɔ̃]
slot (het)	serrure (f)	[seryr]

sleutelgat (het)	**trou** (m) **de la serrure**	[tru də la seryr]
grendel (de)	**verrou** (m)	[veru]
schuif (de)	**loquet** (m)	[lɔkɛ]
hangslot (het)	**cadenas** (m)	[kadna]

aanbellen (ww)	**sonner** (vi)	[sɔ̃]
bel (geluid)	**sonnerie** (f)	[sɔnri]
deurbel (de)	**sonnette** (f)	[sɔnɛt]
belknop (de)	**bouton** (m)	[butɔ̃]
geklop (het)	**coups** (m pl) **à la porte**	[ku ɑla pɔrt]
kloppen (ww)	**frapper** (vi)	[frape]

code (de)	**code** (m)	[kɔd]
cijferslot (het)	**serrure** (f) **à combinaison**	[seryr a kɔ̃binɛzɔ̃]
parlofoon (de)	**interphone** (m)	[ɛ̃tɛrfɔn]
nummer (het)	**numéro** (m)	[nymero]
naambordje (het)	**plaque** (f) **de porte**	[plak də pɔrt]
deurspion (de)	**judas** (m)	[ʒyda]

90. Huis op het platteland

dorp (het)	**village** (m)	[vilaʒ]
moestuin (de)	**potager** (m)	[pɔtaʒe]
hek (het)	**palissade** (f)	[palisad]
houten hekwerk (het)	**clôture** (f)	[klotyr]
tuinpoortje (het)	**portillon** (m)	[pɔrtijɔ̃]

graanschuur (de)	**grange** (f)	[grɑ̃ʒ]
wortelkelder (de)	**cave** (f)	[kav]
schuur (de)	**abri** (m) **de jardin**	[abri də ʒardɛ̃]
waterput (de)	**puits** (m)	[pɥi]

kachel (de)	**poêle** (m)	[pwal]
de kachel stoken	**chauffer le poêle**	[ʃofe lə pwal]
brandhout (het)	**bois** (m) **de chauffage**	[bwa də ʃofaʒ]
houtblok (het)	**bûche** (f)	[byʃ]

veranda (de)	**véranda** (f)	[verɑ̃da]
terras (het)	**terrasse** (f)	[tɛras]
bordes (het)	**perron** (m)	[perɔ̃]
schommel (de)	**balançoire** (f)	[balɑ̃swar]

91. Villa. Herenhuis

landhuisje (het)	**maison** (f) **de campagne**	[mɛzɔ̃ də kɑ̃paɲ]
villa (de)	**villa** (f)	[vila]
vleugel (de)	**aile** (f)	[ɛl]

tuin (de)	**jardin** (m)	[ʒardɛ̃]
park (het)	**parc** (m)	[park]
oranjerie (de)	**serre** (f) **tropicale**	[sɛr trɔpikal]
onderhouden (tuin, enz.)	**s'occuper de ...**	[sɔkype də]

zwembad (het)	**piscine** (f)	[pisin]
gym (het)	**salle** (f) **de gym**	[sal də ʒim]
tennisveld (het)	**court** (m) **de tennis**	[kur də tenis]
bioscoopkamer (de)	**salle** (f) **de cinéma**	[sal də sinema]
garage (de)	**garage** (m)	[garaʒ]
privé-eigendom (het)	**propriété** (f) **privée**	[prɔprijete prive]
eigen terrein (het)	**terrain** (m) **privé**	[tɛrɛ̃ prive]
waarschuwing (de)	**avertissement** (m)	[avɛrtismɑ̃]
waarschuwingsbord (het)	**panneau** (m) **d'avertissement**	[pano davɛrtismɑ̃]
bewaking (de)	**sécurité** (f)	[sekyrite]
bewaker (de)	**agent** (m) **de sécurité**	[aʒɑ̃ də sekyrite]
inbraakalarm (het)	**alarme** (f) **antivol**	[alarm ɑ̃tivɔl]

92. Kasteel. Paleis

kasteel (het)	**château** (m)	[ʃato]
paleis (het)	**palais** (m)	[palɛ]
vesting (de)	**forteresse** (f)	[fɔrtərɛs]
ringmuur (de)	**muraille** (f)	[myrɑj]
toren (de)	**tour** (f)	[tur]
donjon (de)	**donjon** (m)	[dɔ̃ʒɔ̃]
valhek (het)	**herse** (f)	[ɛrs]
onderaardse gang (de)	**souterrain** (m)	[sutɛrɛ̃]
slotgracht (de)	**douve** (f)	[duv]
ketting (de)	**chaîne** (f)	[ʃɛn]
schietgat (het)	**meurtrière** (f)	[mœrtrijɛr]
prachtig (bn)	**magnifique** (adj)	[maɲifik]
majestueus (bn)	**majestueux** (adj)	[maʒɛstɥø]
onneembaar (bn)	**inaccessible** (adj)	[inaksesibl]
middeleeuws (bn)	**médiéval** (adj)	[medjeval]

93. Appartement

appartement (het)	**appartement** (m)	[apartəmɑ̃]
kamer (de)	**chambre** (f)	[ʃɑ̃br]
slaapkamer (de)	**chambre** (f) **à coucher**	[ʃɑ̃br a kuʃe]
eetkamer (de)	**salle** (f) **à manger**	[sal a mɑ̃ʒe]
salon (de)	**salon** (m)	[salɔ̃]
studeerkamer (de)	**bureau** (m)	[byro]
gang (de)	**antichambre** (f)	[ɑ̃tiʃɑ̃br]
badkamer (de)	**salle** (f) **de bains**	[sal də bɛ̃]
toilet (het)	**toilettes** (f pl)	[twalɛt]
plafond (het)	**plafond** (m)	[plafɔ̃]
vloer (de)	**plancher** (m)	[plɑ̃ʃe]
hoek (de)	**coin** (m)	[kwɛ̃]

94. Appartement. Schoonmaken

schoonmaken (ww)	faire le ménage	[fɛr le menaʒ]
opbergen (in de kast, enz.)	ranger (vt)	[rãʒe]
stof (het)	poussière (f)	[pusjɛr]
stoffig (bn)	poussiéreux (adj)	[pusjerø]
stoffen (ww)	essuyer la poussière	[esɥije la pusjɛr]
stofzuiger (de)	aspirateur (m)	[aspiratœr]
stofzuigen (ww)	passer l'aspirateur	[pɑse laspiratœr]
vegen (de vloer ~)	balayer (vt)	[baleje]
veegsel (het)	balayures (f pl)	[balejyr]
orde (de)	ordre (m)	[ɔrdr]
wanorde (de)	désordre (m)	[dezɔrdr]
zwabber (de)	balai (m) à franges	[balɛ a frãʒ]
poetsdoek (de)	torchon (m)	[tɔrʃõ]
veger (de)	balayette (f)	[balɛjɛt]
stofblik (het)	pelle (f) à ordures	[pɛl ɑ ɔrdyr]

95. Meubels. Interieur

meubels (mv.)	meubles (m pl)	[mœbl]
tafel (de)	table (f)	[tabl]
stoel (de)	chaise (f)	[ʃɛz]
bed (het)	lit (m)	[li]
bankstel (het)	canapé (m)	[kanape]
fauteuil (de)	fauteuil (m)	[fotœj]
boekenkast (de)	bibliothèque (f)	[biblijɔtɛk]
boekenrek (het)	rayon (m)	[rɛjõ]
stellingkast (de)	étagère (f)	[etaʒɛr]
kledingkast (de)	armoire (f)	[armwar]
kapstok (de)	patère (f)	[patɛr]
staande kapstok (de)	portemanteau (m)	[pɔrtmãto]
commode (de)	commode (f)	[kɔmɔd]
salontafeltje (het)	table (f) basse	[tabl bas]
spiegel (de)	miroir (m)	[mirwar]
tapijt (het)	tapis (m)	[tapi]
tapijtje (het)	petit tapis (m)	[pəti tapi]
haard (de)	cheminée (f)	[ʃəmine]
kaars (de)	bougie (f)	[buʒi]
kandelaar (de)	chandelier (m)	[ʃãdəlje]
gordijnen (mv.)	rideaux (m pl)	[rido]
behang (het)	papier (m) peint	[papje pɛ̃]
jaloezie (de)	jalousie (f)	[ʒaluzi]
bureaulamp (de)	lampe (f) de table	[lãp də tabl]
wandlamp (de)	applique (f)	[aplik]

staande lamp (de)	lampadaire (m)	[lɑ̃padɛr]
luchter (de)	lustre (m)	[lystr]

poot (ov. een tafel, enz.)	pied (m)	[pje]
armleuning (de)	accoudoir (m)	[akudwar]
rugleuning (de)	dossier (m)	[dosje]
la (de)	tiroir (m)	[tirwar]

96. Beddengoed

beddengoed (het)	linge (m) de lit	[lɛ̃ʒ də li]
kussen (het)	oreiller (m)	[ɔrɛje]
kussenovertrek (de)	taie (f) d'oreiller	[tɛ dɔrɛje]
deken (de)	couverture (f)	[kuvɛrtyr]
laken (het)	drap (m)	[dra]
sprei (de)	couvre-lit (m)	[kuvrəli]

97. Keuken

keuken (de)	cuisine (f)	[kɥizin]
gas (het)	gaz (m)	[gaz]
gasfornuis (het)	cuisinière (f) à gaz	[kɥizinjɛr a gaz]
elektrisch fornuis (het)	cuisinière (f) électrique	[kɥizinjɛr elɛktrik]
oven (de)	four (m)	[fur]
magnetronoven (de)	four (m) micro-ondes	[fur mikrɔɔ̃d]

koelkast (de)	réfrigérateur (m)	[refriʒeratœr]
diepvriezer (de)	congélateur (m)	[kɔ̃ʒelatœr]
vaatwasmachine (de)	lave-vaisselle (m)	[lavvesɛl]

vleesmolen (de)	hachoir (m)	[aʃwar]
vruchtenpers (de)	centrifugeuse (f)	[sɑ̃trifyʒøz]
toaster (de)	grille-pain (m)	[grijpɛ̃]
mixer (de)	batteur (m)	[batœr]

koffiemachine (de)	machine (f) à café	[maʃin a kafe]
koffiepot (de)	cafetière (f)	[kaftjɛr]
koffiemolen (de)	moulin (m) à café	[mulɛ̃ a kafe]

fluitketel (de)	bouilloire (f)	[bujwar]
theepot (de)	théière (f)	[tejɛr]
deksel (de/het)	couvercle (m)	[kuvɛrkl]
theezeefje (het)	passoire (f) à thé	[paswar a te]

lepel (de)	cuillère (f)	[kɥijɛr]
theelepeltje (het)	petite cuillère (f)	[pətit kɥijɛr]
eetlepel (de)	cuillère (f) à soupe	[kɥijɛr a sup]
vork (de)	fourchette (f)	[furʃɛt]
mes (het)	couteau (m)	[kuto]

vaatwerk (het)	vaisselle (f)	[vesɛl]
bord (het)	assiette (f)	[asjɛt]

schoteltje (het)	soucoupe (f)	[sukup]
likeurglas (het)	verre (m) à shot	[vɛr a ʃot]
glas (het)	verre (m)	[vɛr]
kopje (het)	tasse (f)	[tɑs]
suikerpot (de)	sucrier (m)	[sykrije]
zoutvat (het)	salière (f)	[saljɛr]
pepervat (het)	poivrière (f)	[pwavrijɛr]
boterschaaltje (het)	beurrier (m)	[bœrje]
steelpan (de)	casserole (f)	[kasrɔl]
bakpan (de)	poêle (f)	[pwal]
pollepel (de)	louche (f)	[luʃ]
vergiet (de/het)	passoire (f)	[paswar]
dienblad (het)	plateau (m)	[plato]
fles (de)	bouteille (f)	[butɛj]
glazen pot (de)	bocal (m)	[bɔkal]
blik (conserven~)	boîte (f) en fer-blanc	[bwat ã fɛrblã]
flesopener (de)	ouvre-bouteille (m)	[uvrəbutɛj]
blikopener (de)	ouvre-boîte (m)	[uvrəbwat]
kurkentrekker (de)	tire-bouchon (m)	[tirbuʃõ]
filter (de/het)	filtre (m)	[filtr]
filteren (ww)	filtrer (vt)	[filtre]
huisvuil (het)	ordures (f pl)	[ɔrdyr]
vuilnisemmer (de)	poubelle (f)	[pubɛl]

98. Badkamer

badkamer (de)	salle (f) de bains	[sal də bɛ̃]
water (het)	eau (f)	[o]
kraan (de)	robinet (m)	[rɔbinɛ]
warm water (het)	eau (f) chaude	[o ʃod]
koud water (het)	eau (f) froide	[o frwad]
tandpasta (de)	dentifrice (m)	[dãtifris]
tanden poetsen (ww)	se brosser les dents	[sə brɔse le dã]
tandenborstel (de)	brosse (f) à dents	[brɔs a dã]
zich scheren (ww)	se raser (vp)	[sə raze]
scheercrème (de)	mousse (f) à raser	[mus a raze]
scheermes (het)	rasoir (m)	[razwar]
wassen (ww)	laver (vt)	[lave]
een bad nemen	se laver (vp)	[sə lave]
douche (de)	douche (f)	[duʃ]
een douche nemen	prendre une douche	[prãdr yn duʃ]
bad (het)	baignoire (f)	[bɛɲwar]
toiletpot (de)	cuvette (f)	[kyvɛt]
wastafel (de)	lavabo (m)	[lavabo]
zeep (de)	savon (m)	[savõ]

zeepbakje (het)	porte-savon (m)	[pɔrtsavõ]
spons (de)	éponge (f)	[epõʒ]
shampoo (de)	shampooing (m)	[ʃɑ̃pwɛ̃]
handdoek (de)	serviette (f)	[sɛrvjɛt]
badjas (de)	peignoir (m) de bain	[pɛɲwar də bɛ̃]

was (bijv. handwas)	lessive (f)	[lɛsiv]
wasmachine (de)	machine (f) à laver	[maʃin a lave]
de was doen	faire la lessive	[fɛr la lɛsiv]
waspoeder (de)	lessive (f)	[lɛsiv]

99. Huishoudelijke apparaten

televisie (de)	télé (f)	[tele]
cassettespeler (de)	magnétophone (m)	[maɲetɔfɔn]
videorecorder (de)	magnétoscope (m)	[maɲetɔskɔp]
radio (de)	radio (f)	[radjo]
speler (de)	lecteur (m)	[lɛktœr]

videoprojector (de)	vidéoprojecteur (m)	[videoprɔʒɛktœr]
home theater systeem (het)	home cinéma (m)	[həʊm sinema]
DVD-speler (de)	lecteur DVD (m)	[lɛktœr devede]
versterker (de)	amplificateur (m)	[ɑ̃plifikatœr]
spelconsole (de)	console (f) de jeux	[kõsɔl də ʒø]

videocamera (de)	caméscope (m)	[kameskɔp]
fotocamera (de)	appareil (m) photo	[aparɛj fɔto]
digitale camera (de)	appareil (m) photo numérique	[aparɛj fɔto nymerik]

stofzuiger (de)	aspirateur (m)	[aspiratœr]
strijkijzer (het)	fer (m) à repasser	[fɛr a rəpase]
strijkplank (de)	planche (f) à repasser	[plɑ̃ʃ a rəpase]

telefoon (de)	téléphone (m)	[telefɔn]
mobieltje (het)	portable (m)	[pɔrtabl]
schrijfmachine (de)	machine (f) à écrire	[maʃin a ekrir]
naaimachine (de)	machine (f) à coudre	[maʃin a kudr]

microfoon (de)	micro (m)	[mikro]
koptelefoon (de)	écouteurs (m pl)	[ekutœr]
afstandsbediening (de)	télécommande (f)	[telekɔmɑ̃d]

CD (de)	CD (m)	[sede]
cassette (de)	cassette (f)	[kasɛt]
vinylplaat (de)	disque (m) vinyle	[disk vinil]

100. Reparaties. Renovatie

renovatie (de)	rénovation (f)	[renɔvasjõ]
renoveren (ww)	faire la rénovation	[fɛr la renɔvasjõ]
repareren (ww)	réparer (vt)	[repare]

| op orde brengen | remettre en ordre | [rəmɛtr anɔrdr] |
| overdoen (ww) | refaire (vt) | [rəfɛr] |

verf (de)	peinture (f)	[pɛ̃tyr]
verven (muur ~)	peindre (vt)	[pɛ̃dr]
schilder (de)	peintre (m) en bâtiment	[pɛ̃tr ɑ̃ batimɑ̃]
kwast (de)	pinceau (m)	[pɛ̃so]

| kalk (de) | chaux (f) | [ʃo] |
| kalken (ww) | blanchir à la chaux | [blɑ̃ʃir ala ʃo] |

behang (het)	papier (m) peint	[papje pɛ̃]
behangen (ww)	tapisser (vt)	[tapise]
lak (de/het)	vernis (m)	[vɛrni]
lakken (ww)	vernir (vt)	[vɛrnir]

101. Loodgieterswerk

water (het)	eau (f)	[o]
warm water (het)	eau (f) chaude	[o ʃod]
koud water (het)	eau (f) froide	[o frwad]
kraan (de)	robinet (m)	[rɔbinɛ]

druppel (de)	goutte (f)	[gut]
druppelen (ww)	goutter (vi)	[gute]
lekken (een lek hebben)	fuir (vi)	[fɥir]
lekkage (de)	fuite (f)	[fɥit]
plasje (het)	flaque (f)	[flak]

buis, leiding (de)	tuyau (m)	[tɥijo]
stopkraan (de)	valve (f)	[valv]
verstopt raken (ww)	se boucher (vp)	[sə buʃe]

gereedschap (het)	outils (m pl)	[uti]
Engelse sleutel (de)	clé (f) réglable	[kle reglabl]
losschroeven (ww)	dévisser (vt)	[devise]
aanschroeven (ww)	visser (vt)	[vise]

ontstoppen (riool, enz.)	déboucher (vt)	[debuʃe]
loodgieter (de)	plombier (m)	[plɔ̃bje]
kelder (de)	sous-sol (m)	[susɔl]
riolering (de)	égouts (m pl)	[egu]

102. Brand. Vuurzee

vuur (het)	feu (m)	[fø]
vlam (de)	flamme (f)	[flam]
vonk (de)	étincelle (f)	[etɛ̃sɛl]
rook (de)	fumée (f)	[fyme]
fakkel (de)	flambeau (m)	[flɑ̃bo]
kampvuur (het)	feu (m) de bois	[fø də bwa]
benzine (de)	essence (f)	[esɑ̃s]

kerosine (de)	kérosène (m)	[kerɔzɛn]
brandbaar (bn)	inflammable (adj)	[ɛ̃flamabl]
ontplofbaar (bn)	explosif (adj)	[ɛksplozif]
VERBODEN TE ROKEN!	DÉFENSE DE FUMER	[defɑ̃s də fyme]

veiligheid (de)	sécurité (f)	[sekyrite]
gevaar (het)	danger (m)	[dɑ̃ʒe]
gevaarlijk (bn)	dangereux (adj)	[dɑ̃ʒrø]

in brand vliegen (ww)	prendre feu	[prɑ̃dr fø]
explosie (de)	explosion (f)	[ɛksplozjɔ̃]
in brand steken (ww)	mettre feu	[mɛtr fø]
brandstichter (de)	incendiaire (m)	[ɛ̃sɑ̃djɛr]
brandstichting (de)	incendie (m) prémédité	[ɛ̃sɑ̃di premedite]

vlammen (ww)	flamboyer (vi)	[flɑ̃bwaje]
branden (ww)	brûler (vi)	[bryle]
afbranden (ww)	brûler complètement	[bryle kɔ̃plɛtmɑ̃]

de brandweer bellen	appeler les pompiers	[aple le pɔ̃pje]
brandweerman (de)	pompier (m)	[pɔ̃pje]
brandweerwagen (de)	voiture (f) de pompiers	[vwatyr də pɔ̃pje]
brandweer (de)	sapeurs-pompiers (m pl)	[sapœrpɔ̃pje]
uitschuifbare ladder (de)	échelle (f) des pompiers	[eʃɛl de pɔ̃pje]

brandslang (de)	tuyau (m) d'incendie	[tɥijo dɛ̃sɑ̃di]
brandblusser (de)	extincteur (m)	[ɛkstɛ̃ktœr]
helm (de)	casque (m)	[kask]
sirene (de)	sirène (f)	[sirɛn]

roepen (ww)	crier (vi)	[krije]
hulp roepen	appeler au secours	[aple o səkur]
redder (de)	secouriste (m)	[səkurist]
redden (ww)	sauver (vt)	[sove]

aankomen (per auto, enz.)	venir (vi)	[vənir]
blussen (ww)	éteindre (vt)	[etɛ̃dr]
water (het)	eau (f)	[o]
zand (het)	sable (m)	[sabl]

ruïnes (mv.)	ruines (f pl)	[rɥin]
instorten (gebouw, enz.)	tomber en ruine	[tɔ̃be ɑ̃ rɥin]
ineenstorten (ww)	s'écrouler (vp)	[sekrule]
inzakken (ww)	s'effondrer (vp)	[sefɔ̃dre]

| brokstuk (het) | morceau (m) | [mɔrso] |
| as (de) | cendre (f) | [sɑ̃dr] |

| verstikken (ww) | mourir étouffé | [murir etufe] |
| omkomen (ww) | périr (vi) | [perir] |

93

MENSELIJKE ACTIVITEITEN

Baan. Business. Deel 1

103. Kantoor. Op kantoor werken

kantoor (het)	bureau (m)	[byro]
kamer (de)	bureau (m)	[byro]
receptie (de)	accueil (m)	[akœj]
secretaris (de)	secrétaire (m)	[səkretɛr]
directeur (de)	directeur (m)	[dirɛktœr]
manager (de)	manager (m)	[manadʒœr]
boekhouder (de)	comptable (m)	[kõtabl]
werknemer (de)	collaborateur (m)	[kɔlabɔratœr]
meubilair (het)	meubles (m pl)	[mœbl]
tafel (de)	bureau (m)	[byro]
bureaustoel (de)	fauteuil (m)	[fotœj]
ladeblok (het)	classeur (m) à tiroirs	[klasœr a tirwar]
kapstok (de)	portemanteau (m)	[pɔrtmãto]
computer (de)	ordinateur (m)	[ɔrdinatœr]
printer (de)	imprimante (f)	[ɛ̃primãt]
fax (de)	fax (m)	[faks]
kopieerapparaat (het)	copieuse (f)	[kɔpjøz]
papier (het)	papier (m)	[papje]
kantoorartikelen (mv.)	papeterie (f)	[papɛtri]
muismat (de)	tapis (m) de souris	[tapi də suri]
blad (het)	feuille (f)	[fœj]
ordner (de)	classeur (m)	[klasœr]
catalogus (de)	catalogue (m)	[katalɔg]
telefoongids (de)	annuaire (m)	[anɥɛr]
documentatie (de)	documents (m pl)	[dɔkymã]
brochure (de)	brochure (f)	[brɔʃyr]
flyer (de)	prospectus (m)	[prɔspɛktys]
monster (het), staal (de)	échantillon (m)	[eʃãtijõ]
training (de)	formation (f)	[fɔrmasjõ]
vergadering (de)	réunion (f)	[reynjõ]
lunchpauze (de)	pause (f) déjeuner	[poz deʒœne]
een kopie maken	faire une copie	[fɛr yn kɔpi]
de kopieën maken	faire des copies	[fɛr de kɔpi]
een fax ontvangen	recevoir un fax	[rəsəvwar œ̃ faks]
een fax versturen	envoyer un fax	[ãvwaje œ̃ faks]
opbellen (ww)	téléphoner, appeler	[telefɔne], [aple]

| antwoorden (ww) | répondre (vi, vt) | [repɔ̃dr] |
| doorverbinden (ww) | passer (vt) | [pɑse] |

afspreken (ww)	fixer (vt)	[fikse]
demonstreren (ww)	montrer (vt)	[mɔ̃tre]
absent zijn (ww)	être absent	[ɛtr apsɑ̃]
afwezigheid (de)	absence (f)	[apsɑ̃s]

104. Bedrijfsprocessen. Deel 1

| bedrijf (business) | affaire (f) | [afɛr] |
| zaak (de), beroep (het) | métier (m) | [metje] |

firma (de)	firme (f), société (f)	[firm], [sɔsjete]
bedrijf (maatschap)	compagnie (f)	[kɔ̃paɲi]
corporatie (de)	corporation (f)	[kɔrpɔrasjɔ̃]
onderneming (de)	entreprise (f)	[ɑ̃trœpriz]
agentschap (het)	agence (f)	[aʒɑ̃s]

overeenkomst (de)	accord (m)	[akɔr]
contract (het)	contrat (m)	[kɔ̃tra]
transactie (de)	marché (m)	[marʃe]
bestelling (de)	commande (f)	[kɔmɑ̃d]
voorwaarde (de)	terme (m)	[tɛrm]

in het groot (bw)	en gros (adv)	[ɑ̃ gro]
groothandels- (abn)	en gros (adj)	[ɑ̃ gro]
groothandel (de)	vente (f) en gros	[vɑ̃t ɑ̃ gro]
kleinhandels- (abn)	au détail (adj)	[odetaj]
kleinhandel (de)	vente (f) au détail	[vɑ̃t o detaj]

concurrent (de)	concurrent (m)	[kɔ̃kyrɑ̃]
concurrentie (de)	concurrence (f)	[kɔ̃kyrɑ̃s]
concurreren (ww)	concurrencer (vt)	[kɔ̃kyrɑ̃se]

| partner (de) | associé (m) | [asɔsje] |
| partnerschap (het) | partenariat (m) | [partənarja] |

crisis (de)	crise (f)	[kriz]
bankroet (het)	faillite (f)	[fajit]
bankroet gaan (ww)	faire faillite	[fɛr fajit]
moeilijkheid (de)	difficulté (f)	[difikylte]
probleem (het)	problème (m)	[prɔblɛm]
catastrofe (de)	catastrophe (f)	[katastrɔf]

economie (de)	économie (f)	[ekɔnɔmi]
economisch (bn)	économique (adj)	[ekɔnɔmik]
economische recessie (de)	baisse (f) économique	[bɛs ekɔnɔmik]

| doel (het) | but (m) | [byt] |
| taak (de) | objectif (m) | [ɔbʒɛktif] |

| handelen (handel drijven) | faire du commerce | [fɛr dy kɔmɛrs] |
| netwerk (het) | réseau (m) | [rezo] |

| voorraad (de) | inventaire (m) | [ɛ̃vɑ̃tɛr] |
| assortiment (het) | assortiment (m) | [asɔrtimɑ̃] |

leider (de)	leader (m)	[lidœr]
groot (bn)	grand, grande (adj)	[grɑ̃, grɑ̃d]
monopolie (het)	monopole (m)	[mɔnɔpɔl]

theorie (de)	théorie (f)	[teɔri]
praktijk (de)	pratique (f)	[pratik]
ervaring (de)	expérience (f)	[ɛksperjɑ̃s]
tendentie (de)	tendance (f)	[tɑ̃dɑ̃s]
ontwikkeling (de)	développement (m)	[devlɔpmɑ̃]

105. Bedrijfsprocessen. Deel 2

| voordeel (het) | rentabilité (f) | [rɑ̃tabilite] |
| voordelig (bn) | rentable (adj) | [rɑ̃tabl] |

delegatie (de)	délégation (f)	[delegasjɔ̃]
salaris (het)	salaire (m)	[salɛr]
corrigeren (fouten ~)	corriger (vt)	[kɔriʒe]
zakenreis (de)	voyage (m) d'affaires	[vwajaʒ dafɛr]
commissie (de)	commission (f)	[kɔmisjɔ̃]

controleren (ww)	contrôler (vt)	[kɔ̃trole]
conferentie (de)	conférence (f)	[kɔ̃ferɑ̃s]
licentie (de)	licence (f)	[lisɑ̃s]
betrouwbaar (partner, enz.)	fiable (adj)	[fjabl]

aanzet (de)	initiative (f)	[inisjativ]
norm (bijv. ~ stellen)	norme (f)	[nɔrm]
omstandigheid (de)	circonstance (f)	[sirkɔ̃stɑ̃s]
taak, plicht (de)	fonction (f)	[fɔ̃ksjɔ̃]

organisatie (bedrijf, zaak)	entreprise (f)	[ɑ̃trœpriz]
organisatie (proces)	organisation (f)	[ɔrganizasjɔ̃]
georganiseerd (bn)	organisé (adj)	[ɔrganize]
afzegging (de)	annulation (f)	[anylasjɔ̃]
afzeggen (ww)	annuler (vt)	[anyle]
verslag (het)	rapport (m)	[rapɔr]

patent (het)	brevet (m)	[brəvɛ]
patenteren (ww)	breveter (vt)	[brəvte]
plannen (ww)	planifier (vt)	[planifje]

premie (de)	prime (f)	[prim]
professioneel (bn)	professionnel (adj)	[prɔfɛsjɔnɛl]
procedure (de)	procédure (f)	[prɔsedyr]

onderzoeken (contract, enz.)	examiner (vt)	[ɛgzamine]
berekening (de)	calcul (m)	[kalkyl]
reputatie (de)	réputation (f)	[repytasjɔ̃]
risico (het)	risque (m)	[risk]
beheren (managen)	diriger (vt)	[diriʒe]

informatie (de)	renseignements (m pl)	[rãsɛɲəmã]
eigendom (bezit)	propriété (f)	[prɔprijete]
unie (de)	union (f)	[ynjõ]

levensverzekering (de)	assurance vie (f)	[asyrãs vi]
verzekeren (ww)	assurer (vt)	[asyre]
verzekering (de)	assurance (f)	[asyrãs]

veiling (de)	enchères (f pl)	[ãʃɛr]
verwittigen (ww)	notifier (vt)	[nɔtifje]
beheer (het)	gestion (f)	[ʒɛstjõ]
dienst (de)	service (m)	[sɛrvis]

forum (het)	forum (m)	[fɔrɔm]
functioneren (ww)	fonctionner (vi)	[fõksjɔne]
stap, etappe (de)	étape (f)	[etap]
juridisch (bn)	juridique (adj)	[ʒyridik]
jurist (de)	juriste (m)	[ʒyrist]

106. Productie. Werken

industriële installatie (fabriek)	usine (f)	[yzin]
fabriek (de)	fabrique (f)	[fabrik]
werkplaatsruimte (de)	atelier (m)	[atəlje]
productielocatie (de)	site (m) de production	[sit də prɔdyksjõ]

industrie (de)	industrie (f)	[ɛ̃dystri]
industrieel (bn)	industriel (adj)	[ɛ̃dystrijɛl]
zware industrie (de)	industrie (f) lourde	[ɛ̃dystri lurd]
lichte industrie (de)	industrie (f) légère	[ɛ̃dystri leʒɛr]

productie (de)	produit (m)	[prɔdyi]
produceren (ww)	produire (vt)	[prɔdɥir]
grondstof (de)	matières (f pl) premières	[matjɛr prəmjɛr]

voorman, ploegbaas (de)	chef (m) d'équipe	[ʃɛf dekip]
ploeg (de)	équipe (f) d'ouvriers	[ekip duvrije]
arbeider (de)	ouvrier (m)	[uvrije]

werkdag (de)	jour (m) ouvrable	[ʒur uvrabl]
pauze (de)	pause (f)	[poz]
samenkomst (de)	réunion (f)	[reynjõ]
bespreken (spreken over)	discuter (vt)	[diskyte]

plan (het)	plan (m)	[plã]
het plan uitvoeren	accomplir le plan	[akõplir lə plã]
productienorm (de)	norme (f) de production	[nɔrm də prɔdyksjõ]
kwaliteit (de)	qualité (f)	[kalite]
controle (de)	contrôle (m)	[kõtrol]
kwaliteitscontrole (de)	contrôle (m) qualité	[kõtrol kalite]

arbeidsveiligheid (de)	sécurité (f) de travail	[sekyrite də travaj]
discipline (de)	discipline (f)	[disiplin]
overtreding (de)	infraction (f)	[ɛ̃fraksjõ]

overtreden (ww)	violer (vt)	[vjɔle]
staking (de)	grève (f)	[grɛv]
staker (de)	gréviste (m)	[grevist]
staken (ww)	faire grève	[fɛr grɛv]
vakbond (de)	syndicat (m)	[sɛ̃dika]

uitvinden (machine, enz.)	inventer (vt)	[ɛ̃vɑ̃te]
uitvinding (de)	invention (f)	[ɛ̃vɑ̃sjɔ̃]
onderzoek (het)	recherche (f)	[rəʃɛrʃ]
verbeteren (beter maken)	améliorer (vt)	[ameljɔre]
technologie (de)	technologie (f)	[tɛknɔlɔʒi]
technische tekening (de)	dessin (m) technique	[desɛ̃ tɛknik]

vracht (de)	charge (f)	[ʃarʒ]
lader (de)	chargeur (m)	[ʃarʒœr]

laden (vrachtwagen)	charger (vt)	[ʃarʒe]
laden (het)	chargement (m)	[ʃarʒəmɑ̃]
lossen (ww)	décharger (vt)	[deʃarʒe]
lossen (het)	déchargement (m)	[deʃarʒəmɑ̃]

transport (het)	transport (m)	[trɑ̃spɔr]
transportbedrijf (de)	compagnie (f) de transport	[kɔ̃paɲi də trɑ̃spɔr]
transporteren (ww)	transporter (vt)	[trɑ̃spɔrte]

goederenwagon (de)	wagon (m) de marchandise	[vagɔ̃ də marʃɑ̃diz]
tank (bijv. ketelwagen)	citerne (f)	[sitɛrn]
vrachtwagen (de)	camion (m)	[kamjɔ̃]

machine (de)	machine-outil (f)	[maʃinuti]
mechanisme (het)	mécanisme (m)	[mekanism]

industrieel afval (het)	déchets (m pl)	[deʃɛ]
verpakking (de)	emballage (m)	[ɑ̃balaʒ]
verpakken (ww)	emballer (vt)	[ɑ̃bale]

107. Contract. Overeenstemming.

contract (het)	contrat (m)	[kɔ̃tra]
overeenkomst (de)	accord (m)	[akɔr]
bijlage (de)	annexe (f)	[anɛks]

een contract sluiten	signer un contrat	[siɲe œ̃ kɔ̃tra]
handtekening (de)	signature (f)	[siɲatyr]
ondertekenen (ww)	signer (vt)	[siɲe]
stempel (de)	cachet (m)	[kaʃe]

voorwerp (het) van de overeenkomst	objet (m) du contrat	[ɔbʒɛ dy kɔ̃tra]
clausule (de)	clause (f)	[kloz]
partijen (mv.)	côtés (m pl)	[kote]
vestigingsadres (het)	adresse (f) légale	[adrɛs legal]
het contract verbreken (overtreden)	violer l'accord	[vjɔle lakɔr]

verplichting (de)	obligation (f)	[ɔbligasjɔ̃]
verantwoordelijkheid (de)	responsabilité (f)	[rɛspɔ̃sabilite]
overmacht (de)	force (f) majeure	[fɔrs maʒœr]
geschil (het)	litige (m)	[litiʒ]
sancties (mv.)	pénalités (f pl)	[penalite]

108. Import & Export

import (de)	importation (f)	[ɛ̃pɔrtasjɔ̃]
importeur (de)	importateur (m)	[ɛ̃pɔrtatœr]
importeren (ww)	importer (vt)	[ɛ̃pɔrte]
import- (abn)	d'importation	[dɛ̃pɔrtasjɔ̃]

uitvoer (export)	exportation (f)	[ɛkspɔrtasjɔ̃]
exporteur (de)	exportateur (m)	[ɛkspɔrtatœr]
exporteren (ww)	exporter (vt)	[ɛkspɔrte]
uitvoer- (bijv., ~goederen)	à l'export	[a lɛkspɔr]

goederen (mv.)	marchandise (f)	[marʃɑ̃diz]
partij (de)	lot (m) de marchandises	[lo də marʃɑ̃diz]

gewicht (het)	poids (m)	[pwa]
volume (het)	volume (m)	[vɔlym]
kubieke meter (de)	mètre (m) cube	[mɛtr kyb]

producent (de)	producteur (m)	[prɔdyktœr]
transportbedrijf (de)	compagnie (f) de transport	[kɔ̃paɲi də trɑ̃spɔr]
container (de)	container (m)	[kɔ̃tɛnɛr]

grens (de)	frontière (f)	[frɔ̃tjɛr]
douane (de)	douane (f)	[dwan]
douanerecht (het)	droit (m) de douane	[drwa də dwan]
douanier (de)	douanier (m)	[dwanje]
smokkelen (het)	contrebande (f)	[kɔ̃trəbɑ̃d]
smokkelwaar (de)	contrebande (f)	[kɔ̃trəbɑ̃d]

109. Financiën

aandeel (het)	action (f)	[aksjɔ̃]
obligatie (de)	obligation (f)	[ɔbligasjɔ̃]
wissel (de)	lettre (f) de change	[lɛtr də ʃɑ̃ʒ]

beurs (de)	bourse (f)	[burs]
aandelenkoers (de)	cours (m) d'actions	[kur daksjɔ̃]

dalen (ww)	baisser (vi)	[bese]
stijgen (ww)	augmenter (vi)	[ogmɑ̃te]

deel (het)	part (f)	[par]
meerderheidsbelang (het)	participation (f) de contrôle	[partisipasjɔ̃ də kɔ̃trol]
investeringen (mv.)	investissements (m pl)	[ɛ̃vɛstismɑ̃]
investeren (ww)	investir (vt)	[ɛ̃vɛstir]

procent (het)	pour-cent (m)	[pursɑ̃]
rente (de)	intérêts (m pl)	[ɛ̃terɛ]
winst (de)	profit (m)	[prɔfi]
winstgevend (bn)	profitable (adj)	[prɔfitabl]
belasting (de)	impôt (m)	[ɛ̃po]
valuta (vreemde ~)	devise (f)	[dəviz]
nationaal (bn)	national (adj)	[nasjɔnal]
ruil (de)	échange (m)	[eʃɑ̃ʒ]
boekhouder (de)	comptable (m)	[kɔ̃tabl]
boekhouding (de)	comptabilité (f)	[kɔ̃tabilite]
bankroet (het)	faillite (f)	[fajit]
ondergang (de)	krach (m)	[krak]
faillissement (het)	ruine (f)	[rɥin]
geruïneerd zijn (ww)	se ruiner (vp)	[sə rɥine]
inflatie (de)	inflation (f)	[ɛ̃flasjɔ̃]
devaluatie (de)	dévaluation (f)	[devalɥasjɔ̃]
kapitaal (het)	capital (m)	[kapital]
inkomen (het)	revenu (m)	[rəvəny]
omzet (de)	chiffre (m) d'affaires	[ʃifr dafɛr]
middelen (mv.)	ressources (f pl)	[rəsurs]
financiële middelen (mv.)	moyens (m pl) financiers	[mwajɛ̃ finɑ̃sje]
operationele kosten (mv.)	frais (m pl) généraux	[frɛ ʒenerø]
reduceren (kosten ~)	réduire (vt)	[redɥir]

110. Marketing

marketing (de)	marketing (m)	[marketiŋ]
markt (de)	marché (m)	[marʃe]
marktsegment (het)	segment (m) du marché	[sɛgmɑ̃ dy marʃe]
product (het)	produit (m)	[prɔdyi]
goederen (mv.)	marchandise (f)	[marʃɑ̃diz]
merk (het)	marque (f) de fabrique	[mark də fabrik]
handelsmerk (het)	marque (f) déposée	[mark depoze]
beeldmerk (het)	logotype (m)	[lɔgɔtip]
logo (het)	logo (m)	[lɔgo]
vraag (de)	demande (f)	[dəmɑ̃d]
aanbod (het)	offre (f)	[ɔfr]
behoefte (de)	besoin (m)	[bəzwɛ̃]
consument (de)	consommateur (m)	[kɔ̃sɔmatœr]
analyse (de)	analyse (f)	[analiz]
analyseren (ww)	analyser (vt)	[analize]
positionering (de)	positionnement (m)	[pozisjɔnmɑ̃]
positioneren (ww)	positionner (vt)	[pozisjɔne]
prijs (de)	prix (m)	[pri]
prijspolitiek (de)	politique (f) des prix	[pɔlitik de pri]
prijsvorming (de)	formation (f) des prix	[fɔrmasjɔ̃ de pri]

111. Reclame

reclame (de)	publicité (f), pub (f)	[pyblisite], [pyb]
adverteren (ww)	faire de la publicité	[fɛr də la pyblisite]
budget (het)	budget (m)	[bydʒɛ]

advertentie, reclame (de)	annonce (f), pub (f)	[anõs], [pyb]
TV-reclame (de)	publicité (f) à la télévision	[pyblisite ala televizjõ]
radioreclame (de)	publicité (f) à la radio	[pyblisite ala radjo]
buitenreclame (de)	publicité (f) extérieure	[pyblisite ɛksterjœr]

massamedia (de)	mass média (m pl)	[masmedja]
periodiek (de)	périodique (m)	[perjodik]
imago (het)	image (f)	[imaʒ]

| slagzin (de) | slogan (m) | [slɔgã] |
| motto (het) | devise (f) | [dəviz] |

campagne (de)	campagne (f)	[kãpaɲ]
reclamecampagne (de)	campagne (f) publicitaire	[kãpaɲ pyblisitɛr]
doelpubliek (het)	public (m) cible	[pyblik sibl]

visitekaartje (het)	carte (f) de visite	[kart də vizit]
flyer (de)	prospectus (m)	[prɔspɛktys]
brochure (de)	brochure (f)	[brɔʃyr]
folder (de)	dépliant (m)	[deplijã]
nieuwsbrief (de)	bulletin (m)	[byltɛ̃]

gevelreclame (de)	enseigne (f)	[ãsɛɲ]
poster (de)	poster (m)	[pɔstɛr]
aanplakbord (het)	panneau-réclame (m)	[pano reklam]

112. Bankieren

| bank (de) | banque (f) | [bãk] |
| bankfiliaal (het) | agence (f) bancaire | [aʒãs bãkɛr] |

| bankbediende (de) | conseiller (m) | [kõseje] |
| manager (de) | gérant (m) | [ʒerã] |

bankrekening (de)	compte (m)	[kõt]
rekeningnummer (het)	numéro (m) du compte	[nymero dy kõt]
lopende rekening (de)	compte (m) courant	[kõt kurã]
spaarrekening (de)	compte (m) sur livret	[kõt syr livrɛ]

een rekening openen	ouvrir un compte	[uvrir œ̃ kõt]
de rekening sluiten	clôturer le compte	[klotyre lə kõt]
op rekening storten	verser dans le compte	[vɛrse dã lə kõt]
opnemen (ww)	retirer du compte	[rətire dy kõt]

storting (de)	dépôt (m)	[depo]
een storting maken	faire un dépôt	[fɛr œ̃ depo]
overschrijving (de)	virement (m) bancaire	[virmã bãkɛr]

een overschrijving maken	faire un transfert	[fɛr œ̃ trɑ̃sfɛr]
som (de)	somme (f)	[sɔm]
Hoeveel?	Combien?	[kɔ̃bjɛ̃]

handtekening (de)	signature (f)	[siɲatyr]
ondertekenen (ww)	signer (vt)	[siɲe]

kredietkaart (de)	carte (f) de crédit	[kart də kredi]
code (de)	code (m)	[kɔd]
kredietkaartnummer (het)	numéro (m) de carte de crédit	[nymero də kart də kredi]
geldautomaat (de)	distributeur (m)	[distribytœr]

cheque (de)	chèque (m)	[ʃɛk]
een cheque uitschrijven	faire un chèque	[fɛr œ̃ ʃɛk]
chequeboekje (het)	chéquier (m)	[ʃekje]

lening, krediet (de)	crédit (m)	[kredi]
een lening aanvragen	demander un crédit	[dəmɑ̃de œ̃ kredi]
een lening nemen	prendre un crédit	[prɑ̃dr œ̃ kredi]
een lening verlenen	accorder un crédit	[akɔrde œ̃ kredi]
garantie (de)	gage (m)	[gaʒ]

113. Telefoon. Telefoongesprek

telefoon (de)	téléphone (m)	[telefɔn]
mobieltje (het)	portable (m)	[pɔrtabl]
antwoordapparaat (het)	répondeur (m)	[repɔ̃dœr]

bellen (ww)	téléphoner, appeler	[telefɔne], [aple]
belletje (telefoontje)	appel (m)	[apɛl]

een nummer draaien	composer le numéro	[kɔ̃poze lə nymero]
Hallo!	Allô!	[alo]
vragen (ww)	demander (vt)	[dəmɑ̃de]
antwoorden (ww)	répondre (vi, vt)	[repɔ̃dr]
horen (ww)	entendre (vt)	[ɑ̃tɑ̃dr]
goed (bw)	bien (adv)	[bjɛ̃]
slecht (bw)	mal (adv)	[mal]
storingen (mv.)	bruits (m pl)	[brɥi]

hoorn (de)	récepteur (m)	[resɛptœr]
opnemen (ww)	décrocher (vt)	[dekrɔʃe]
ophangen (ww)	raccrocher (vi)	[rakrɔʃe]

bezet (bn)	occupé (adj)	[ɔkype]
overgaan (ww)	sonner (vi)	[sɔ̃]
telefoonboek (het)	carnet (m) de téléphone	[karnɛ də telefɔn]

lokaal (bn)	local (adj)	[lɔkal]
lokaal gesprek (het)	appel (m) local	[apɛl lɔkal]
interlokaal (bn)	interurbain (adj)	[ɛ̃tɛryrbɛ̃]
interlokaal gesprek (het)	appel (m) interurbain	[apɛl ɛ̃tɛryrbɛ̃]
buitenlands (bn)	international (adj)	[ɛ̃tɛrnasjɔnal]

114. Mobiele telefoon

mobieltje (het)	portable (m)	[pɔrtabl]
scherm (het)	écran (m)	[ekrɑ̃]
toets, knop (de)	bouton (m)	[butɔ̃]
simkaart (de)	carte SIM (f)	[kart sɪm]
batterij (de)	pile (f)	[pil]
leeg zijn (ww)	être déchargé	[ɛtr deʃarʒe]
acculader (de)	chargeur (m)	[ʃarʒœr]
menu (het)	menu (m)	[məny]
instellingen (mv.)	réglages (m pl)	[reglaʒ]
melodie (beltoon)	mélodie (f)	[melɔdi]
selecteren (ww)	sélectionner (vt)	[selɛksjɔne]
rekenmachine (de)	calculatrice (f)	[kalkylatris]
voicemail (de)	répondeur (m)	[repɔ̃dœr]
wekker (de)	réveil (m)	[revɛj]
contacten (mv.)	contacts (m pl)	[kɔ̃takt]
SMS-bericht (het)	SMS (m)	[esemes]
abonnee (de)	abonné (m)	[abɔne]

115. Schrijfbehoeften

balpen (de)	stylo (m) à bille	[stilo a bij]
vulpen (de)	stylo (m) à plume	[stilo a plym]
potlood (het)	crayon (m)	[krɛjɔ̃]
marker (de)	marqueur (m)	[markœr]
viltstift (de)	feutre (m)	[føtr]
notitieboekje (het)	bloc-notes (m)	[blɔknɔt]
agenda (boekje)	agenda (m)	[aʒɛ̃da]
liniaal (de/het)	règle (f)	[rɛgl]
rekenmachine (de)	calculatrice (f)	[kalkylatris]
gom (de)	gomme (f)	[gɔm]
punaise (de)	punaise (f)	[pynɛz]
paperclip (de)	trombone (m)	[trɔ̃bɔn]
lijm (de)	colle (f)	[kɔl]
nietmachine (de)	agrafeuse (f)	[agraføz]
perforator (de)	perforateur (m)	[pɛrforatœr]
potloodslijper (de)	taille-crayon (m)	[tajkrɛjɔ̃]

116. Verschillende soorten documenten

verslag (het)	rapport (m)	[rapɔr]
overeenkomst (de)	accord (m)	[akɔr]

aanvraagformulier (het)	formulaire (m) d'inscription	[fɔrmylɛr dɛ̃skripsjɔ̃]
origineel, authentiek (bn)	authentique (adj)	[otɑ̃tik]
badge, kaart (de)	badge (m)	[badʒ]
visitekaartje (het)	carte (f) de visite	[kart də vizit]

certificaat (het)	certificat (m)	[sɛrtifika]
cheque (de)	chèque (m) de banque	[ʃɛk də bɑ̃k]
rekening (in restaurant)	addition (f)	[adisjɔ̃]
grondwet (de)	constitution (f)	[kɔ̃stitysjɔ̃]

contract (het)	contrat (m)	[kɔ̃tra]
kopie (de)	copie (f)	[kɔpi]
exemplaar (het)	exemplaire (m)	[ɛgzɑ̃plɛr]

douaneaangifte (de)	déclaration (f) de douane	[deklarasjɔ̃ də dwan]
document (het)	document (m)	[dɔkymɑ̃]
rijbewijs (het)	permis (m) de conduire	[pɛrmi də kɔ̃dɥir]
bijlage (de)	annexe (f)	[anɛks]
formulier (het)	questionnaire (m)	[kɛstjɔnɛr]

identiteitskaart (de)	carte (f) d'identité	[kart didɑ̃tite]
aanvraag (de)	demande (f) de renseignements	[dəmɑ̃d də rɑ̃sɛɲəmɑ̃]
uitnodigingskaart (de)	lettre (f) d'invitation	[lɛtr dɛ̃vitasjɔ̃]
factuur (de)	facture (f)	[faktyr]

wet (de)	loi (f)	[lwa]
brief (de)	lettre (f)	[lɛtr]
briefhoofd (het)	papier (m) à en-tête	[papje a ɑ̃tɛt]
lijst (de)	liste (f)	[list]
manuscript (het)	manuscrit (m)	[manyskri]
nieuwsbrief (de)	bulletin (m)	[byltɛ̃]
briefje (het)	mot (m)	[mo]

pasje (voor personeel, enz.)	laissez-passer (m)	[lese pase]
paspoort (het)	passeport (m)	[paspɔr]
vergunning (de)	permis (m)	[pɛrmi]
CV, curriculum vitae (het)	C.V. (m)	[seve]
schuldbekentenis (de)	reconnaissance (f) de dette	[rəkɔnɛsɑ̃s də dɛt]
kwitantie (de)	reçu (m)	[rəsy]
bon (kassabon)	ticket (m) de caisse	[tikɛ də kɛs]
rapport (het)	rapport (m)	[rapɔr]

tonen (paspoort, enz.)	présenter (vt)	[prezɑ̃te]
ondertekenen (ww)	signer (vt)	[siɲe]
handtekening (de)	signature (f)	[siɲatyr]
stempel (de)	cachet (m)	[kaʃe]

tekst (de)	texte (m)	[tɛkst]
biljet (het)	ticket (m)	[tikɛ]

doorhalen (doorstrepen)	rayer (vt)	[rɛje]
invullen (een formulier ~)	remplir (vt)	[rɑ̃plir]

vrachtbrief (de)	bordereau (m) de transport	[bɔrdəro də trɑ̃spɔr]
testament (het)	testament (m)	[tɛstamɑ̃]

117. Soorten bedrijven

uitzendbureau (het)	agence (f) de recrutement	[aʒɑ̃s də rəkrytmɑ̃]
bewakingsfirma (de)	agence (f) de sécurité	[aʒɑ̃s də sekyrite]
persbureau (het)	agence (f) d'information	[aʒɑ̃s dɛfɔrmasjɔ̃]
reclamebureau (het)	agence (f) publicitaire	[aʒɑ̃s pyblisitɛr]
antiek (het)	antiquités (f pl)	[ɑ̃tikite]
verzekering (de)	assurance (f)	[asyrɑ̃s]
naaiatelier (het)	atelier (m) de couture	[atəlje də kutyr]
banken (mv.)	banques (f pl)	[bɑ̃k]
bar (de)	bar (m)	[bar]
bouwbedrijven (mv.)	bâtiment (m)	[batimɑ̃]
juwelen (mv.)	bijouterie (f)	[biʒutri]
juwelier (de)	bijoutier (m)	[biʒutje]
wasserette (de)	blanchisserie (f)	[blɑ̃ʃisri]
alcoholische dranken (mv.)	boissons (f pl) alcoolisées	[bwasɔ̃ alkɔlize]
nachtclub (de)	boîte (f) de nuit	[bwat də nɥi]
handelsbeurs (de)	bourse (f)	[burs]
bierbrouwerij (de)	brasserie (f)	[brasri]
uitvaartcentrum (het)	maison (f) funéraire	[mɛzɔ̃ fynerɛr]
casino (het)	casino (m)	[kazino]
zakencentrum (het)	centre (m) d'affaires	[sɑ̃tr dafɛr]
bioscoop (de)	cinéma (m)	[sinema]
airconditioning (de)	climatisation (m)	[klimatizasjɔ̃]
handel (de)	commerce (m)	[kɔmɛrs]
luchtvaartmaatschappij (de)	compagnie (f) aérienne	[kɔ̃paɲi aerjɛn]
adviesbureau (het)	conseil (m)	[kɔ̃sɛj]
koerierdienst (de)	coursiers (m pl)	[kursje]
tandheelkunde (de)	dentistes (pl)	[dɑ̃tists]
design (het)	design (m)	[dizajn]
business school (de)	école (f) de commerce	[ekɔl də kɔmɛrs]
magazijn (het)	entrepôt (m)	[ɑ̃trəpo]
kunstgalerie (de)	galerie (f) d'art	[galri dar]
IJsje (het)	glace (f)	[glas]
hotel (het)	hôtel (m)	[otɛl]
vastgoed (het)	immobilier (m)	[imɔbilje, -ɛr]
drukkerij (de)	imprimerie (f)	[ɛ̃primri]
industrie (de)	industrie (f)	[ɛ̃dystri]
Internet (het)	Internet (m)	[ɛ̃tɛrnɛt]
investeringen (mv.)	investissements (m pl)	[ɛ̃vɛstismɑ̃]
krant (de)	journal (m)	[ʒurnal]
boekhandel (de)	librairie (f)	[librɛri]
lichte industrie (de)	industrie (f) légère	[ɛ̃dystri leʒɛr]
winkel (de)	magasin (m)	[magazɛ̃]
uitgeverij (de)	maison (f) d'édition	[mɛzɔ̃ dedisjɔ̃]
medicijnen (mv.)	médecine (f)	[medsin]

meubilair (het)	meubles (m pl)	[mœbl]
museum (het)	musée (m)	[myze]
olie (aardolie)	pétrole (m)	[petrɔl]
apotheek (de)	pharmacie (f)	[farmasi]
geneesmiddelen (mv.)	industrie (f) pharmaceutique	[ɛ̃dystri farmasøtik]
zwembad (het)	piscine (f)	[pisin]
stomerij (de)	pressing (m)	[presiŋ]
voedingswaren (mv.)	produits (m pl) alimentaires	[prɔdyi alimɑ̃tɛr]
reclame (de)	publicité (f), pub (f)	[pyblisite], [pyb]
radio (de)	radio (f)	[radjo]
afvalinzameling (de)	récupération (f) des déchets	[rekyperasjɔ̃ də deʃɛ]
restaurant (het)	restaurant (m)	[rɛstɔrɑ̃]
tijdschrift (het)	revue (f)	[rəvy]
schoonheidssalon (de/het)	salon (m) de beauté	[salɔ̃ də bote]
financiële diensten (mv.)	service (m) financier	[sɛrvis finɑ̃sje]
juridische diensten (mv.)	service (m) juridique	[sɛrvis ʒyridik]
boekhouddiensten (mv.)	services (m pl) comptables	[sɛrvis kɔ̃tabl]
audit diensten (mv.)	services (m pl) d'audition	[sɛrvis dodisjɔ̃]
sport (de)	sport (m)	[spɔr]
supermarkt (de)	supermarché (m)	[sypɛrmarʃe]
televisie (de)	télévision (f)	[televizjɔ̃]
theater (het)	théâtre (m)	[teɑtr]
toerisme (het)	tourisme (m)	[turism]
transport (het)	sociétés de transport	[sɔsjete trɑ̃spɔr]
postorderbedrijven (mv.)	vente (f) par catalogue	[vɑ̃t par katalɔg]
kleding (de)	vêtement (m)	[vɛtmɑ̃]
dierenarts (de)	vétérinaire (m)	[veterinɛr]

Baan. Business. Deel 2

118. Show. Tentoonstelling

beurs (de)	salon (m)	[salõ]
vakbeurs, handelsbeurs (de)	salon (m) commercial	[salõ kɔmɛrsjal]

deelneming (de)	participation (f)	[partisipɑsjõ]
deelnemen (ww)	participer à ...	[partisipe a]
deelnemer (de)	participant (m)	[partisipã]

directeur (de)	directeur (m)	[dirɛktœr]
organisatiecomité (het)	direction (f)	[dirɛksjõ]
organisator (de)	organisateur (m)	[ɔrganizatœr]
organiseren (ww)	organiser (vt)	[ɔrganize]

deelnemingsaanvraag (de)	demande (f) de participation	[dəmãd də partisipɑsjõ]
invullen (een formulier ~)	remplir (vt)	[rãplir]
details (mv.)	détails (m pl)	[detaj]
informatie (de)	information (f)	[ɛ̃fɔrmasjõ]

prijs (de)	prix (m)	[pri]
inclusief (bijv. ~ BTW)	y compris	[i kõpri]
inbegrepen (alles ~)	inclure (vt)	[ɛ̃klyr]
betalen (ww)	payer (vi, vt)	[peje]
registratietarief (het)	droits (m pl) d'inscription	[drwa dɛ̃skripsjõ]

ingang (de)	entrée (f)	[ãtre]
paviljoen (het), hal (de)	pavillon (m)	[pavijõ]
registreren (ww)	enregistrer (vt)	[ãrəʒistre]
badge, kaart (de)	badge (m)	[badʒ]

beursstand (de)	stand (m)	[stãd]
reserveren (een stand ~)	réserver (vt)	[rezɛrve]

vitrine (de)	vitrine (f)	[vitrin]
licht (het)	lampe (f)	[lãp]
design (het)	design (m)	[dizajn]
plaatsen (ww)	mettre, placer	[mɛtr], [plase]
geplaatst zijn (ww)	être placé	[ɛtr plase]

distributeur (de)	distributeur (m)	[distribytœr]
leverancier (de)	fournisseur (m)	[furnisœr]
leveren (ww)	fournir (vt)	[furnir]

land (het)	pays (m)	[pei]
buitenlands (bn)	étranger (adj)	[etrãʒe]
product (het)	produit (m)	[prɔdyi]
associatie (de)	association (f)	[asɔsjasjõ]

conferentiezaal (de)	salle (f) de conférences	[sal də kõferãs]
congres (het)	congrès (m)	[kõgrɛ]
wedstrijd (de)	concours (m)	[kõkur]

bezoeker (de)	visiteur (m)	[vizitœr]
bezoeken (ww)	visiter (vt)	[vizite]
afnemer (de)	client (m)	[klijã]

119. Massamedia

krant (de)	journal (m)	[ʒurnal]
tijdschrift (het)	revue (f)	[rəvy]
pers (gedrukte media)	presse (f)	[prɛs]
radio (de)	radio (f)	[radjo]
radiostation (het)	station (f) de radio	[stasjõ də radjo]
televisie (de)	télévision (f)	[televizjõ]

presentator (de)	animateur (m)	[animatœr]
nieuwslezer (de)	présentateur (m)	[prezãtatœr]
commentator (de)	commentateur (m)	[kɔmãtatœr]

journalist (de)	journaliste (m)	[ʒurnalist]
correspondent (de)	correspondant (m)	[kɔrɛspõdã]
fotocorrespondent (de)	reporter photographe (m)	[rəpɔrtœr fɔtɔgraf]
reporter (de)	reporter (m)	[rəpɔrtɛr]

| redacteur (de) | rédacteur (m) | [redaktœr] |
| chef-redacteur (de) | rédacteur (m) en chef | [redaktœr ã ʃɛf] |

zich abonneren op	s'abonner (vp)	[sabɔne]
abonnement (het)	abonnement (m)	[abɔnmã]
abonnee (de)	abonné (m)	[abɔne]
lezen (ww)	lire (vi, vt)	[lir]
lezer (de)	lecteur (m)	[lɛktœr]

oplage (de)	tirage (m)	[tiraʒ]
maand-, maandelijks (bn)	mensuel (adj)	[mãsyɛl]
wekelijks (bn)	hebdomadaire (adj)	[ɛbdɔmadɛr]
nummer (het)	numéro (m)	[nymero]
vers (~ van de pers)	nouveau (adj)	[nuvo]

kop (de)	titre (m)	[titr]
korte artikel (het)	entrefilet (m)	[ãtrəfilɛ]
rubriek (de)	rubrique (f)	[rybrik]
artikel (het)	article (m)	[artikl]
pagina (de)	page (f)	[paʒ]

reportage (de)	reportage (m)	[rəpɔrtaʒ]
gebeurtenis (de)	événement (m)	[evɛnmã]
sensatie (de)	sensation (f)	[sãsasjõ]
schandaal (het)	scandale (m)	[skãdal]
schandalig (bn)	scandaleux	[skãdalø]
groot (~ schandaal, enz.)	grand (adj)	[grã]
programma (het)	émission (f)	[emisjõ]

interview (het)	interview (f)	[ɛ̃tɛrvju]
live uitzending (de)	émission (f) en direct	[emisjɔ̃ ɑ̃ dirɛkt]
kanaal (het)	chaîne (f)	[ʃɛn]

120. Landbouw

landbouw (de)	agriculture (f)	[agrikyltyr]
boer (de)	paysan (m)	[peizɑ̃]
boerin (de)	paysanne (f)	[peizan]
landbouwer (de)	fermier (m)	[fɛrmje]

| tractor (de) | tracteur (m) | [traktœr] |
| maaidorser (de) | moissonneuse-batteuse (f) | [mwasɔnøzbatøz] |

ploeg (de)	charrue (f)	[ʃary]
ploegen (ww)	labourer (vt)	[labure]
akkerland (het)	champ (m) labouré	[ʃɑ̃ labure]
voor (de)	sillon (m)	[sijɔ̃]

zaaien (ww)	semer (vt)	[səme]
zaaimachine (de)	semeuse (f)	[səmøz]
zaaien (het)	semailles (f pl)	[səmaj]

| zeis (de) | faux (f) | [fo] |
| maaien (ww) | faucher (vt) | [foʃe] |

| schop (de) | pelle (f) | [pɛl] |
| spitten (ww) | bêcher (vt) | [beʃe] |

schoffel (de)	couperet (m)	[kuprɛ]
wieden (ww)	sarcler (vt)	[sarkle]
onkruid (het)	mauvaise herbe (f)	[movɛz ɛrb]

gieter (de)	arrosoir (m)	[arozwar]
begieten (water geven)	arroser (vt)	[aroze]
bewatering (de)	arrosage (m)	[arozaʒ]

| riek, hooivork (de) | fourche (f) | [furʃ] |
| hark (de) | râteau (m) | [rɑto] |

meststof (de)	engrais (m)	[ɑ̃grɛ]
bemesten (ww)	engraisser (vt)	[ɑ̃grese]
mest (de)	fumier (m)	[fymje]

veld (het)	champ (m)	[ʃɑ̃]
wei (de)	pré (m)	[pre]
moestuin (de)	potager (m)	[potaʒe]
boomgaard (de)	jardin (m)	[ʒardɛ̃]

weiden (ww)	faire paître	[fɛr pɛtr]
herder (de)	berger (m)	[bɛrʒe]
weiland (de)	pâturage (m)	[pɑtyraʒ]
veehouderij (de)	élevage (m)	[ɛlvaʒ]
schapenteelt (de)	élevage (m) de moutons	[ɛlvaʒ də mutɔ̃]

plantage (de)	plantation (f)	[plɑ̃tasjɔ̃]
rijtje (het)	plate-bande (f)	[platbɑ̃d]
broeikas (de)	serre (f)	[sɛr]

droogte (de)	sécheresse (f)	[seʃrɛs]
droog (bn)	sec (adj)	[sɛk]

graan (het)	grains (m pl)	[grɛ̃]
graangewassen (mv.)	céréales (f pl)	[sereal]
oogsten (ww)	récolter (vt)	[rekɔlte]

molenaar (de)	meunier (m)	[mønje]
molen (de)	moulin (m)	[mulɛ̃]
malen (graan ~)	moudre (vt)	[mudr]
bloem (bijv. tarwebloem)	farine (f)	[farin]
stro (het)	paille (f)	[paj]

121. Gebouw. Bouwproces

bouwplaats (de)	chantier (m)	[ʃɑ̃tje]
bouwen (ww)	construire (vt)	[kɔ̃strɥir]
bouwvakker (de)	ouvrier (m) du bâtiment	[uvrije dy batimɑ̃]

project (het)	projet (m)	[prɔʒɛ]
architect (de)	architecte (m)	[arʃitɛkt]
arbeider (de)	ouvrier (m)	[uvrije]

fundering (de)	fondations (f pl)	[fɔ̃dasjɔ̃]
dak (het)	toit (m)	[twa]
heipaal (de)	pieu (m) de fondation	[pjø də fɔ̃dasjɔ̃]
muur (de)	mur (m)	[myr]

betonstaal (het)	ferraillage (m)	[fɛrajaʒ]
steigers (mv.)	échafaudage (m)	[eʃafodaʒ]

beton (het)	béton (m)	[betɔ̃]
graniet (het)	granit (m)	[grani]
steen (de)	pierre (f)	[pjɛr]
baksteen (de)	brique (f)	[brik]

zand (het)	sable (m)	[sabl]
cement (de/het)	ciment (m)	[simɑ̃]
pleister (het)	plâtre (m)	[plɑtr]
pleisteren (ww)	plâtrer (vt)	[plɑtre]
verf (de)	peinture (f)	[pɛ̃tyr]
verven (muur ~)	peindre (vt)	[pɛ̃dr]
ton (de)	tonneau (m)	[tɔno]

kraan (de)	grue (f)	[gry]
heffen, hijsen (ww)	monter (vt)	[mɔ̃te]
neerlaten (ww)	abaisser (vt)	[abese]

bulldozer (de)	bulldozer (m)	[byldozɛr]
graafmachine (de)	excavateur (m)	[ɛkskavatœr]

graafbak (de)	godet (m)	[gɔdɛ]
graven (tunnel, enz.)	creuser (vt)	[krøze]
helm (de)	casque (m)	[kask]

122. Wetenschap. Onderzoek. Wetenschappers

wetenschap (de)	science (f)	[sjãs]
wetenschappelijk (bn)	scientifique (adj)	[sjãtifik]
wetenschapper (de)	savant (m)	[savã]
theorie (de)	théorie (f)	[teɔri]

axioma (het)	axiome (m)	[aksjom]
analyse (de)	analyse (f)	[analiz]
analyseren (ww)	analyser (vt)	[analize]
argument (het)	argument (m)	[argymã]
substantie (de)	substance (f)	[sypstãs]

hypothese (de)	hypothèse (f)	[ipɔtɛz]
dilemma (het)	dilemme (m)	[dilɛm]
dissertatie (de)	thèse (f)	[tɛz]
dogma (het)	dogme (m)	[dɔgm]

doctrine (de)	doctrine (f)	[dɔktrin]
onderzoek (het)	recherche (f)	[rəʃɛrʃ]
onderzoeken (ww)	rechercher (vt)	[rəʃɛrʃe]
toetsing (de)	test (m)	[tɛst]
laboratorium (het)	laboratoire (m)	[labɔratwar]

methode (de)	méthode (f)	[metɔd]
molecule (de/het)	molécule (f)	[mɔlekyl]
monitoring (de)	monitoring (m)	[mɔnitɔriŋ]
ontdekking (de)	découverte (f)	[dekuvɛrt]

postulaat (het)	postulat (m)	[pɔstyla]
principe (het)	principe (m)	[prɛ̃sip]
voorspelling (de)	prévision (f)	[previzjɔ̃]
een prognose maken	prévoir (vt)	[prevwar]

synthese (de)	synthèse (f)	[sɛ̃tɛz]
tendentie (de)	tendance (f)	[tãdãs]
theorema (het)	théorème (m)	[teɔrɛm]

| leerstellingen (mv.) | enseignements (m pl) | [ãsɛɲmã] |
| feit (het) | fait (m) | [fɛ] |

| expeditie (de) | expédition (f) | [ɛkspedisjɔ̃] |
| experiment (het) | expérience (f) | [ɛksperjãs] |

academicus (de)	académicien (m)	[akademisjɛn]
bachelor (bijv. BA, LLB)	bachelier (m)	[baʃəlje]
doctor (de)	docteur (m)	[dɔktœr]
universitair docent (de)	chargé (m) de cours	[ʃarʒe də kur]
master, magister (de)	magistère (m)	[maʒistɛr]
professor (de)	professeur (m)	[prɔfɛsœr]

111

Beroepen en ambachten

123. Zoeken naar werk. Ontslag

baan (de)	travail (m)	[travaj]
werknemers (mv.)	employés (pl)	[ãplwaje]
personeel (het)	personnel (m)	[pɛrsɔnɛl]
carrière (de)	carrière (f)	[karjɛr]
vooruitzichten (mv.)	perspective (f)	[pɛrspɛktiv]
meesterschap (het)	maîtrise (f)	[metriz]
keuze (de)	sélection (f)	[selɛksjõ]
uitzendbureau (het)	agence (f) de recrutement	[aʒãs də rəkrytmã]
CV, curriculum vitae (het)	C.V. (m)	[seve]
sollicitatiegesprek (het)	entretien (m)	[ãtrətjɛ̃]
vacature (de)	emploi (m) vacant	[ãplwa vakã]
salaris (het)	salaire (m)	[salɛr]
vaste salaris (het)	salaire (m) fixe	[salɛr fiks]
loon (het)	rémunération (f)	[remynerasjõ]
betrekking (de)	poste (m)	[pɔst]
taak, plicht (de)	fonction (f)	[fõksjõ]
takenpakket (het)	liste (f) des fonctions	[list de fõksjõ]
bezig (~ zijn)	occupé (adj)	[ɔkype]
ontslagen (ww)	licencier (vt)	[lisãsje]
ontslag (het)	licenciement (m)	[lisãsimã]
werkloosheid (de)	chômage (m)	[ʃomaʒ]
werkloze (de)	chômeur (m)	[ʃomœr]
pensioen (het)	retraite (f)	[rətrɛt]
met pensioen gaan	prendre sa retraite	[prãdr sa rətrɛt]

124. Zakenmensen

directeur (de)	directeur (m)	[dirɛktœr]
beheerder (de)	gérant (m)	[ʒerã]
hoofd (het)	patron (m)	[patrõ]
baas (de)	supérieur (m)	[syperjœr]
superieuren (mv.)	supérieurs (m pl)	[syperjœr]
president (de)	président (m)	[prezidã]
voorzitter (de)	président (m)	[prezidã]
adjunct (de)	adjoint (m)	[adʒwɛ̃]
assistent (de)	assistant (m)	[asistã]

secretaris (de)	secrétaire (m, f)	[səkretɛr]
persoonlijke assistent (de)	secrétaire (m, f) personnel	[səkretɛr pɛrsɔnɛl]

zakenman (de)	homme (m) d'affaires	[ɔm dafɛr]
ondernemer (de)	entrepreneur (m)	[ãtrəprənœr]
oprichter (de)	fondateur (m)	[fõdatœr]
oprichten	fonder (vt)	[fõde]
(een nieuw bedrijf ~)		

stichter (de)	fondateur (m)	[fõdatœr]
partner (de)	partenaire (m)	[partenɛr]
aandeelhouder (de)	actionnaire (m)	[aksjɔnɛr]

miljonair (de)	millionnaire (m)	[miljɔnɛr]
miljardair (de)	milliardaire (m)	[miljardɛr]
eigenaar (de)	propriétaire (m)	[prɔprijetɛr]
landeigenaar (de)	propriétaire (m) foncier	[prɔprijetɛr fõsje]

klant (de)	client (m)	[klijã]
vaste klant (de)	client (m) régulier	[klijã regylje]
koper (de)	acheteur (m)	[aʃtœr]
bezoeker (de)	visiteur (m)	[vizitœr]
professioneel (de)	professionnel (m)	[prɔfɛsjɔnɛl]
expert (de)	expert (m)	[ɛkspɛr]
specialist (de)	spécialiste (m)	[spesjalist]

bankier (de)	banquier (m)	[bãkje]
makelaar (de)	courtier (m)	[kurtje]

kassier (de)	caissier (m)	[kesje]
boekhouder (de)	comptable (m)	[kõtabl]
bewaker (de)	agent (m) de sécurité	[aʒã də sekyrite]

investeerder (de)	investisseur (m)	[ɛ̃vɛstisœr]
schuldenaar (de)	débiteur (m)	[debitœr]
crediteur (de)	créancier (m)	[kreãsje]
lener (de)	emprunteur (m)	[ãprœ̃tœr]

importeur (de)	importateur (m)	[ɛ̃pɔrtatœr]
exporteur (de)	exportateur (m)	[ɛkspɔrtatœr]

producent (de)	producteur (m)	[prɔdyktœr]
distributeur (de)	distributeur (m)	[distribytœr]
bemiddelaar (de)	intermédiaire (m)	[ɛ̃tɛrmedjɛr]

adviseur, consulent (de)	conseiller (m)	[kõseje]
vertegenwoordiger (de)	représentant (m)	[rəprezãtã]
agent (de)	agent (m)	[aʒã]
verzekeringsagent (de)	agent (m) d'assurances	[aʒã dasyrãs]

125. Dienstverlenende beroepen

kok (de)	cuisinier (m)	[kɥizinje]
chef-kok (de)	cuisinier (m) en chef	[kɥizinje ã ʃɛf]

bakker (de)	boulanger (m)	[bulãʒe]
barman (de)	barman (m)	[barman]
kelner, ober (de)	serveur (m)	[sɛrvœr]
serveerster (de)	serveuse (f)	[sɛrvøz]
advocaat (de)	avocat (m)	[avɔka]
jurist (de)	juriste (m)	[ʒyrist]
notaris (de)	notaire (m)	[nɔtɛr]
elektricien (de)	électricien (m)	[elɛktrisjɛ̃]
loodgieter (de)	plombier (m)	[plɔ̃bje]
timmerman (de)	charpentier (m)	[ʃarpãtje]
masseur (de)	masseur (m)	[masœr]
masseuse (de)	masseuse (f)	[masøz]
dokter, arts (de)	médecin (m)	[medsɛ̃]
taxichauffeur (de)	chauffeur (m) de taxi	[ʃofœr də taksi]
chauffeur (de)	chauffeur (m)	[ʃofœr]
koerier (de)	livreur (m)	[livrœr]
kamermeisje (het)	femme (f) de chambre	[fam də ʃãbr]
bewaker (de)	agent (m) de sécurité	[aʒã də sekyrite]
stewardess (de)	hôtesse (f) de l'air	[otɛs də lɛr]
meester (de)	professeur (m)	[prɔfɛsœr]
bibliothecaris (de)	bibliothécaire (m)	[biblijotekɛr]
vertaler (de)	traducteur (m)	[tradyktœr]
tolk (de)	interprète (m)	[ɛ̃tɛrprɛt]
gids (de)	guide (m)	[gid]
kapper (de)	coiffeur (m)	[kwafœr]
postbode (de)	facteur (m)	[faktœr]
verkoper (de)	vendeur (m)	[vãdœr]
tuinman (de)	jardinier (m)	[ʒardinje]
huisbediende (de)	serviteur (m)	[sɛrvitœr]
dienstmeisje (het)	servante (f)	[sɛrvãt]
schoonmaakster (de)	femme (f) de ménage	[fam də menaʒ]

126. Militaire beroepen en rangen

soldaat (rang)	soldat (m)	[sɔlda]
sergeant (de)	sergent (m)	[sɛrʒã]
luitenant (de)	lieutenant (m)	[ljøtnã]
kapitein (de)	capitaine (m)	[kapitɛn]
majoor (de)	commandant (m)	[kɔmãdã]
kolonel (de)	colonel (m)	[kɔlonɛl]
generaal (de)	général (m)	[ʒeneral]
maarschalk (de)	maréchal (m)	[mareʃal]
admiraal (de)	amiral (m)	[amiral]
militair (de)	militaire (m)	[militɛr]
soldaat (de)	soldat (m)	[sɔlda]

| officier (de) | officier (m) | [ɔfisje] |
| commandant (de) | commandant (m) | [kɔmɑ̃dɑ̃] |

grenswachter (de)	garde-frontière (m)	[gardəfrɔ̃tjɛr]
marconist (de)	opérateur (m) radio	[ɔperatœr radjo]
verkenner (de)	éclaireur (m)	[eklɛrœr]
sappeur (de)	démineur (m)	[deminœr]
schutter (de)	tireur (m)	[tirœr]
stuurman (de)	navigateur (m)	[navigatœr]

127. Ambtenaren. Priesters

| koning (de) | roi (m) | [rwa] |
| koningin (de) | reine (f) | [rɛn] |

| prins (de) | prince (m) | [prɛ̃s] |
| prinses (de) | princesse (f) | [prɛ̃sɛs] |

| tsaar (de) | tsar (m) | [tsar] |
| tsarina (de) | tsarine (f) | [tsarin] |

president (de)	président (m)	[prezidɑ̃]
minister (de)	ministre (m)	[ministr]
eerste minister (de)	premier ministre (m)	[prəmje ministɛr]
senator (de)	sénateur (m)	[senatœr]

diplomaat (de)	diplomate (m)	[diplɔmat]
consul (de)	consul (m)	[kɔ̃syl]
ambassadeur (de)	ambassadeur (m)	[ɑ̃basadœr]
adviseur (de)	conseiller (m)	[kɔ̃seje]

ambtenaar (de)	fonctionnaire (m)	[fɔ̃ksjɔnɛr]
prefect (de)	préfet (m)	[prefɛ]
burgemeester (de)	maire (m)	[mɛr]

| rechter (de) | juge (m) | [ʒyʒ] |
| aanklager (de) | procureur (m) | [prɔkyrœr] |

missionaris (de)	missionnaire (m)	[misjɔnɛr]
monnik (de)	moine (m)	[mwan]
abt (de)	abbé (m)	[abe]
rabbi, rabbijn (de)	rabbin (m)	[rabɛ̃]

vizier (de)	vizir (m)	[vizir]
sjah (de)	shah (m)	[ʃa]
sjeik (de)	cheik (m)	[ʃɛjk]

128. Agrarische beroepen

imker (de)	apiculteur (m)	[apikyltœr]
herder (de)	berger (m)	[bɛrʒe]
landbouwkundige (de)	agronome (m)	[agrɔnɔm]

| veehouder (de) | éleveur (m) | [elvœr] |
| dierenarts (de) | vétérinaire (m) | [veterinɛr] |

landbouwer (de)	fermier (m)	[fɛrmje]
wijnmaker (de)	vinificateur (m)	[vinifikatœr]
zoöloog (de)	zoologiste (m)	[zɔɔlɔʒist]
cowboy (de)	cow-boy (m)	[kɔbɔj]

129. Kunst beroepen

| acteur (de) | acteur (m) | [aktœr] |
| actrice (de) | actrice (f) | [aktris] |

| zanger (de) | chanteur (m) | [ʃɑ̃tœr] |
| zangeres (de) | cantatrice (f) | [kɑ̃tatris] |

| danser (de) | danseur (m) | [dɑ̃sœr] |
| danseres (de) | danseuse (f) | [dɑ̃søz] |

| artiest (mann.) | artiste (m) | [artist] |
| artiest (vrouw.) | artiste (f) | [artist] |

muzikant (de)	musicien (m)	[myzisjɛ̃]
pianist (de)	pianiste (m)	[pjanist]
gitarist (de)	guitariste (m)	[gitarist]

orkestdirigent (de)	chef (m) d'orchestre	[ʃɛf dɔrkɛstr]
componist (de)	compositeur (m)	[kɔ̃pozitœr]
impresario (de)	imprésario (m)	[ɛ̃presarjo]

filmregisseur (de)	metteur (m) en scène	[mɛtœr ɑ̃ sɛn]
filmproducent (de)	producteur (m)	[prɔdyktœr]
scenarioschrijver (de)	scénariste (m)	[senarist]
criticus (de)	critique (m)	[kritik]

schrijver (de)	écrivain (m)	[ekrivɛ̃]
dichter (de)	poète (m)	[pɔɛt]
beeldhouwer (de)	sculpteur (m)	[skyltœr]
kunstenaar (de)	peintre (m)	[pɛ̃tr]

jongleur (de)	jongleur (m)	[ʒɔ̃glœr]
clown (de)	clown (m)	[klun]
acrobaat (de)	acrobate (m)	[akrɔbat]
goochelaar (de)	magicien (m)	[maʒisjɛ̃]

130. Verschillende beroepen

dokter, arts (de)	médecin (m)	[medsɛ̃]
ziekenzuster (de)	infirmière (f)	[ɛ̃firmjɛr]
psychiater (de)	psychiatre (m)	[psikjatr]
tandarts (de)	stomatologue (m)	[stomatɔlɔg]
chirurg (de)	chirurgien (m)	[ʃiryrʒjɛ̃]

astronaut (de)	astronaute (m)	[astrɔnot]
astronoom (de)	astronome (m)	[astrɔnɔm]
piloot (de)	pilote (m)	[pilɔt]
chauffeur (de)	chauffeur (m)	[ʃofœr]
machinist (de)	conducteur (m) de train	[kɔ̃dyktœr də trɛ̃]
mecanicien (de)	mécanicien (m)	[mekanisjɛ̃]
mijnwerker (de)	mineur (m)	[minœr]
arbeider (de)	ouvrier (m)	[uvrije]
bankwerker (de)	serrurier (m)	[seryrje]
houtbewerker (de)	menuisier (m)	[mənɥizje]
draaier (de)	tourneur (m)	[turnœr]
bouwvakker (de)	ouvrier (m) du bâtiment	[uvrije dy batimã]
lasser (de)	soudeur (m)	[sudœr]
professor (de)	professeur (m)	[prɔfɛsœr]
architect (de)	architecte (m)	[arʃitɛkt]
historicus (de)	historien (m)	[istɔrjɛ̃]
wetenschapper (de)	savant (m)	[savã]
fysicus (de)	physicien (m)	[fizisjɛ̃]
scheikundige (de)	chimiste (m)	[ʃimist]
archeoloog (de)	archéologue (m)	[arkeɔlɔg]
geoloog (de)	géologue (m)	[ʒeɔlɔg]
onderzoeker (de)	chercheur (m)	[ʃɛrʃœr]
babysitter (de)	baby-sitter (m, f)	[bebisitœr]
leraar, pedagoog (de)	pédagogue (m, f)	[pedagɔg]
redacteur (de)	rédacteur (m)	[redaktœr]
chef-redacteur (de)	rédacteur (m) en chef	[redaktœr ã ʃɛf]
correspondent (de)	correspondant (m)	[kɔrɛspɔ̃dã]
typiste (de)	dactylographe (f)	[daktilɔgraf]
designer (de)	designer (m)	[dizajnœr]
computerexpert (de)	informaticien (m)	[ɛ̃fɔrmatisjɛ̃]
programmeur (de)	programmeur (m)	[prɔgramœr]
ingenieur (de)	ingénieur (m)	[ɛ̃ʒenjœr]
matroos (de)	marin (m)	[marɛ̃]
zeeman (de)	matelot (m)	[matlo]
redder (de)	secouriste (m)	[səkurist]
brandweerman (de)	pompier (m)	[pɔ̃pje]
politieagent (de)	policier (m)	[pɔlisje]
nachtwaker (de)	veilleur (m) de nuit	[vejœr də nɥi]
detective (de)	détective (m)	[detɛktiv]
douanier (de)	douanier (m)	[dwanje]
lijfwacht (de)	garde (m) du corps	[gard dy kɔr]
gevangenisbewaker (de)	gardien (m) de prison	[gardjɛ̃ də prizɔ̃]
inspecteur (de)	inspecteur (m)	[ɛ̃spɛktœr]
sportman (de)	sportif (m)	[spɔrtif]
trainer (de)	entraîneur (m)	[ãtrɛnœr]

slager, beenhouwer (de)	boucher (m)	[buʃe]
schoenlapper (de)	cordonnier (m)	[kɔrdɔnje]
handelaar (de)	commerçant (m)	[kɔmɛrsã]
lader (de)	chargeur (m)	[ʃarʒœr]

kledingstilist (de)	couturier (m)	[kutyrje]
model (het)	modèle (f)	[mɔdɛl]

131. Beroepen. Sociale status

scholier (de)	écolier (m)	[ekɔlje]
student (de)	étudiant (m)	[etydjã]

filosoof (de)	philosophe (m)	[filɔzɔf]
econoom (de)	économiste (m)	[ekɔnɔmist]
uitvinder (de)	inventeur (m)	[ɛ̃vãtœr]

werkloze (de)	chômeur (m)	[ʃomœr]
gepensioneerde (de)	retraité (m)	[rətrɛte]
spion (de)	espion (m)	[ɛspjɔ̃]

gedetineerde (de)	prisonnier (m)	[prizɔnje]
staker (de)	gréviste (m)	[grevist]
bureaucraat (de)	bureaucrate (m)	[byrokrat]
reiziger (de)	voyageur (m)	[vwajaʒœr]

homoseksueel (de)	homosexuel (m)	[ɔmɔsɛksɥɛl]
hacker (computerkraker)	hacker (m)	[akeːr]
hippie (de)	hippie (m, f)	[ipi]

bandiet (de)	bandit (m)	[bãdi]
huurmoordenaar (de)	tueur (m) à gages	[tɥœr ɑ gaʒ]
drugsverslaafde (de)	drogué (m)	[drɔge]
drugshandelaar (de)	trafiquant (m) de drogue	[trafikã də drɔg]
prostituee (de)	prostituée (f)	[prɔstitɥe]
pooier (de)	souteneur (m)	[sutnœr]

tovenaar (de)	sorcier (m)	[sɔrsje]
tovenares (de)	sorcière (f)	[sɔrsjɛr]
piraat (de)	pirate (m)	[pirat]
slaaf (de)	esclave (m)	[ɛsklav]
samoerai (de)	samouraï (m)	[samuraj]
wilde (de)	sauvage (m)	[sovaʒ]

Sport

132. Soorten sporten. Sporters

sportman (de)	sportif (m)	[sportif]
soort sport (de/het)	type (m) de sport	[tip də spɔr]
basketbal (het)	basket-ball (m)	[baskɛtbol]
basketbalspeler (de)	basketteur (m)	· [baskɛtœr]
baseball (het)	base-ball (m)	[bɛzbol]
baseballspeler (de)	joueur (m) de base-ball	[ʒwœr də bɛzbol]
voetbal (het)	football (m)	[futbol]
voetballer (de)	joueur (m) de football	[ʒwœr də futbol]
doelman (de)	gardien (m) de but	[gardjɛ̃ də byt]
hockey (het)	hockey (m)	[ɔkɛ]
hockeyspeler (de)	hockeyeur (m)	[ɔkɛjœr]
volleybal (het)	volley-ball (m)	[vɔlɛbol]
volleybalspeler (de)	joueur (m) de volley-ball	[ʒwœr də vɔlɛbol]
boksen (het)	boxe (f)	[bɔks]
bokser (de)	boxeur (m)	[bɔksœr]
worstelen (het)	lutte (f)	[lyt]
worstelaar (de)	lutteur (m)	[lytœr]
karate (de)	karaté (m)	[karate]
karateka (de)	karatéka (m)	[karateka]
judo (de)	judo (m)	[ʒydo]
judoka (de)	judoka (m)	[ʒydɔka]
tennis (het)	tennis (m)	[tenis]
tennisspeler (de)	joueur (m) de tennis	[ʒwœr də tenis]
zwemmen (het)	natation (f)	[natasjɔ̃]
zwemmer (de)	nageur (m)	[naʒœr]
schermen (het)	escrime (f)	[ɛskrim]
schermer (de)	escrimeur (m)	[ɛskrimœr]
schaak (het)	échecs (m pl)	[eʃɛk]
schaker (de)	joueur (m) d'échecs	[ʒwœr deʃɛk]
alpinisme (het)	alpinisme (m)	[alpinism]
alpinist (de)	alpiniste (m)	[alpinist]
hardlopen (het)	course (f)	[kurs]

renner (de)	coureur (m)	[kurœr]
atletiek (de)	athlétisme (m)	[atletism]
atleet (de)	athlète (m)	[atlɛt]
paardensport (de)	équitation (f)	[ekitasjõ]
ruiter (de)	cavalier (m)	[kavalje]
kunstschaatsen (het)	patinage (m) artistique	[patinaʒ artistik]
kunstschaatser (de)	patineur (m)	[patinœr]
kunstschaatsster (de)	patineuse (f)	[patinøz]
gewichtheffen (het)	haltérophilie (f)	[alterɔfili]
gewichtheffer (de)	haltérophile (m)	[alterɔfil]
autoraces (mv.)	course (f) automobile	[kurs otomɔbil]
coureur (de)	pilote (m)	[pilɔt]
wielersport (de)	cyclisme (m)	[siklism]
wielrenner (de)	cycliste (m)	[siklist]
verspringen (het)	sauts (m pl) en longueur	[le so ã lõgœr]
polsstokspringen (het)	sauts (m pl) à la perche	[le so ɑla pɛrʃ]
verspringer (de)	sauteur (m)	[sotœr]

133. Soorten sporten. Diversen

Amerikaans voetbal (het)	football (m) américain	[futbol amerikɛ̃]
badminton (het)	badminton (m)	[badmintɔn]
biatlon (de)	biathlon (m)	[biatlõ]
biljart (het)	billard (m)	[bijar]
bobsleeën (het)	bobsleigh (m)	[bɔbslɛg]
bodybuilding (de)	bodybuilding (m)	[bɔdibildiŋ]
waterpolo (het)	water-polo (m)	[watɛrpɔlo]
handbal (de)	handball (m)	[ɑ̃dbal]
golf (het)	golf (m)	[gɔlf]
roeisport (de)	aviron (m)	[avirõ]
duiken (het)	plongée (f)	[plõʒe]
langlaufen (het)	course (f) à skis	[kurs ɑ ski]
tafeltennis (het)	tennis (m) de table	[tenis də tabl]
zeilen (het)	voile (f)	[vwal]
rally (de)	rallye (m)	[rali]
rugby (het)	rugby (m)	[rygbi]
snowboarden (het)	snowboard (m)	[snøubɔːd]
boogschieten (het)	tir (m) à l'arc	[tir ɑ lark]

134. Fitnessruimte

lange halter (de)	barre (f) à disques	[bar ɑ disk]
halters (mv.)	haltères (m pl)	[altɛr]

training machine (de)	appareil (m) d'entraînement	[aparɛj dɑ̃trɛnmɑ̃]
hometrainer (de)	vélo (m) d'exercice	[velo dɛgzɛrsis]
loopband (de)	tapis (m) roulant	[tapi rulɑ̃]
rekstok (de)	barre (f) fixe	[bar fiks]
brug (de) gelijke leggers	barres (pl) parallèles	[le bar paralɛl]
paardsprong (de)	cheval (m) d'Arçons	[ʃəval darsɔ̃]
mat (de)	tapis (m) gymnastique	[tapi ʒimnastik]
springtouw (het)	corde (f) à sauter	[kɔrd a sote]
aerobics (de)	aérobic (m)	[aerobik]
yoga (de)	yoga (m)	[jɔga]

135. Hockey

hockey (het)	hockey (m)	[ɔkɛ]
hockeyspeler (de)	hockeyeur (m)	[ɔkɛjœr]
hockey spelen	jouer au hockey	[ʒew o ɔkɛ]
IJs (het)	glace (f)	[glas]
puck (de)	palet (m)	[palɛ]
hockeystick (de)	crosse (f)	[krɔs]
schaatsen (mv.)	patins (m pl)	[patɛ̃]
boarding (de)	rebord (m)	[rəbɔr]
schot (het)	tir (m)	[tir]
doelman (de)	gardien (m) de but	[gardjɛ̃ də byt]
goal (de)	but (m)	[byt]
een goal scoren	marquer un but	[marke œ̃ byt]
periode (de)	période (f)	[perjɔd]
tweede periode (de)	deuxième période (f)	[døzjɛm perjɔd]
reservebank (de)	banc (m) des remplaçants	[bɑ̃ de rɑ̃plasɑ̃]

136. Voetbal

voetbal (het)	football (m)	[futbol]
voetballer (de)	joueur (m) de football	[ʒwœr də futbol]
voetbal spelen	jouer au football	[ʒwe o futbol]
eredivisie (de)	ligue (f) supérieure	[lig syperjœr]
voetbalclub (de)	club (m) de football	[klœb də futbol]
trainer (de)	entraîneur (m)	[ɑ̃trɛnœr]
eigenaar (de)	propriétaire (m)	[prɔprijetɛr]
team (het)	équipe (f)	[ekip]
aanvoerder (de)	capitaine (m) de l'équipe	[kapitɛn də lekip]
speler (de)	joueur (m)	[ʒwœr]
reservespeler (de)	remplaçant (m)	[rɑ̃plasɑ̃]
aanvaller (de)	attaquant (m)	[atakɑ̃]
centrale aanvaller (de)	avant-centre (m)	[avɑ̃sɑ̃tr]

doelpuntmaker (de)	butteur (m)	[bytœr]
verdediger (de)	arrière (m)	[arjɛr]
middenvelder (de)	demi (m)	[dəmi]
match, wedstrijd (de)	match (m)	[matʃ]
elkaar ontmoeten (ww)	se rencontrer (vp)	[sə rãkõtre]
finale (de)	finale (f)	[final]
halve finale (de)	demi-finale (f)	[dəmifinal]
kampioenschap (het)	championnat (m)	[ʃãpjɔna]
helft (de)	mi-temps (f)	[mitã]
eerste helft (de)	première mi-temps (f)	[prəmjɛr mitã]
pauze (de)	mi-temps (f)	[mitã]
doel (het)	but (m)	[byt]
doelman (de)	gardien (m) de but	[gardjɛ̃ də byt]
doelpaal (de)	poteau (m)	[pɔto]
lat (de)	barre (f)	[bar]
doelnet (het)	filet (m)	[filɛ]
een goal incasseren	encaisser un but	[ãkese ã byt]
bal (de)	ballon (m)	[balõ]
pass (de)	passe (f)	[pɑs]
schot (het), schop (de)	coup (m)	[ku]
schieten (de bal ~)	porter un coup	[pɔrte œ̃ ku]
vrije schop (directe ~)	coup (m) franc	[ku frã]
hoekschop, corner (de)	corner (m)	[kɔrnɛr]
aanval (de)	attaque (f)	[atak]
tegenaanval (de)	contre-attaque (f)	[kõtratak]
combinatie (de)	combinaison (f)	[kõbinɛzõ]
scheidsrechter (de)	arbitre (m)	[arbitr]
fluiten (ww)	siffler (vi)	[sifle]
fluitsignaal (het)	sifflet (m)	[sifle]
overtreding (de)	faute (f)	[fot]
een overtreding maken	commettre un foul	[kɔmɛtr œ̃ ful]
uit het veld te sturen	expulser du terrain	[ɛkspylse dy tɛrɛ̃]
gele kaart (de)	carton (m) jaune	[kartõ ʒon]
rode kaart (de)	carton (m) rouge	[kartõ ruʒ]
diskwalificatie (de)	disqualification (f)	[diskalifikasjõ]
diskwalificeren (ww)	disqualifier (vt)	[diskalifje]
strafschop, penalty (de)	penalty (m)	[penalti]
muur (de)	mur (m)	[myr]
scoren (ww)	marquer (vt)	[marke]
goal (de), doelpunt (het)	but (m)	[byt]
een goal scoren	marquer un but	[marke œ̃ byt]
vervanging (de)	remplacement (m)	[rãplasmã]
vervangen (ov.ww.)	remplacer (vt)	[rãplase]
regels (mv.)	règles (f pl)	[rɛgl]
tactiek (de)	tactique (f)	[taktik]
stadion (het)	stade (m)	[stad]
tribune (de)	tribune (f)	[tribyn]

122

| fan, supporter (de) | supporteur (m) | [sypɔrtœr] |
| schreeuwen (ww) | crier (vi) | [krije] |

| scorebord (het) | tableau (m) | [tablo] |
| stand (~ is 3-1) | score (m) | [skɔr] |

| nederlaag (de) | défaite (f) | [defɛt] |
| verliezen (ww) | perdre (vi) | [pɛrdr] |

| gelijkspel (het) | match (m) nul | [matʃ nyl] |
| in gelijk spel eindigen | faire match nul | [fɛr matʃ nyl] |

overwinning (de)	victoire (f)	[viktwar]
overwinnen (ww)	gagner (vi, vt)	[gaɲe]
kampioen (de)	champion (m)	[ʃɑ̃pjɔ̃]
best (bn)	meilleur (adj)	[mɛjœr]
féliciteren (ww)	féliciter (vt)	[felisite]

commentator (de)	commentateur (m)	[kɔmɑ̃tatœr]
becommentariëren (ww)	commenter (vt)	[kɔmɑ̃te]
uitzending (de)	retransmission (f)	[rətrɑ̃smisjɔ̃]

137. Alpine skiën

ski's (mv.)	skis (m pl)	[ski]
skiën (ww)	faire du ski	[fɛr dy ski]
skigebied (het)	station (f) de ski	[stasjɔ̃ də ski]
skilift (de)	remontée (f) mécanique	[rəmɔ̃te mekanik]

skistokken (mv.)	bâtons (m pl)	[batɔ̃]
helling (de)	pente (f)	[pɑ̃t]
slalom (de)	slalom (m)	[slalɔm]

138. Tennis. Golf

golf (het)	golf (m)	[gɔlf]
golfclub (de)	club (m) de golf	[klœb də gɔlf]
golfer (de)	joueur (m) au golf	[ʒwœr o gɔlf]

hole (de)	trou (m)	[tru]
golfclub (de)	club (m)	[klœb]
trolley (de)	chariot (m) de golf	[ʃarjo də gɔlf]

| tennis (het) | tennis (m) | [tenis] |
| tennisveld (het) | court (m) de tennis | [kur də tenis] |

| opslag (de) | service (m) | [sɛrvis] |
| serveren, opslaan (ww) | servir (vi) | [sɛrvir] |

racket (het)	raquette (f)	[rakɛt]
net (het)	filet (m)	[filɛ]
bal (de)	balle (f)	[bal]

139. Schaken

schaak (het)	échecs (m pl)	[eʃɛk]
schaakstukken (mv.)	pièces (f pl)	[pjɛs]
schaker (de)	joueur (m) d'échecs	[ʒwœr deʃɛk]
schaakbord (het)	échiquier (m)	[eʃikje]
schaakstuk (het)	pièce (f)	[pjɛs]
witte stukken (mv.)	blancs (m pl)	[blɑ̃]
zwarte stukken (mv.)	noirs (m pl)	[nwar]
pion (de)	pion (m)	[pjɔ̃]
loper (de)	fou (m)	[fu]
paard (het)	cavalier (m)	[kavalje]
toren (de)	tour (f)	[tur]
koningin (de)	reine (f)	[rɛn]
koning (de)	roi (m)	[rwa]
zet (de)	coup (m)	[ku]
zetten (ww)	jouer (vt)	[ʒwe]
opofferen (ww)	sacrifier (vt)	[sakrifje]
rokade (de)	roque (m)	[rɔk]
schaak (het)	échec (m)	[eʃɛk]
schaakmat (het)	tapis (m)	[tapi]
schaakwedstrijd (de)	tournoi (m) d'échecs	[turnwa deʃɛk]
grootmeester (de)	grand maître (m)	[grɑ̃ mɛtr]
combinatie (de)	combinaison (f)	[kɔ̃binɛzɔ̃]
partij (de)	partie (f)	[parti]
dammen (de)	dames (f pl)	[dam]

140. Boksen

boksen (het)	boxe (f)	[bɔks]
boksgevecht (het)	combat (m)	[kɔ̃ba]
bokswedstrijd (de)	match (m)	[matʃ]
ronde (de)	round (m)	[rawnd, rund]
ring (de)	ring (m)	[riŋ]
gong (de)	gong (m)	[gɔ̃g]
stoot (de)	coup (m)	[ku]
knock-down (de)	knock-down (m)	[nɔkdawn]
knock-out (de)	knock-out (m)	[nɔkaut]
knock-out slaan (ww)	mettre KO	[mɛtr kao]
bokshandschoen (de)	gant (m) de boxe	[gɑ̃ də bɔks]
referee (de)	arbitre (m)	[arbitr]
lichtgewicht (het)	poids (m) léger	[pwa leʒe]
middengewicht (het)	poids (m) moyen	[pwa mwajɛ̃]
zwaargewicht (het)	poids (m) lourd	[pwa lur]

141. Sporten. Diversen

Olympische Spelen (mv.)	Jeux (m pl) olympiques	[ʒø zɔlɛ̃pik]
winnaar (de)	gagnant (m)	[gaɲɑ̃]
overwinnen (ww)	remporter (vt)	[rɑ̃pɔrte]
winnen (ww)	gagner (vi)	[gaɲe]
leider (de)	leader (m)	[lidœr]
leiden (ww)	prendre la tête	[prɑ̃dr la tɛt]
eerste plaats (de)	première place (f)	[prəmjɛr plas]
tweede plaats (de)	deuxième place (f)	[døzjɛm plas]
derde plaats (de)	troisième place (f)	[trwazjɛm plas]
medaille (de)	médaille (f)	[medaj]
trofee (de)	trophée (m)	[trɔfe]
beker (de)	coupe (f)	[kup]
prijs (de)	prix (m)	[pri]
hoofdprijs (de)	prix (m) principal	[pri prɛ̃sipal]
record (het)	record (m)	[rəkɔr]
een record breken	établir un record	[etablir œ̃ rəkɔr]
finale (de)	finale (f)	[final]
finale (bn)	final (adj)	[final]
kampioen (de)	champion (m)	[ʃɑ̃pjɔ̃]
kampioenschap (het)	championnat (m)	[ʃɑ̃pjɔna]
stadion (het)	stade (m)	[stad]
tribune (de)	tribune (f)	[tribyn]
fan, supporter (de)	supporteur (m)	[sypɔrtœr]
tegenstander (de)	adversaire (m)	[advɛrsɛr]
start (de)	départ (m)	[depar]
finish (de)	ligne (f) d'arrivée	[liɲ darive]
nederlaag (de)	défaite (f)	[defɛt]
verliezen (ww)	perdre (vi)	[pɛrdr]
rechter (de)	arbitre (m)	[arbitr]
jury (de)	jury (m)	[ʒyri]
stand (~ is 3-1)	score (m)	[skɔr]
gelijkspel (het)	match (m) nul	[matʃ nyl]
in gelijk spel eindigen	faire match nul	[fɛr matʃ nyl]
punt (het)	point (m)	[pwɛ̃]
uitslag (de)	résultat (m)	[rezylta]
periode (de)	période (f)	[perjɔd]
pauze (de)	mi-temps (f)	[mitɑ̃]
doping (de)	dopage (m)	[dɔpaʒ]
straffen (ww)	pénaliser (vt)	[penalize]
diskwalificeren (ww)	disqualifier (vt)	[diskalifje]
toestel (het)	agrès (m)	[agrɛ]

speer (de)	lance (f)	[lɑ̃s]
kogel (de)	poids (m)	[pwa]
bal (de)	bille (f)	[bij]

doel (het)	cible (f)	[sibl]
schietkaart (de)	cible (f)	[sibl]
schieten (ww)	tirer (vi)	[tire]
precies (bijv. precieze schot)	précis (adj)	[presi]

trainer, coach (de)	entraîneur (m)	[ɑ̃trɛnœr]
trainen (ww)	entraîner (vt)	[ɑ̃trene]
zich trainen (ww)	s'entraîner (vp)	[sɑ̃trene]
training (de)	entraînement (m)	[ɑ̃trɛnmɑ̃]

gymnastiekzaal (de)	salle (f) de gym	[sal də ʒim]
oefening (de)	exercice (m)	[ɛgzɛrsis]
opwarming (de)	échauffement (m)	[eʃofmɑ̃]

Onderwijs

142. School

school (de)	école (f)	[ekɔl]
schooldirecteur (de)	directeur (m) d'école	[dirɛktœr dekɔl]
leerling (de)	élève (m)	[elɛv]
leerlinge (de)	élève (f)	[elɛv]
scholier (de)	écolier (m)	[ekɔlje]
scholiere (de)	écolière (f)	[ekɔljɛr]
leren (lesgeven)	enseigner (vt)	[ãseɲe]
studeren (bijv. een taal ~)	apprendre (vt)	[aprãdr]
van buiten leren	apprendre par cœur	[aprãdr par kœr]
leren (bijv. ~ tellen)	apprendre (vi)	[aprãdr]
in school zijn (schooljongen zijn)	être étudiant, -e	[ɛtr etydjã, -ãt]
naar school gaan	aller à l'école	[ale a lekɔl]
alfabet (het)	alphabet (m)	[alfabɛ]
vak (schoolvak)	matière (f)	[matjɛr]
klaslokaal (het)	salle (f) de classe	[sal də klas]
les (de)	leçon (f)	[ləsõ]
pauze (de)	récréation (f)	[rekreasjõ]
bel (de)	sonnerie (f)	[sɔnri]
schooltafel (de)	pupitre (m)	[pypitr]
schoolbord (het)	tableau (m)	[tablo]
cijfer (het)	note (f)	[nɔt]
goed cijfer (het)	bonne note (f)	[bɔnnɔt]
slecht cijfer (het)	mauvaise note (f)	[movɛz nɔt]
een cijfer geven	donner une note	[dɔne yn nɔt]
fout (de)	faute (f)	[fot]
fouten maken	faire des fautes	[fɛr de fot]
corrigeren (fouten ~)	corriger (vt)	[kɔriʒe]
spiekbriefje (het)	antisèche (f)	[ãtisɛʃ]
huiswerk (het)	devoir (m)	[dəvwar]
oefening (de)	exercice (m)	[ɛgzɛrsis]
aanwezig zijn (ww)	être présent	[ɛtr prezã]
absent zijn (ww)	être absent	[ɛtr apsã]
school verzuimen	manquer l'école	[mãke lekɔl]
bestraffen (een stout kind ~)	punir (vt)	[pynir]
bestraffing (de)	punition (f)	[pynisjõ]

gedrag (het)	conduite (f)	[kɔ̃dɥit]
cijferlijst (de)	carnet (m) de notes	[karnɛ də nɔt]
potlood (het)	crayon (m)	[krɛjɔ̃]
gom (de)	gomme (f)	[gɔm]
krijt (het)	craie (f)	[krɛ]
pennendoos (de)	plumier (m)	[plymje]

boekentas (de)	cartable (m)	[kartabl]
pen (de)	stylo (m)	[stilo]
schrift (de)	cahier (m)	[kaje]
leerboek (het)	manuel (m)	[manɥɛl]
passer (de)	compas (m)	[kɔ̃pa]

| technisch tekenen (ww) | dessiner (vt) | [desine] |
| technische tekening (de) | dessin (m) technique | [desɛ̃ tɛknik] |

gedicht (het)	poésie (f)	[pɔezi]
van buiten (bw)	par cœur (adv)	[par kœr]
van buiten leren	apprendre par cœur	[aprɑ̃dr par kœr]

vakantie (de)	vacances (f pl)	[vakɑ̃s]
met vakantie zijn	être en vacances	[ɛtr ɑ̃ vakɑ̃s]
vakantie doorbrengen	passer les vacances	[pɑse le vakɑ̃s]

toets (schriftelijke ~)	interrogation (f) écrite	[ɛ̃terɔgasjɔ̃ ekrit]
opstel (het)	composition (f)	[kɔ̃pozisjɔ̃]
dictee (het)	dictée (f)	[dikte]
examen (het)	examen (m)	[ɛgzamɛ̃]
examen afleggen	passer les examens	[pɑse lezɛgzamɛ̃]
experiment (het)	expérience (f)	[ɛksperjɑ̃s]

143. Hogeschool. Universiteit

academie (de)	académie (f)	[akademi]
universiteit (de)	université (f)	[ynivɛrsite]
faculteit (de)	faculté (f)	[fakylte]

student (de)	étudiant (m)	[etydjɑ̃]
studente (de)	étudiante (f)	[etydjɑ̃t]
leraar (de)	enseignant (m)	[ɑ̃sɛɲɑ̃]

| collegezaal (de) | salle (f) | [sal] |
| afgestudeerde (de) | licencié (m) | [lisɑ̃sje] |

| diploma (het) | diplôme (m) | [diplom] |
| dissertatie (de) | thèse (f) | [tɛz] |

| onderzoek (het) | étude (f) | [etyd] |
| laboratorium (het) | laboratoire (m) | [labɔratwar] |

college (het)	cours (m)	[kur]
medestudent (de)	camarade (m) de cours	[kamarad də kur]
studiebeurs (de)	bourse (f)	[burs]
academische graad (de)	grade (m) universitaire	[grad ynivɛrsitɛr]

144. Wetenschappen. Disciplines

wiskunde (de)	mathématiques (f pl)	[matematik]
algebra (de)	algèbre (f)	[alʒɛbr]
meetkunde (de)	géométrie (f)	[ʒeɔmetri]
astronomie (de)	astronomie (f)	[astrɔnɔmi]
biologie (de)	biologie (f)	[bjɔlɔʒi]
geografie (de)	géographie (f)	[ʒeɔgrafi]
geologie (de)	géologie (f)	[ʒeɔlɔʒi]
geschiedenis (de)	histoire (f)	[istwar]
geneeskunde (de)	médecine (f)	[medsin]
pedagogiek (de)	pédagogie (f)	[pedagɔʒi]
rechten (mv.)	droit (m)	[drwa]
fysica, natuurkunde (de)	physique (f)	[fizik]
scheikunde (de)	chimie (f)	[ʃimi]
filosofie (de)	philosophie (f)	[filɔzɔfi]
psychologie (de)	psychologie (f)	[psikɔlɔʒi]

145. Schrift. Spelling

grammatica (de)	grammaire (f)	[gramɛr]
vocabulaire (het)	vocabulaire (m)	[vɔkabylɛr]
fonetiek (de)	phonétique (f)	[fɔnetik]
zelfstandig naamwoord (het)	nom (m)	[nɔ̃]
bijvoeglijk naamwoord (het)	adjectif (m)	[adʒɛktif]
werkwoord (het)	verbe (m)	[vɛrb]
bijwoord (het)	adverbe (m)	[advɛrb]
voornaamwoord (het)	pronom (m)	[prɔnɔ̃]
tussenwerpsel (het)	interjection (f)	[ɛ̃tɛrʒɛksjɔ̃]
voorzetsel (het)	préposition (f)	[prepozisjɔ̃]
stam (de)	racine (f)	[rasin]
achtervoegsel (het)	terminaison (f)	[tɛrminɛzɔ̃]
voorvoegsel (het)	préfixe (m)	[prefiks]
lettergreep (de)	syllabe (f)	[silab]
achtervoegsel (het)	suffixe (m)	[syfiks]
nadruk (de)	accent (m) tonique	[aksɑ̃ tɔnik]
afkappingsteken (het)	apostrophe (f)	[apɔstrɔf]
punt (de)	point (m)	[pwɛ̃]
komma (de/het)	virgule (f)	[virgyl]
puntkomma (de)	point (m) virgule	[pwɛ̃ virgyl]
dubbelpunt (de)	deux-points (m)	[døpwɛ̃]
beletselteken (het)	points (m pl) de suspension	[pwɛ̃ də syspɑ̃sjɔ̃]
vraagteken (het)	point (m) d'interrogation	[pwɛ̃ dɛ̃terɔgasjɔ̃]
uitroepteken (het)	point (m) d'exclamation	[pwɛ̃ dɛksklamasjɔ̃]

aanhalingstekens (mv.)	guillemets (m pl)	[gijmɛ]
tussen aanhalingstekens (bw)	entre guillemets	[ãtr gijmɛ]
haakjes (mv.)	parenthèses (f pl)	[parãtɛz]
tussen haakjes (bw)	entre parenthèses	[ãtr parãtɛz]

streepje (het)	trait (m) d'union	[trɛ dynjõ]
gedachtestreepje (het)	tiret (m)	[tire]
spatie	blanc (m)	[blã]
(~ tussen twee woorden)		

letter (de)	lettre (f)	[lɛtr]
hoofdletter (de)	majuscule (f)	[maʒyskyl]

klinker (de)	voyelle (f)	[vwajɛl]
medeklinker (de)	consonne (f)	[kõsɔn]

zin (de)	proposition (f)	[prɔpozisjõ]
onderwerp (het)	sujet (m)	[syʒɛ]
gezegde (het)	prédicat (m)	[predika]

regel (in een tekst)	ligne (f)	[liɲ]
op een nieuwe regel (bw)	à la ligne	[alaliɲ]
alinea (de)	paragraphe (m)	[paragraf]

woord (het)	mot (m)	[mo]
woordgroep (de)	groupe (m) de mots	[grup də mo]
uitdrukking (de)	expression (f)	[ɛkspresjõ]
synoniem (het)	synonyme (m)	[sinɔnim]
antoniem (het)	antonyme (m)	[ãtɔnim]

regel (de)	règle (f)	[rɛgl]
uitzondering (de)	exception (f)	[ɛksɛpsjõ]
correct (bijv. ~e spelling)	correct (adj)	[kɔrɛkt]

vervoeging, conjugatie (de)	conjugaison (f)	[kõʒygɛzõ]
verbuiging, declinatie (de)	déclinaison (f)	[deklinɛzõ]
naamval (de)	cas (m)	[ka]
vraag (de)	question (f)	[kɛstjõ]
onderstrepen (ww)	souligner (vt)	[suliɲe]
stippellijn (de)	pointillé (m)	[pwɛ̃tije]

146. Vreemde talen

taal (de)	langue (f)	[lãg]
vreemde taal (de)	langue (f) étrangère	[lãg etrãʒɛr]
leren (bijv. van buiten ~)	étudier (vt)	[etydje]
studeren (Nederlands ~)	apprendre (vt)	[aprãdr]

lezen (ww)	lire (vi, vt)	[lir]
spreken (ww)	parler (vi)	[parle]
begrijpen (ww)	comprendre (vt)	[kõprãdr]
schrijven (ww)	écrire (vt)	[ekrir]
snel (bw)	vite (adv)	[vit]
langzaam (bw)	lentement (adv)	[lãtmã]

vloeiend (bw)	couramment (adv)	[kuramã]
regels (mv.)	règles (f pl)	[rɛgl]
grammatica (de)	grammaire (f)	[gramɛr]
vocabulaire (het)	vocabulaire (m)	[vɔkabylɛr]
fonetiek (de)	phonétique (f)	[fɔnetik]
leerboek (het)	manuel (m)	[manɥɛl]
woordenboek (het)	dictionnaire (m)	[diksjɔnɛr]
leerboek (het) voor zelfstudie	manuel (m) autodidacte	[manɥɛl otodidakt]
taalgids (de)	guide (m) de conversation	[gid də kõvɛrsasjõ]
cassette (de)	cassette (f)	[kasɛt]
videocassette (de)	cassette (f) vidéo	[kasɛt video]
CD (de)	CD (m)	[sede]
DVD (de)	DVD (m)	[devede]
alfabet (het)	alphabet (m)	[alfabɛ]
spellen (ww)	épeler (vt)	[eple]
uitspraak (de)	prononciation (f)	[prɔnõsjasjõ]
accent (het)	accent (m)	[aksã]
met een accent (bw)	avec un accent	[avɛk œn aksã]
zonder accent (bw)	sans accent	[sã zaksã]
woord (het)	mot (m)	[mo]
betekenis (de)	sens (m)	[sãs]
cursus (de)	cours (m pl)	[kur]
zich inschrijven (ww)	s'inscrire (vp)	[sɛ̃skrir]
leraar (de)	professeur (m)	[prɔfɛsœr]
vertaling (een ~ maken)	traduction (f)	[tradyksjõ]
vertaling (tekst)	traduction (f)	[tradyksjõ]
vertaler (de)	traducteur (m)	[tradyktœr]
tolk (de)	interprète (m)	[ɛ̃tɛrprɛt]
polyglot (de)	polyglotte (m)	[pɔliglɔt]
geheugen (het)	mémoire (f)	[memwar]

147. Sprookjesfiguren

Sinterklaas (de)	Père Noël (m)	[pɛr nɔɛl]
Assepoester (de)	Cendrillon (f)	[sãdrijõ]
zeemeermin (de)	sirène (f)	[sirɛn]
Neptunus (de)	Neptune (m)	[nɛptyn]
magiër, tovenaar (de)	magicien (m)	[maʒisjɛ̃]
goede heks (de)	fée (f)	[fe]
magisch (bn)	magique (adj)	[maʒik]
toverstokje (het)	baguette (f) magique	[bagɛt maʒik]
sprookje (het)	conte (m) de fées	[kõt də fe]
wonder (het)	miracle (m)	[mirakl]
dwerg (de)	gnome (m)	[gnom]

veranderen in … (anders worden)	se transformer en …	[sə trãsfɔrme ã]
geest (de)	esprit (m)	[ɛspri]
spook (het)	fantôme (m)	[fãtom]
monster (het)	monstre (m)	[mɔ̃str]
draak (de)	dragon (m)	[dragɔ̃]
reus (de)	géant (m)	[ʒeã]

148. Dierenriem

Ram (de)	Bélier (m)	[belje]
Stier (de)	Taureau (m)	[tɔro]
Tweelingen (mv.)	Gémeaux (m pl)	[ʒemo]
Kreeft (de)	Cancer (m)	[kãsɛr]
Leeuw (de)	Lion (m)	[ljɔ̃]
Maagd (de)	Vierge (f)	[vjɛrʒ]

Weegschaal (de)	Balance (f)	[balãs]
Schorpioen (de)	Scorpion (m)	[skɔrpjɔ̃]
Boogschutter (de)	Sagittaire (m)	[saʒitɛr]
Steenbok (de)	Capricorne (m)	[kaprikɔrn]
Waterman (de)	Verseau (m)	[vɛrso]
Vissen (mv.)	Poissons (m pl)	[pwasɔ̃]

karakter (het)	caractère (m)	[karaktɛr]
karaktertrekken (mv.)	traits (m pl) du caractère	[trɛ dy karaktɛr]
gedrag (het)	conduite (f)	[kɔ̃dɥit]
waarzeggen (ww)	dire la bonne aventure	[dir la bɔnavãtyr]
waarzegster (de)	diseuse (f) de bonne aventure	[dizøz də bɔnavãtyr]
horoscoop (de)	horoscope (m)	[ɔrɔskɔp]

Kunst

149. Theater

theater (het)	théâtre (m)	[teɑtr]
opera (de)	opéra (m)	[ɔpera]
operette (de)	opérette (f)	[ɔperɛt]
ballet (het)	ballet (m)	[balɛ]
affiche (de/het)	affiche (f)	[afiʃ]
theatergezelschap (het)	troupe (f)	[trup]
tournee (de)	tournée (f)	[turne]
op tournee zijn	être en tournée	[ɛtr ɑ̃ turne]
repeteren (ww)	répéter (vt)	[repete]
repetitie (de)	répétition (f)	[repetisjɔ̃]
repertoire (het)	répertoire (m)	[repɛrtwar]
voorstelling (de)	représentation (f)	[rəprezɑ̃tasjɔ̃]
spektakel (het)	spectacle (m)	[spɛktakl]
toneelstuk (het)	pièce (f) de théâtre	[pjɛs də teɑtr]
biljet (het)	billet (m)	[bijɛ]
kassa (de)	billetterie (f pl)	[bijɛtri]
foyer (de)	hall (m)	[ol]
garderobe (de)	vestiaire (m)	[vɛstjɛr]
garderobe nummer (het)	jeton (m)	[ʒətɔ̃]
verrekijker (de)	jumelles (f pl)	[ʒymɛl]
plaatsaanwijzer (de)	placeur (m)	[plasœr]
parterre (de)	parterre (m)	[partɛr]
balkon (het)	balcon (m)	[balkɔ̃]
gouden rang (de)	premier (m) balcon	[prəmje balkɔ̃]
loge (de)	loge (f)	[lɔʒ]
rij (de)	rang (m)	[rɑ̃]
plaats (de)	place (f)	[plas]
publiek (het)	public (m)	[pyblik]
kijker (de)	spectateur (m)	[spɛktatœr]
klappen (ww)	applaudir (vi)	[aplodir]
applaus (het)	applaudissements (m pl)	[aplodismɑ̃]
ovatie (de)	ovation (f)	[ɔvasjɔ̃]
toneel (op het ~ staan)	scène (f)	[sɛn]
gordijn, doek (het)	rideau (m)	[rido]
toneeldecor (het)	décor (m)	[dekɔr]
backstage (de)	coulisses (f pl)	[kulis]
scène (de)	scène (f)	[sɛn]
bedrijf (het)	acte (m)	[akt]
pauze (de)	entracte (m)	[ɑ̃trakt]

150. Bioscoop

acteur (de)	acteur (m)	[aktœr]
actrice (de)	actrice (f)	[aktris]
bioscoop (de)	cinéma (m)	[sinema]
speelfilm (de)	film (m)	[film]
aflevering (de)	épisode (m)	[epizɔd]
detectivefilm (de)	film (m) policier	[film polisje]
actiefilm (de)	film (m) d'action	[film daksjɔ̃]
avonturenfilm (de)	film (m) d'aventures	[film davãtyr]
sciencefictionfilm (de)	film (m) de science-fiction	[film də sjãsfiksjɔ̃]
griezelfilm (de)	film (m) d'horreur	[film dɔrœr]
komedie (de)	comédie (f)	[kɔmedi]
melodrama (het)	mélodrame (m)	[melɔdram]
drama (het)	drame (m)	[dram]
speelfilm (de)	film (m) de fiction	[film də fiksjɔ̃]
documentaire (de)	documentaire (m)	[dɔkymãtɛr]
tekenfilm (de)	dessin (m) animé	[desɛn anime]
stomme film (de)	cinéma (m) muet	[sinema mɥɛ]
rol (de)	rôle (m)	[rol]
hoofdrol (de)	rôle (m) principal	[rəʊl prɛ̃sipal]
spelen (ww)	jouer (vt)	[ʒwe]
filmster (de)	vedette (f)	[vədɛt]
bekend (bn)	connu (adj)	[kɔny]
beroemd (bn)	célèbre (adj)	[selɛbr]
populair (bn)	populaire (adj)	[pɔpylɛr]
scenario (het)	scénario (m)	[senarjo]
scenarioschrijver (de)	scénariste (m)	[senarist]
regisseur (de)	metteur (m) en scène	[mɛtœr ã sɛn]
filmproducent (de)	producteur (m)	[prɔdyktœr]
assistent (de)	assistant (m)	[asistã]
cameraman (de)	opérateur (m)	[ɔperatœr]
stuntman (de)	cascadeur (m)	[kaskadœr]
stuntdubbel (de)	doublure (f)	[dublyr]
een film maken	tourner un film	[turne œ̃ film]
auditie (de)	audition (f)	[odisjɔ̃]
opnamen (mv.)	tournage (m)	[turnaʒ]
filmploeg (de)	équipe (f) de tournage	[ekip də turnaʒ]
filmset (de)	plateau (m) de tournage	[plato də turnaʒ]
filmcamera (de)	caméra (f)	[kamera]
bioscoop (de)	cinéma (m)	[sinema]
scherm (het)	écran (m)	[ekrã]
een film vertonen	donner un film	[dɔne œ̃ film]
geluidsspoor (de)	piste (f) sonore	[pist sɔnɔr]
speciale effecten (mv.)	effets (m pl) spéciaux	[efɛ spesjø]

134

ondertiteling (de)	**sous-titres** (m pl)	[sutitr]
voortiteling, aftiteling (de)	**générique** (m)	[ʒenerik]
vertaling (de)	**traduction** (f)	[tradyksjõ]

151. Schilderij

kunst (de)	**art** (m)	[ar]
schone kunsten (mv.)	**beaux-arts** (m pl)	[bozar]
kunstgalerie (de)	**galerie** (f) **d'art**	[galri dar]
kunsttentoonstelling (de)	**exposition** (f) **d'art**	[ɛkspozisjõ dar]
schilderkunst (de)	**peinture** (f)	[pɛ̃tyr]
grafiek (de)	**graphique** (f)	[grafik]
abstracte kunst (de)	**art** (m) **abstrait**	[ar apstrɛ]
impressionisme (het)	**impressionnisme** (m)	[ɛ̃presjonism]
schilderij (het)	**tableau** (m)	[tablo]
tekening (de)	**dessin** (m)	[desɛ̃]
poster (de)	**poster** (m)	[postɛr]
illustratie (de)	**illustration** (f)	[ilystrasjõ]
miniatuur (de)	**miniature** (f)	[minjatyr]
kopie (de)	**copie** (f)	[kɔpi]
reproductie (de)	**reproduction** (f)	[rəprɔdyksjõ]
mozaïek (het)	**mosaïque** (f)	[mɔzaik]
gebrandschilderd glas (het)	**vitrail** (m)	[vitraj]
fresco (het)	**fresque** (f)	[frɛsk]
gravure (de)	**gravure** (f)	[gravyr]
buste (de)	**buste** (m)	[byst]
beeldhouwwerk (het)	**sculpture** (f)	[skyltyr]
beeld (bronzen ~)	**statue** (f)	[staty]
gips (het)	**plâtre** (m)	[plɑtr]
gipsen (bn)	**en plâtre**	[ã plɑtr]
portret (het)	**portrait** (m)	[portrɛ]
zelfportret (het)	**autoportrait** (m)	[otoportrɛ]
landschap (het)	**paysage** (m)	[peizaʒ]
stilleven (het)	**nature** (f) **morte**	[natyr mort]
karikatuur (de)	**caricature** (f)	[karikatyr]
schets (de)	**croquis** (m)	[krɔki]
verf (de)	**peinture** (f)	[pɛ̃tyr]
aquarel (de)	**aquarelle** (f)	[akwarɛl]
olieverf (de)	**huile** (f)	[ɥil]
potlood (het)	**crayon** (m)	[krɛjõ]
Oostindische inkt (de)	**encre** (f) **de Chine**	[ãkr də ʃin]
houtskool (de)	**fusain** (m)	[fyzɛ̃]
tekenen (met krijt)	**dessiner** (vi, vt)	[desine]
schilderen (ww)	**peindre** (vi, vt)	[pɛ̃dr]
poseren (ww)	**poser** (vi)	[poze]
naaktmodel (man)	**modèle** (m)	[mɔdɛl]

naaktmodel (vrouw)	modèle (f)	[mɔdɛl]
kunstenaar (de)	peintre (m)	[pɛ̃tr]
kunstwerk (het)	œuvre (f) d'art	[œvr dar]
meesterwerk (het)	chef (m) d'œuvre	[ʃɛdœvr]
studio, werkruimte (de)	atelier (m) d'artiste	[atəlje dartist]

schildersdoek (het)	toile (f)	[twal]
schildersezel (de)	chevalet (m)	[ʃəvalɛ]
palet (het)	palette (f)	[palɛt]

lijst (een vergulde ~)	encadrement (m)	[ãkadrəmã]
restauratie (de)	restauration (f)	[rɛstɔrasjõ]
restaureren (ww)	restaurer (vt)	[rɛstɔre]

152. Literatuur & Poëzie

literatuur (de)	littérature (f)	[literatyr]
auteur (de)	auteur (m)	[otœr]
pseudoniem (het)	pseudonyme (m)	[psødɔnim]

boek (het)	livre (m)	[livr]
boekdeel (het)	volume (m)	[vɔlym]
inhoudsopgave (de)	table (f) des matières	[tabl de matjɛr]
pagina (de)	page (f)	[paʒ]
hoofdpersoon (de)	protagoniste (m)	[prɔtagɔnist]
handtekening (de)	autographe (m)	[otograf]

verhaal (het)	récit (m)	[resi]
novelle (de)	nouvelle (f)	[nuvɛl]
roman (de)	roman (m)	[rɔmã]
werk (literatuur)	œuvre (f) littéraire	[œvr literɛr]
fabel (de)	fable (f)	[fabl]
detectiveroman (de)	roman (m) policier	[rɔmã pɔlisje]

gedicht (het)	vers (m)	[vɛr]
poëzie (de)	poésie (f)	[pɔezi]
epos (het)	poème (m)	[pɔɛm]
dichter (de)	poète (m)	[pɔɛt]

fictie (de)	belles-lettres (f pl)	[bɛlɛtr]
sciencefiction (de)	science-fiction (f)	[sjãsfiksjõ]
avonturenroman (de)	aventures (f pl)	[avãtyr]
opvoedkundige literatuur (de)	littérature (f) didactique	[literatyr didaktik]
kinderliteratuur (de)	littérature (f) pour enfants	[literatyr pur ãfã]

153. Circus

circus (de/het)	cirque (m)	[sirk]
chapiteau circus (de/het)	chapiteau (m)	[ʃapito]
programma (het)	programme (m)	[prɔgram]
voorstelling (de)	représentation (f)	[rəprezãtasjõ]
nummer (circus ~)	numéro (m)	[nymero]

arena (de)	arène (f)	[arɛn]
pantomime (de)	pantomime (f)	[pãtɔmim]
clown (de)	clown (m)	[klun]

acrobaat (de)	acrobate (m)	[akrɔbat]
acrobatiek (de)	acrobatie (f)	[akrɔbasi]
gymnast (de)	gymnaste (m)	[ʒimnast]
gymnastiek (de)	gymnastique (f)	[ʒimnastik]
salto (de)	salto (m)	[salto]

sterke man (de)	hercule (m)	[ɛrkyl]
temmer (de)	dompteur (m)	[dõtœr]
ruiter (de)	écuyer (m)	[ekɥije]
assistent (de)	assistant (m)	[asistã]

stunt (de)	truc (m)	[tryk]
goocheltruc (de)	tour (m) de passe-passe	[tur də paspas]
goochelaar (de)	magicien (m)	[maʒisjɛ̃]

jongleur (de)	jongleur (m)	[ʒõglœr]
jongleren (ww)	jongler (vi)	[ʒõgle]
dierentrainer (de)	dresseur (m)	[drɛsœr]
dressuur (de)	dressage (m)	[drɛsaʒ]
dresseren (ww)	dresser (vt)	[drese]

154. Muziek. Popmuziek

muziek (de)	musique (f)	[myzik]
muzikant (de)	musicien (m)	[myzisjɛ̃]
muziekinstrument (het)	instrument (m) de musique	[ɛ̃strymã də myzik]
spelen (bijv. gitaar ~)	jouer de …	[ʒwe də]

gitaar (de)	guitare (f)	[gitar]
viool (de)	violon (m)	[vjɔlõ]
cello (de)	violoncelle (m)	[vjɔlõsɛl]
contrabas (de)	contrebasse (f)	[kõtrəbas]
harp (de)	harpe (f)	[arp]

piano (de)	piano (m)	[pjano]
vleugel (de)	piano (m) à queue	[pjano a kø]
orgel (het)	orgue (m)	[ɔrg]

blaasinstrumenten (mv.)	instruments (m pl) à vent	[ɛ̃strymã a vã]
hobo (de)	hautbois (m)	[obwa]
saxofoon (de)	saxophone (m)	[saksɔfɔn]
klarinet (de)	clarinette (f)	[klarinɛt]
fluit (de)	flûte (f)	[flyt]
trompet (de)	trompette (f)	[trõpɛt]

| accordeon (de/het) | accordéon (m) | [akɔrdeõ] |
| trommel (de) | tambour (m) | [tãbur] |

| duet (het) | duo (m) | [dyo] |
| trio (het) | trio (m) | [trijo] |

kwartet (het)	quartette (m)	[kwartɛt]
koor (het)	chœur (m)	[kœr]
orkest (het)	orchestre (m)	[ɔrkɛstr]

popmuziek (de)	musique (f) pop	[myzik pɔp]
rockmuziek (de)	musique (f) rock	[myzik rɔk]
rockgroep (de)	groupe (m) de rock	[grup də rɔk]
jazz (de)	jazz (m)	[dʒaz]

| idool (het) | idole (f) | [idɔl] |
| bewonderaar (de) | admirateur (m) | [admiratœr] |

concert (het)	concert (m)	[kɔ̃sɛr]
symfonie (de)	symphonie (f)	[sɛ̃fɔni]
compositie (de)	œuvre (f) musicale	[œvr myzikal]
componeren (muziek ~)	composer (vt)	[kɔ̃poze]

zang (de)	chant (m)	[ʃɑ̃]
lied (het)	chanson (f)	[ʃɑ̃sɔ̃]
melodie (de)	mélodie (f)	[melɔdi]
ritme (het)	rythme (m)	[ritm]
blues (de)	blues (m)	[bluz]

bladmuziek (de)	notes (f pl)	[nɔt]
dirigeerstok (baton)	baguette (f)	[bagɛt]
strijkstok (de)	archet (m)	[arʃɛ]
snaar (de)	corde (f)	[kɔrd]
koffer (de)	étui (m)	[etɥi]

Rusten. Entertainment. Reizen

155. Trip. Reizen

toerisme (het)	tourisme (m)	[turism]
toerist (de)	touriste (m)	[turist]
reis (de)	voyage (m)	[vwajaʒ]
avontuur (het)	aventure (f)	[avãtyr]
tocht (de)	voyage (m)	[vwajaʒ]
vakantie (de)	vacances (f pl)	[vakãs]
met vakantie zijn	être en vacances	[ɛtr ã vakãs]
rust (de)	repos (m)	[rəpo]
trein (de)	train (m)	[trɛ̃]
met de trein	en train	[ã trɛ̃]
vliegtuig (het)	avion (m)	[avjɔ̃]
met het vliegtuig	en avion	[ɑn avjɔ̃]
met de auto	en voiture	[ã vwatyr]
per schip (bw)	en bateau	[ã bato]
bagage (de)	bagage (m)	[bagaʒ]
valies (de)	malle (f)	[mal]
bagagekarretje (het)	chariot (m)	[ʃarjo]
paspoort (het)	passeport (m)	[pɑspɔr]
visum (het)	visa (m)	[viza]
kaartje (het)	ticket (m)	[tikɛ]
vliegticket (het)	billet (m) d'avion	[bijɛ davjɔ̃]
reisgids (de)	guide (m)	[gid]
kaart (de)	carte (f)	[kart]
gebied (landelijk ~)	région (f)	[reʒjɔ̃]
plaats (de)	endroit (m)	[ãdrwa]
exotische bestemming (de)	exotisme (m)	[ɛgzɔtism]
exotisch (bn)	exotique (adj)	[ɛgzɔtik]
verwonderlijk (bn)	étonnant (adj)	[etɔnã]
groep (de)	groupe (m)	[grup]
rondleiding (de)	excursion (f)	[ɛkskyrsjɔ̃]
gids (de)	guide (m)	[gid]

156. Hotel

hotel (het)	hôtel (m)	[otɛl]
motel (het)	motel (m)	[mɔtɛl]
3-sterren	3 étoiles	[trwa zetwal]

| 5-sterren | 5 étoiles | [sɛ̃k etwal] |
| overnachten (ww) | descendre (vi) | [desãdr] |

kamer (de)	chambre (f)	[ʃãbr]
eenpersoonskamer (de)	chambre (f) simple	[ʃãbr sɛ̃pl]
tweepersoonskamer (de)	chambre (f) double	[ʃãbr dubl]
een kamer reserveren	réserver une chambre	[rezɛrve yn ʃãbr]

| halfpension (het) | demi-pension (f) | [dəmipãsjõ] |
| volpension (het) | pension (f) complète | [pãsjõ kõplɛt] |

met badkamer	avec une salle de bain	[avɛk yn saldəbɛ̃]
met douche	avec une douche	[avɛk yn duʃ]
satelliet-tv (de)	télévision (f) par satellite	[televizjõ par satelit]
airconditioner (de)	climatiseur (m)	[klimatizœr]
handdoek (de)	serviette (f)	[sɛrvjɛt]
sleutel (de)	clé, clef (f)	[kle]

administrateur (de)	administrateur (m)	[administratœr]
kamermeisje (het)	femme (f) de chambre	[fam də ʃãbr]
piccolo (de)	porteur (m)	[portœr]
portier (de)	portier (m)	[portje]

restaurant (het)	restaurant (m)	[rɛstɔrã]
bar (de)	bar (m)	[bar]
ontbijt (het)	petit déjeuner (m)	[pəti deʒœne]
avondeten (het)	dîner (m)	[dine]
buffet (het)	buffet (m)	[byfɛ]

| hal (de) | hall (m) | [ol] |
| lift (de) | ascenseur (m) | [asãsœr] |

| NIET STOREN | PRIÈRE DE NE PAS DÉRANGER | [prijɛr dənəpa derãʒe] |
| VERBODEN TE ROKEN! | DÉFENSE DE FUMER | [defãs də fyme] |

157. Boeken. Lezen

boek (het)	livre (m)	[livr]
auteur (de)	auteur (m)	[otœr]
schrijver (de)	écrivain (m)	[ekrivɛ̃]
schrijven (een boek)	écrire (vt)	[ekrir]

lezer (de)	lecteur (m)	[lɛktœr]
lezen (ww)	lire (vi, vt)	[lir]
lezen (het)	lecture (f)	[lɛktyr]

| stil (~ lezen) | à part soi | [a par swa] |
| hardop (~ lezen) | à haute voix | [a ot vwa] |

uitgeven (boek ~)	éditer (vt)	[edite]
uitgeven (het)	édition (f)	[edisjõ]
uitgever (de)	éditeur (m)	[editœr]
uitgeverij (de)	maison (f) d'édition	[mɛzõ dedisjõ]

verschijnen (bijv. boek)	paraître (vi)	[parɛtr]
verschijnen (het)	sortie (f)	[sɔrti]
oplage (de)	tirage (m)	[tiraʒ]

boekhandel (de)	librairie (f)	[librɛri]
bibliotheek (de)	bibliothèque (f)	[biblijɔtɛk]

novelle (de)	nouvelle (f)	[nuvɛl]
verhaal (het)	récit (m)	[resi]
roman (de)	roman (m)	[rɔmɑ̃]
detectiveroman (de)	roman (m) policier	[rɔmɑ̃ polisje]

memoires (mv.)	mémoires (m pl)	[memwar]
legende (de)	légende (f)	[leʒɑ̃d]
mythe (de)	mythe (m)	[mit]

gedichten (mv.)	vers (m pl)	[vɛr]
autobiografie (de)	autobiographie (f)	[otobjɔgrafi]
bloemlezing (de)	les œuvres choisies	[lezœvr ʃwazi]
sciencefiction (de)	science-fiction (f)	[sjɑ̃sfiksjɔ̃]

naam (de)	titre (m)	[titr]
inleiding (de)	introduction (f)	[ɛ̃trɔdyksjɔ̃]
voorblad (het)	page (f) de titre	[paʒ də titr]

hoofdstuk (het)	chapitre (m)	[ʃapitr]
fragment (het)	extrait (m)	[ɛkstrɛ]
episode (de)	épisode (m)	[epizɔd]

intrige (de)	sujet (m)	[syʒɛ]
inhoud (de)	sommaire (m)	[sɔmɛr]
inhoudsopgave (de)	table (f) des matières	[tabl də matjɛr]
hoofdpersonage (het)	protagoniste (m)	[prɔtagɔnist]

boekdeel (het)	volume (m)	[vɔlym]
omslag (de/het)	couverture (f)	[kuvɛrtyr]
boekband (de)	reliure (f)	[rəljyr]
bladwijzer (de)	marque-page (m)	[markpaʒ]

pagina (de)	page (f)	[paʒ]
bladeren (ww)	feuilleter (vt)	[fœjte]
marges (mv.)	marges (f pl)	[marʒ]
annotatie (de)	annotation (f)	[anɔtasjɔ̃]
opmerking (de)	note (f) de bas de page	[nɔt dəba dəpaʒ]

tekst (de)	texte (m)	[tɛkst]
lettertype (het)	police (f)	[pɔlis]
drukfout (de)	faute (f) d'impression	[fot dɛ̃presjɔ̃]

vertaling (de)	traduction (f)	[tradyksjɔ̃]
vertalen (ww)	traduire (vt)	[tradɥir]
origineel (het)	original (m)	[ɔriʒinal]

beroemd (bn)	célèbre (adj)	[selɛbr]
onbekend (bn)	inconnu (adj)	[ɛ̃kɔny]
interessant (bn)	intéressant (adj)	[ɛ̃terɛsɑ̃]

bestseller (de)	best-seller (m)	[bɛstsɛlœr]
woordenboek (het)	dictionnaire (m)	[diksjɔnɛr]
leerboek (het)	manuel (m)	[manɥɛl]
encyclopedie (de)	encyclopédie (f)	[ãsiklɔpedi]

158. Jacht. Vissen.

jacht (de)	chasse (f)	[ʃas]
jagen (ww)	chasser (vi, vt)	[ʃase]
jager (de)	chasseur (m)	[ʃasœr]
schieten (ww)	tirer (vi)	[tire]
geweer (het)	fusil (m)	[fyzi]
patroon (de)	cartouche (f)	[kartuʃ]
hagel (de)	grains (m pl) de plomb	[grɛ̃ də plɔ̃]
val (de)	piège (m) à mâchoires	[pjɛʒ a maʃwar]
valstrik (de)	piège (m)	[pjɛʒ]
een val zetten	mettre un piège	[mɛtr œ̃ pjɛʒ]
stroper (de)	braconnier (m)	[brakɔnje]
wild (het)	gibier (m)	[ʒibje]
jachthond (de)	chien (m) de chasse	[ʃjɛ̃ də ʃas]
safari (de)	safari (m)	[safari]
opgezet dier (het)	animal (m) empaillé	[animal ãpaje]
visser (de)	pêcheur (m)	[pɛʃœr]
visvangst (de)	pêche (f)	[pɛʃ]
vissen (ww)	pêcher (vi)	[peʃe]
hengel (de)	canne (f) à pêche	[kan a pɛʃ]
vislijn (de)	ligne (f) de pêche	[liɲ də pɛʃ]
haak (de)	hameçon (m)	[amsɔ̃]
dobber (de)	flotteur (m)	[flɔtœr]
aas (het)	amorce (f)	[amɔrs]
de hengel uitwerpen	lancer la ligne	[lãse la liɲ]
bijten (ov. de vissen)	mordre (vt)	[mɔrdr]
vangst (de)	pêche (f)	[pɛʃ]
wak (het)	trou (m) dans la glace	[tru dã la glas]
net (het)	filet (m)	[filɛ]
boot (de)	barque (f)	[bark]
vissen met netten	pêcher au filet	[peʃe o filɛ]
het net uitwerpen	jeter un filet	[ʒəte ã filɛ]
het net binnenhalen	retirer le filet	[rətire lə filɛ]
walvisvangst (de)	baleinier (m)	[balenje]
walvisvaarder (de)	baleinière (f)	[balenjɛr]
harpoen (de)	harpon (m)	[arpɔ̃]

159. Spellen. Biljart

biljart (het)	billard (m)	[bijar]
biljartzaal (de)	salle (f) de billard	[sal də bijar]
biljartbal (de)	bille (f) de billard	[bij də bijar]
een bal in het gat jagen	empocher une bille	[ɑ̃pɔʃe yn bij]
keu (de)	queue (f)	[kø]
gat (het)	poche (f)	[pɔʃ]

160. Spellen. Speelkaarten

ruiten (mv.)	carreau (m)	[karo]
schoppen (mv.)	pique (m)	[pik]
klaveren (mv.)	cœur (m)	[kœr]
harten (mv.)	trèfle (m)	[trɛfl]
aas (de)	as (m)	[as]
koning (de)	roi (m)	[rwa]
dame (de)	dame (f)	[dam]
boer (de)	valet (m)	[valɛ]
speelkaart (de)	carte (f)	[kart]
kaarten (mv.)	jeu (m) de cartes	[ʒø də kart]
troef (de)	atout (m)	[atu]
pak (het) kaarten	paquet (m) de cartes	[pakɛ də kart]
punt (bijv. vijftig ~en)	point (m)	[pwɛ̃]
uitdelen (kaarten ~)	distribuer (vt)	[distribɥe]
schudden (de kaarten ~)	battre les cartes	[batr lekart]
beurt (de)	tour (m)	[tur]
valsspeler (de)	tricheur (m)	[triʃœr]

161. Casino. Roulette

casino (het)	casino (m)	[kazino]
roulette (de)	roulette (f)	[rulɛt]
inzet (de)	mise (f)	[miz]
een bod doen	miser (vt)	[mize]
rood (de)	rouge (m)	[ruʒ]
zwart (de)	noir (m)	[nwar]
inzetten op rood	miser sur le rouge	[mize syr lə ruʒ]
inzetten op zwart	miser sur le noir	[mize syr lə nwar]
croupier (de)	croupier (m)	[krupje]
de cilinder draaien	faire tourner la roue	[fɛr turne la ru]
spelregels (mv.)	règles (f pl) du jeu	[rɛgl dy ʒø]
fiche (pokerfiche, etc.)	fiche (f)	[fiʃ]
winnen (ww)	gagner (vi, vt)	[gaɲe]
winst (de)	gain (m)	[gɛ̃]

| verliezen (ww) | perdre (vi) | [pɛrdr] |
| verlies (het) | perte (f) | [pɛrt] |

speler (de)	joueur (m)	[ʒwœr]
blackjack (kaartspel)	black-jack (m)	[blakʒak]
dobbelspel (het)	jeu (m) de dés	[ʒø də de]
dobbelstenen (mv.)	dés (m pl)	[de]
speelautomaat (de)	machine (f) à sous	[maʃin a su]

162. Rusten. Spellen. Diversen

wandelen (on.ww.)	se promener (vp)	[sə promne]
wandeling (de)	promenade (f)	[promnad]
trip (per auto)	tour (m), promenade (f)	[tur], [promnad]
avontuur (het)	aventure (f)	[avãtyr]
picknick (de)	pique-nique (m)	[piknik]

spel (het)	jeu (m)	[ʒø]
speler (de)	joueur (m)	[ʒwœr]
partij (de)	partie (f)	[parti]

collectioneur (de)	collectionneur (m)	[kɔlɛksjɔnœr]
collectioneren (ww)	collectionner (vt)	[kɔlɛksjɔne]
collectie (de)	collection (f)	[kɔlɛksjõ]

kruiswoordraadsel (het)	mots (m pl) croisés	[mo krwaze]
hippodroom (de)	hippodrome (m)	[ipodrom]
discotheek (de)	discothèque (f)	[diskotɛk]

| sauna (de) | sauna (m) | [sona] |
| loterij (de) | loterie (f) | [lotri] |

trektocht (kampeertocht)	trekking (m)	[trɛkiŋ]
kamp (het)	camp (m)	[kã]
tent (de)	tente (f)	[tãt]
kompas (het)	boussole (f)	[busɔl]
rugzaktoerist (de)	campeur (m)	[kãpœr]

bekijken (een film ~)	regarder (vt)	[rəgarde]
kijker (televisie~)	téléspectateur (m)	[telespɛktatœr]
televisie-uitzending (de)	émission (f) de télé	[emisjõ də tele]

163. Fotografie

| fotocamera (de) | appareil (m) photo | [aparɛj foto] |
| foto (de) | photo (f) | [foto] |

fotograaf (de)	photographe (m)	[fotograf]
fotostudio (de)	studio (m) de photo	[stydjo də foto]
fotoalbum (het)	album (m) de photos	[albom də foto]
lens (de), objectief (het)	objectif (m)	[obʒɛktif]
telelens (de)	téléobjectif (m)	[teleobʒɛktif]

filter (de/het)	filtre (m)	[filtr]
lens (de)	lentille (f)	[lãtij]

optiek (de)	optique (f)	[ɔptik]
diafragma (het)	diaphragme (m)	[djafragm]
belichtingstijd (de)	temps (m) de pose	[tã də poz]
zoeker (de)	viseur (m)	[vizœr]

digitale camera (de)	appareil (m) photo numérique	[aparɛj fɔto nymerik]
statief (het)	trépied (m)	[trepje]
flits (de)	flash (m)	[flaʃ]

fotograferen (ww)	photographier (vt)	[fɔtɔgrafje]
kieken (foto's maken)	prendre en photo	[prãdr ã fɔto]
zich laten fotograferen	se faire prendre en photo	[sə fɛr prãdr ã fɔto]

focus (de)	mise (f) au point	[miz o pwɛ̃]
scherpstellen (ww)	mettre au point	[mɛtr o pwɛ̃]
scherp (bn)	net (adj)	[nɛt]
scherpte (de)	netteté (f)	[nɛtte]

contrast (het)	contraste (m)	[kɔ̃trast]
contrastrijk (bn)	contrasté (adj)	[kɔ̃traste]

kiekje (het)	épreuve (f)	[eprœv]
negatief (het)	négatif (m)	[negatif]
filmpje (het)	pellicule (f)	[pelikyl]
beeld (frame)	image (f)	[imaʒ]
afdrukken (foto's ~)	tirer (vt)	[tire]

164. Strand. Zwemmen

strand (het)	plage (f)	[plaʒ]
zand (het)	sable (m)	[sabl]
leeg (~ strand)	désert (adj)	[dezɛr]

bruine kleur (de)	bronzage (m)	[brɔ̃zaʒ]
zonnebaden (ww)	se bronzer (vp)	[sə brɔ̃ze]
gebruind (bn)	bronzé (adj)	[brɔ̃ze]
zonnecrème (de)	crème (f) solaire	[krɛm sɔlɛr]

bikini (de)	bikini (m)	[bikini]
badpak (het)	maillot (m) de bain	[majo də bɛ̃]
zwembroek (de)	slip (m) de bain	[slip də bɛ̃]

zwembad (het)	piscine (f)	[pisin]
zwemmen (ww)	nager (vi)	[naʒe]
douche (de)	douche (f)	[duʃ]
zich omkleden (ww)	se changer (vp)	[sə ʃãʒe]
handdoek (de)	serviette (f)	[sɛrvjɛt]

boot (de)	barque (f)	[bark]
motorboot (de)	canot (m) à moteur	[kano a mɔtœr]

waterski's (mv.)	**ski** (m) **nautique**	[ski nɔtik]
waterfiets (de)	**pédalo** (m)	[pedalo]
surfen (het)	**surf** (m)	[sœrf]
surfer (de)	**surfeur** (m)	[sœrfœr]
scuba, aqualong (de)	**scaphandre** (m) **autonome**	[skafɑ̃dr ɔtɔnɔm]
zwemvliezen (mv.)	**palmes** (f pl)	[palm]
duikmasker (het)	**masque** (m)	[mask]
duiker (de)	**plongeur** (m)	[plɔ̃ʒœr]
duiken (ww)	**plonger** (vi)	[plɔ̃ʒe]
onder water (bw)	**sous l'eau**	[su lo]
parasol (de)	**parasol** (m)	[parasɔl]
ligstoel (de)	**chaise** (f) **longue**	[ʃɛz lɔ̃g]
zonnebril (de)	**lunettes** (f pl) **de soleil**	[lynɛt də sɔlɛj]
luchtmatras (de/het)	**matelas** (m) **pneumatique**	[matla pnømatik]
spelen (ww)	**jouer** (vi)	[ʒwe]
gaan zwemmen (ww)	**se baigner** (vp)	[sə beɲe]
bal (de)	**ballon** (m) **de plage**	[balɔ̃ də plaʒ]
opblazen (oppompen)	**gonfler** (vt)	[gɔ̃fle]
lucht-, opblaasbare (bn)	**gonflable** (adj)	[gɔ̃flabl]
golf (hoge ~)	**vague** (f)	[vag]
boei (de)	**bouée** (f)	[bwe]
verdrinken (ww)	**se noyer** (vp)	[sə nwaje]
redden (ww)	**sauver** (vt)	[sove]
reddingsvest (de)	**gilet** (m) **de sauvetage**	[ʒilɛ də sovtaʒ]
waarnemen (ww)	**observer** (vt)	[ɔpsɛrve]
redder (de)	**maître nageur** (m)	[mɛtr naʒœr]

TECHNISCHE APPARATUUR. VERVOER

Technische apparatuur

165. Computer

computer (de)	ordinateur (m)	[ɔrdinatœr]
laptop (de)	PC (m) portable	[pese pɔrtabl]
aanzetten (ww)	allumer (vt)	[alyme]
uitzetten (ww)	éteindre (vt)	[etɛ̃dr]
toetsenbord (het)	clavier (m)	[klavje]
toets (enter~)	touche (f)	[tuʃ]
muis (de)	souris (f)	[suri]
muismat (de)	tapis (m) de souris	[tapi də suri]
knopje (het)	bouton (m)	[butɔ̃]
cursor (de)	curseur (m)	[kyrsœr]
monitor (de)	moniteur (m)	[mɔnitœr]
scherm (het)	écran (m)	[ekrɑ̃]
harde schijf (de)	disque (m) dur	[disk dyr]
volume (het) van de harde schijf	capacité (f) du disque dur	[kapasite dy disk dyr]
geheugen (het)	mémoire (f)	[memwar]
RAM-geheugen (het)	mémoire (f) vive	[memwar viv]
bestand (het)	fichier (m)	[fiʃje]
folder (de)	dossier (m)	[dosje]
openen (ww)	ouvrir (vt)	[uvrir]
sluiten (ww)	fermer (vt)	[fɛrme]
opslaan (ww)	sauvegarder (vt)	[sovgarde]
verwijderen (wissen)	supprimer (vt)	[syprime]
kopiëren (ww)	copier (vt)	[kɔpje]
sorteren (ww)	trier (vt)	[trije]
overplaatsen (ww)	copier (vt)	[kɔpje]
programma (het)	programme (m)	[prɔgram]
software (de)	logiciel (m)	[lɔʒisjɛl]
programmeur (de)	programmeur (m)	[prɔgramœr]
programmeren (ww)	programmer (vt)	[prɔgrame]
hacker (computerkraker)	hacker (m)	[akeːr]
wachtwoord (het)	mot (m) de passe	[mo də pɑs]
virus (het)	virus (m)	[virys]
ontdekken (virus ~)	découvrir (vt)	[dekuvrir]

| byte (de) | bit (m) | [bit] |
| megabyte (de) | mégabit (m) | [megabit] |

| data (de) | données (f pl) | [dɔne] |
| databank (de) | base (f) de données | [baz də dɔne] |

kabel (USB-~, enz.)	câble (m)	[kabl]
afsluiten (ww)	déconnecter (vt)	[dekɔnɛkte]
aansluiten op (ww)	connecter (vt)	[kɔnɛkte]

166. Internet. E-mail

internet (het)	Internet (m)	[ɛ̃tɛrnɛt]
browser (de)	navigateur (m)	[navigatœr]
zoekmachine (de)	moteur (m) de recherche	[mɔtœr də rəʃɛrʃ]
internetprovider (de)	fournisseur (m) d'accès	[furnisœr daksɛ]

webmaster (de)	administrateur (m) de site	[administratœr də sit]
website (de)	site (m) web	[sit wɛb]
webpagina (de)	page (f) web	[paʒ wɛb]

| adres (het) | adresse (f) | [adrɛs] |
| adresboek (het) | carnet (m) d'adresses | [karnɛ dadrɛs] |

| postvak (het) | boîte (f) de réception | [bwat də resɛpsjɔ̃] |
| post (de) | courrier (m) | [kurje] |

bericht (het)	message (m)	[mesaʒ]
binnenkomende berichten (mv.)	messages (pl) entrants	[mesaʒ ɑ̃trɑ̃]
uitgaande berichten (mv.)	messages (pl) sortants	[mesaʒ sɔrtɑ̃]

verzender (de)	expéditeur (m)	[ɛkspeditœr]
verzenden (ww)	envoyer (vt)	[ɑ̃vwaje]
verzending (de)	envoi (m)	[ɑ̃vwa]

| ontvanger (de) | destinataire (m) | [dɛstinatɛr] |
| ontvangen (ww) | recevoir (vt) | [rəsəvwar] |

| correspondentie (de) | correspondance (f) | [kɔrɛspɔ̃dɑ̃s] |
| corresponderen (met ...) | être en correspondance | [ɛtr ɑ̃ kɔrɛspɔ̃dɑ̃s] |

bestand (het)	fichier (m)	[fiʃje]
downloaden (ww)	télécharger (vt)	[teleʃarʒe]
creëren (ww)	créer (vt)	[kree]
verwijderen (een bestand ~)	supprimer (vt)	[syprime]
verwijderd (bn)	supprimé (adj)	[syprime]

verbinding (de)	connexion (f)	[kɔnɛksjɔ̃]
snelheid (de)	vitesse (f)	[vitɛs]
modem (de)	modem (m)	[mɔdɛm]
toegang (de)	accès (m)	[aksɛ]
poort (de)	port (m)	[pɔr]
aansluiting (de)	connexion (f)	[kɔnɛksjɔ̃]

zich aansluiten (ww)	se connecter à ...	[sə kɔnɛkte a]
selecteren (ww)	sélectionner (vt)	[selɛksjɔne]
zoeken (ww)	rechercher (vt)	[rəʃɛrʃe]

167. Elektriciteit

elektriciteit (de)	électricité (f)	[elɛktrisite]
elektrisch (bn)	électrique (adj)	[elɛktrik]
elektriciteitscentrale (de)	centrale (f) électrique	[sɑ̃tral elɛktrik]
energie (de)	énergie (f)	[enɛrʒi]
elektrisch vermogen (het)	énergie (f) électrique	[enɛrʒi elɛktrik]

lamp (de)	ampoule (f)	[ɑ̃pul]
zaklamp (de)	torche (f)	[tɔrʃ]
straatlantaarn (de)	réverbère (m)	[revɛrbɛr]

licht (elektriciteit)	lumière (f)	[lymjɛr]
aandoen (ww)	allumer (vt)	[alyme]
uitdoen (ww)	éteindre (vt)	[etɛ̃dr]
het licht uitdoen	éteindre la lumière	[etɛ̃dr la lymjɛr]

doorbranden (gloeilamp)	être grillé	[ɛtr grije]
kortsluiting (de)	court-circuit (m)	[kursirkɥi]
onderbreking (de)	rupture (f)	[ryptyr]
contact (het)	contact (m)	[kɔ̃takt]

schakelaar (de)	interrupteur (m)	[ɛ̃teryptœr]
stopcontact (het)	prise (f)	[priz]
stekker (de)	fiche (f)	[fiʃ]
verlengsnoer (de)	rallonge (f)	[ralɔ̃ʒ]

zekering (de)	fusible (m)	[fyzibl]
kabel (de)	fil (m)	[fil]
bedrading (de)	installation (f) électrique	[ɛ̃stalasjɔ̃ elɛktrik]

ampère (de)	ampère (m)	[ɑ̃pɛr]
stroomsterkte (de)	intensité (f) du courant	[ɛ̃tɑ̃site dy kurɑ̃]
volt (de)	volt (m)	[vɔlt]
spanning (de)	tension (f)	[tɑ̃sjɔ̃]

elektrisch toestel (het)	appareil (m) électrique	[aparɛj elɛktrik]
indicator (de)	indicateur (m)	[ɛ̃dikatœr]

elektricien (de)	électricien (m)	[elɛktrisjɛ̃]
solderen (ww)	souder (vt)	[sude]
soldeerbout (de)	fer (m) à souder	[fɛr asude]
stroom (de)	courant (m)	[kurɑ̃]

168. Gereedschappen

werktuig (stuk gereedschap)	outil (m)	[uti]
gereedschap (het)	outils (m pl)	[uti]

uitrusting (de)	équipement (m)	[ekipmã]
hamer (de)	marteau (m)	[marto]
schroevendraaier (de)	tournevis (m)	[turnevis]
bijl (de)	hache (f)	[aʃ]
zaag (de)	scie (f)	[si]
zagen (ww)	scier (vt)	[sje]
schaaf (de)	rabot (m)	[rabo]
schaven (ww)	raboter (vt)	[rabɔte]
soldeerbout (de)	fer (m) à souder	[fɛr asude]
solderen (ww)	souder (vt)	[sude]
vijl (de)	lime (f)	[lim]
nijptang (de)	tenailles (f pl)	[tɛnɑj]
combinatietang (de)	pince (f) plate	[pɛ̃s plat]
beitel (de)	ciseau (m)	[sizo]
boorkop (de)	foret (m)	[fɔrɛ]
boormachine (de)	perceuse (f)	[pɛrsøz]
boren (ww)	percer (vt)	[pɛrse]
mes (het)	couteau (m)	[kuto]
zakmes (het)	canif (m)	[kanif]
knip- (abn)	pliant (adj)	[plijã]
lemmet (het)	lame (f)	[lam]
scherp (bijv. ~ mes)	bien affilé (adj)	[bjɛn afile]
bot (bn)	émoussé (adj)	[emuse]
bot raken (ww)	s'émousser (vp)	[semuse]
slijpen (een mes ~)	affiler (vt)	[afile]
bout (de)	boulon (m)	[bulɔ̃]
moer (de)	écrou (m)	[ekru]
schroefdraad (de)	filetage (m)	[filtaʒ]
houtschroef (de)	vis (f) à bois	[vi za bwa]
nagel (de)	clou (m)	[klu]
kop (de)	tête (f) de clou	[tɛt də klu]
liniaal (de/het)	règle (f)	[rɛgl]
rolmeter (de)	mètre (m) à ruban	[mɛtr ɑ rybã]
waterpas (de/het)	niveau (m) à bulle	[nivo ɑ byl]
loep (de)	loupe (f)	[lup]
meetinstrument (het)	appareil (m) de mesure	[aparɛj də məzyr]
opmeten (ww)	mesurer (vt)	[məzyre]
schaal (meetschaal)	échelle (f)	[eʃɛl]
gegevens (mv.)	relevé (m)	[rəlve]
compressor (de)	compresseur (m)	[kɔ̃prescœr]
microscoop (de)	microscope (m)	[mikrɔskɔp]
pomp (de)	pompe (f)	[pɔ̃p]
robot (de)	robot (m)	[rɔbo]
laser (de)	laser (m)	[lazɛr]
moersleutel (de)	clé (f) de serrage	[kle də seraʒ]
plakband (de)	ruban (m) adhésif	[rybã adezif]

lijm (de)	**colle** (f)	[kɔl]
schuurpapier (het)	**papier** (m) **d'émeri**	[papje dɛmri]
veer (de)	**ressort** (m)	[rəsɔr]
magneet (de)	**aimant** (m)	[ɛmɑ̃]
handschoenen (mv.)	**gants** (m pl)	[gɑ̃]
touw (bijv. henneptouw)	**corde** (f)	[kɔrd]
snoer (het)	**cordon** (m)	[kɔrdɔ̃]
draad (de)	**fil** (m)	[fil]
kabel (de)	**câble** (m)	[kabl]
moker (de)	**masse** (f)	[mas]
breekijzer (het)	**pic** (m)	[pik]
ladder (de)	**escabeau** (m)	[ɛskabo]
trapje (inklapbaar ~)	**échelle** (f) **double**	[eʃɛl dubl]
aanschroeven (ww)	**visser** (vt)	[vise]
losschroeven (ww)	**dévisser** (vt)	[devise]
dichtpersen (ww)	**serrer** (vt)	[sere]
vastlijmen (ww)	**coller** (vt)	[kɔle]
snijden (ww)	**couper** (vt)	[kupe]
defect (het)	**défaut** (m)	[defo]
reparatie (de)	**réparation** (f)	[reparasjɔ̃]
repareren (ww)	**réparer** (vt)	[repare]
regelen (een machine ~)	**régler** (vt)	[regle]
nakijken (ww)	**vérifier** (vt)	[verifje]
controle (de)	**vérification** (f)	[verifikasjɔ̃]
gegevens (mv.)	**relevé** (m)	[rəlve]
degelijk (bijv. ~ machine)	**fiable** (adj)	[fjabl]
ingewikkeld (bn)	**complexe** (adj)	[kɔ̃plɛks]
roesten (ww)	**rouiller** (vi)	[ruje]
roestig (bn)	**rouillé** (adj)	[ruje]
roest (de/het)	**rouille** (f)	[ruj]

Vervoer

169. Vliegtuig

vliegtuig (het)	avion (m)	[avjõ]
vliegticket (het)	billet (m) d'avion	[bijɛ davjõ]
luchtvaartmaatschappij (de)	compagnie (f) aérienne	[kõpaɲi aerjɛn]
luchthaven (de)	aéroport (m)	[aeropɔr]
supersonisch (bn)	supersonique (adj)	[sypɛrsɔnik]
gezagvoerder (de)	commandant (m) de bord	[kɔmãdã də bɔr]
bemanning (de)	équipage (m)	[ekipaʒ]
piloot (de)	pilote (m)	[pilɔt]
stewardess (de)	hôtesse (f) de l'air	[otɛs də lɛr]
stuurman (de)	navigateur (m)	[navigatœr]
vleugels (mv.)	ailes (f pl)	[ɛl]
staart (de)	queue (f)	[kø]
cabine (de)	cabine (f)	[kabin]
motor (de)	moteur (m)	[mɔtœr]
landingsgestel (het)	train (m) d'atterrissage	[trɛ̃ daterisaʒ]
turbine (de)	turbine (f)	[tyrbin]
propeller (de)	hélice (f)	[elis]
zwarte doos (de)	boîte (f) noire	[bwat nwar]
stuur (het)	gouvernail (m)	[guvɛrnaj]
brandstof (de)	carburant (m)	[karbyrã]
veiligheidskaart (de)	consigne (f) de sécurité	[kõsiɲ də sekyrite]
zuurstofmasker (het)	masque (m) à oxygène	[mask a ɔksiʒɛn]
uniform (het)	uniforme (m)	[ynifɔrm]
reddingsvest (de)	gilet (m) de sauvetage	[ʒilɛ də sovtaʒ]
parachute (de)	parachute (m)	[paraʃyt]
opstijgen (het)	décollage (m)	[dekɔlaʒ]
opstijgen (ww)	décoller (vi)	[dekɔle]
startbaan (de)	piste (f) de décollage	[pist dekɔlaʒ]
zicht (het)	visibilité (f)	[vizibilite]
vlucht (de)	vol (m)	[vɔl]
hoogte (de)	altitude (f)	[altityd]
luchtzak (de)	trou (m) d'air	[tru dɛr]
plaats (de)	place (f)	[plas]
koptelefoon (de)	écouteurs (m pl)	[ekutœr]
tafeltje (het)	tablette (f)	[tablɛt]
venster (het)	hublot (m)	[yblo]
gangpad (het)	couloir (m)	[kulwar]

170. Trein

trein (de)	train (m)	[trɛ̃]
elektrische trein (de)	train (m) de banlieue	[trɛ̃ də bɑ̃ljø]
sneltrein (de)	TGV (m)	[teʒeve]
diesellocomotief (de)	locomotive (f) diesel	[lɔkɔmɔtiv djezɛl]
locomotief (de)	locomotive (f) à vapeur	[lɔkɔmɔtiv a vapœr]
rijtuig (het)	wagon (m)	[vagɔ̃]
restauratierijtuig (het)	wagon-restaurant (m)	[vagɔ̃rɛstɔrɑ̃]
rails (mv.)	rails (m pl)	[raj]
spoorweg (de)	chemin (m) de fer	[ʃəmɛ̃ də fɛr]
dwarsligger (de)	traverse (f)	[travɛrs]
perron (het)	quai (m)	[kɛ]
spoor (het)	voie (f)	[vwa]
semafoor (de)	sémaphore (m)	[semafɔr]
halte (bijv. kleine treinhalte)	station (f)	[stasjɔ̃]
machinist (de)	conducteur (m) de train	[kɔ̃dyktœr də trɛ̃]
kruier (de)	porteur (m)	[pɔrtœr]
conducteur (de)	steward (m)	[stiwart]
passagier (de)	passager (m)	[pasaʒe]
controleur (de)	contrôleur (m)	[kɔ̃trolœr]
gang (in een trein)	couloir (m)	[kulwar]
noodrem (de)	frein (m) d'urgence	[frɛ̃ dyrʒɑ̃s]
coupé (de)	compartiment (m)	[kɔ̃partimɑ̃]
bed (slaapplaats)	couchette (f)	[kuʃɛt]
bovenste bed (het)	couchette (f) d'en haut	[kuʃɛt dɛ̃ o]
onderste bed (het)	couchette (f) d'en bas	[kuʃɛt dɛ̃ba]
beddengoed (het)	linge (m) de lit	[lɛ̃ʒ də li]
kaartje (het)	ticket (m)	[tikɛ]
dienstregeling (de)	horaire (m)	[ɔrɛr]
informatiebord (het)	tableau (m) d'informations	[tablo dɛ̃fɔrmasjɔ̃]
vertrekken	partir (vi)	[partir]
(De trein vertrekt ...)		
vertrek (ov. een trein)	départ (m)	[depar]
aankomen (ov. de treinen)	arriver (vi)	[arive]
aankomst (de)	arrivée (f)	[arive]
aankomen per trein	arriver en train	[arive ɑ̃ trɛ̃]
in de trein stappen	prendre le train	[prɑ̃dr lə trɛ̃]
uit de trein stappen	descendre du train	[desɑ̃dr dy trɛ̃]
treinwrak (het)	accident (m) ferroviaire	[aksidɑ̃ ferɔvjɛr]
ontspoord zijn	dérailler (vi)	[deraje]
locomotief (de)	locomotive (f) à vapeur	[lɔkɔmɔtiv a vapœr]
stoker (de)	chauffeur (m)	[ʃofœr]
stookplaats (de)	chauffe (f)	[ʃof]
steenkool (de)	charbon (m)	[ʃarbɔ̃]

171. Schip

| schip (het) | bateau (m) | [bato] |
| vaartuig (het) | navire (m) | [navir] |

stoomboot (de)	bateau (m) à vapeur	[bato a vapœr]
motorschip (het)	paquebot (m)	[pakbo]
lijnschip (het)	bateau (m) de croisière	[bato də krwazjɛr]
kruiser (de)	croiseur (m)	[krwazœr]

jacht (het)	yacht (m)	[jot]
sleepboot (de)	remorqueur (m)	[rəmɔrkœr]
duwbak (de)	péniche (f)	[peniʃ]
ferryboot (de)	ferry (m)	[feri]

| zeilboot (de) | voilier (m) | [vwalje] |
| brigantijn (de) | brigantin (m) | [brigɑ̃tɛ̃] |

| IJsbreker (de) | brise-glace (m) | [brizglas] |
| duikboot (de) | sous-marin (m) | [sumarɛ̃] |

boot (de)	canot (m) à rames	[kano a ram]
sloep (de)	dinghy (m)	[diŋgi]
reddingssloep (de)	canot (m) de sauvetage	[kano də sovtaʒ]
motorboot (de)	canot (m) à moteur	[kano a motœr]

kapitein (de)	capitaine (m)	[kapitɛn]
zeeman (de)	matelot (m)	[matlo]
matroos (de)	marin (m)	[marɛ̃]
bemanning (de)	équipage (m)	[ekipaʒ]

bootsman (de)	maître (m) d'équipage	[mɛtr dekipaʒ]
scheepsjongen (de)	mousse (m)	[mus]
kok (de)	cuisinier (m) du bord	[kɥizinje dy bɔr]
scheepsarts (de)	médecin (m) de bord	[medsɛ̃ də bɔr]

dek (het)	pont (m)	[pɔ̃]
mast (de)	mât (m)	[ma]
zeil (het)	voile (f)	[vwal]

ruim (het)	cale (f)	[kal]
voorsteven (de)	proue (f)	[pru]
achtersteven (de)	poupe (f)	[pup]
roeispaan (de)	rame (f)	[ram]
schroef (de)	hélice (f)	[elis]

kajuit (de)	cabine (f)	[kabin]
officierskamer (de)	carré (m) des officiers	[kare dezɔfisje]
machinekamer (de)	salle (f) des machines	[sal de maʃin]
brug (de)	passerelle (f)	[pɑsrɛl]
radiokamer (de)	cabine (f) de T.S.F.	[kabin də teɛsɛf]
radiogolf (de)	onde (f)	[ɔ̃d]
logboek (het)	journal (m) de bord	[ʒurnal də bɔr]
verrekijker (de)	longue-vue (f)	[lɔ̃gvy]
klok (de)	cloche (f)	[klɔʃ]

vlag (de)	pavillon (m)	[pavijõ]
kabel (de)	grosse corde (f) tressée	[gros kɔrd trese]
knoop (de)	nœud (m) marin	[nø marɛ̃]

| trapleuning (de) | rampe (f) | [rɑ̃p] |
| trap (de) | passerelle (f) | [pɑsrɛl] |

anker (het)	ancre (f)	[ɑ̃kr]
het anker lichten	lever l'ancre	[ləve lɑ̃kr]
het anker neerlaten	jeter l'ancre	[ʒəte lɑ̃kr]
ankerketting (de)	chaîne (f) d'ancrage	[ʃɛn dɑ̃kraʒ]

haven (bijv. containerhaven)	port (m)	[pɔr]
kaai (de)	embarcadère (m)	[ɑ̃barkadɛr]
aanleggen (ww)	accoster (vi)	[akɔste]
wegvaren (ww)	larguer les amarres	[large lezamar]

reis (de)	voyage (m)	[vwajaʒ]
cruise (de)	croisière (f)	[krwazjɛr]
koers (de)	cap (m)	[kap]
route (de)	itinéraire (m)	[itinerɛr]

vaarwater (het)	chenal (m)	[ʃənal]
zandbank (de)	bas-fond (m)	[bafõ]
stranden (ww)	échouer sur un bas-fond	[eʃwe syr œ̃ bafõ]

storm (de)	tempête (f)	[tɑ̃pɛt]
signaal (het)	signal (m)	[siɲal]
zinken (ov. een boot)	sombrer (vi)	[sõbre]
Man overboord!	Un homme à la mer!	[ynɔm alamɛr]
SOS (noodsignaal)	SOS (m)	[ɛsoɛs]
reddingsboei (de)	bouée (f) de sauvetage	[bwe də sovtaʒ]

172. Vliegveld

luchthaven (de)	aéroport (m)	[aeropɔr]
vliegtuig (het)	avion (m)	[avjõ]
luchtvaartmaatschappij (de)	compagnie (f) aérienne	[kõpaɲi aerjɛn]
luchtverkeersleider (de)	contrôleur (m) aérien	[kõtrolœr aerjɛ̃]

vertrek (het)	départ (m)	[depar]
aankomst (de)	arrivée (f)	[arive]
aankomen (per vliegtuig)	arriver (vi)	[arive]

| vertrektijd (de) | temps (m) de départ | [tɑ̃ də depar] |
| aankomstuur (het) | temps (m) d'arrivée | [tɑ̃ darive] |

| vertraagd zijn (ww) | être retardé | [ɛtr rətarde] |
| vluchtvertraging (de) | retard (m) de l'avion | [rətar də lavjõ] |

informatiebord (het)	tableau (m) d'informations	[tablo dɛ̃fɔrmasjõ]
informatie (de)	information (f)	[ɛ̃fɔrmasjõ]
aankondigen (ww)	annoncer (vt)	[anõse]
vlucht (bijv. KLM ~)	vol (m)	[vɔl]

douane (de)	douane (f)	[dwan]
douanier (de)	douanier (m)	[dwanje]

douaneaangifte (de)	déclaration (f) de douane	[deklarasjɔ̃ də dwan]
een douaneaangifte invullen	remplir la déclaration	[rãplir la deklarasjɔ̃]
paspoortcontrole (de)	contrôle (m) de passeport	[kɔ̃trol də paspɔr]

bagage (de)	bagage (m)	[bagaʒ]
handbagage (de)	bagage (m) à main	[bagaʒ a mɛ̃]
Gevonden voorwerpen	service des objets trouvés	[sɛrvis de ɔbʒɛ truve]
bagagekarretje (het)	chariot (m)	[ʃarjo]

landing (de)	atterrissage (m)	[aterisaʒ]
landingsbaan (de)	piste (f) d'atterrissage	[pist daterisaʒ]
landen (ww)	atterrir (vi)	[aterir]
vliegtuigtrap (de)	escalier (m) d'avion	[ɛskalje davjɔ̃]

inchecken (het)	enregistrement (m)	[ãrəʒistrəmã]
incheckbalie (de)	comptoir (m) d'enregistrement	[kɔ̃twar dãrəʒistrəmã]
inchecken (ww)	s'enregistrer (vp)	[sãrəʒistre]
instapkaart (de)	carte (f) d'embarquement	[kart dãbarkəmã]
gate (de)	porte (f) d'embarquement	[pɔrt dãbarkəmã]

transit (de)	transit (m)	[trãzit]
wachten (ww)	attendre (vt)	[atãdr]
wachtzaal (de)	salle (f) d'attente	[sal datãt]
begeleiden (uitwuiven)	raccompagner (vt)	[rakɔ̃paɲe]
afscheid nemen (ww)	dire au revoir	[dir ərəvwar]

173. Fiets. Motorfiets

fiets (de)	vélo (m)	[velo]
bromfiets (de)	scooter (m)	[skutœr]
motorfiets (de)	moto (f)	[mɔto]

met de fiets rijden	faire du vélo	[fɛr dy velo]
stuur (het)	guidon (m)	[gidɔ̃]
pedaal (de/het)	pédale (f)	[pedal]
remmen (mv.)	freins (m pl)	[frɛ̃]
fietszadel (de/het)	selle (f)	[sɛl]

pomp (de)	pompe (f)	[pɔ̃p]
bagagedrager (de)	porte-bagages (m)	[pɔrtbagaʒ]
fietslicht (het)	phare (m)	[far]
helm (de)	casque (m)	[kask]

wiel (het)	roue (f)	[ru]
spatbord (het)	garde-boue (m)	[gardəbu]
velg (de)	jante (f)	[ʒãt]
spaak (de)	rayon (m)	[rɛjɔ̃]

Auto's

174. Soorten auto's

auto (de)	automobile (f)	[otomɔbil]
sportauto (de)	voiture (f) de sport	[vwatyr də spɔr]
limousine (de)	limousine (f)	[limuzin]
terreinwagen (de)	tout-terrain (m)	[tutɛrɛ̃]
cabriolet (de)	cabriolet (m)	[kabrijɔlɛ]
minibus (de)	minibus (m)	[minibys]
ambulance (de)	ambulance (f)	[ãbylãs]
sneeuwruimer (de)	chasse-neige (m)	[ʃasnɛʒ]
vrachtwagen (de)	camion (m)	[kamjɔ̃]
tankwagen (de)	camion-citerne (m)	[kamjɔ̃ sitɛrn]
bestelwagen (de)	fourgon (m)	[furgɔ̃]
trekker (de)	tracteur (m) routier	[traktœr rutje]
aanhangwagen (de)	remorque (f)	[rəmɔrk]
comfortabel (bn)	confortable (adj)	[kɔ̃fortabl]
tweedehands (bn)	d'occasion (adj)	[dɔkazjɔ̃]

175. Auto's. Carrosserie

motorkap (de)	capot (m)	[kapo]
spatbord (het)	aile (f)	[ɛl]
dak (het)	toit (m)	[twa]
voorruit (de)	pare-brise (m)	[parbriz]
achterruit (de)	rétroviseur (m)	[retrovizœr]
ruitensproeier (de)	lave-glace (m)	[lavglas]
wisserbladen (mv.)	essuie-glace (m)	[esɥiglas]
zijruit (de)	fenêtre (f) latéral	[fənɛtr lateral]
raamlift (de)	lève-glace (m)	[lɛvglas]
antenne (de)	antenne (f)	[ãtɛn]
zonnedak (het)	toit (m) ouvrant	[twa uvrã]
bumper (de)	pare-chocs (m)	[parʃɔk]
koffer (de)	coffre (m)	[kɔfr]
imperiaal (de/het)	galerie (f) de toit	[galri də twa]
portier (het)	portière (f)	[portjɛr]
handvat (het)	poignée (f)	[pwaɲe]
slot (het)	serrure (f)	[seryr]
nummerplaat (de)	plaque (f) d'immatriculation	[plak dimatrikylasjɔ̃]
knalpot (de)	silencieux (m)	[silãsjø]

157

| benzinetank (de) | réservoir (m) d'essence | [rezɛrvwar desɑ̃s] |
| uitlaatpijp (de) | pot (m) d'échappement | [po deʃapmɑ̃] |

gas (het)	accélérateur (m)	[akseleratœr]
pedaal (de/het)	pédale (f)	[pedal]
gaspedaal (de/het)	pédale (f) d'accélérateur	[pedal dakseleratœr]

rem (de)	frein (m)	[frɛ̃]
rempedaal (de/het)	pédale (f) de frein	[pedal də frɛ̃]
remmen (ww)	freiner (vi)	[frene]
handrem (de)	frein (m) à main	[frɛ̃ a mɛ̃]

koppeling (de)	embrayage (m)	[ɑ̃brɛjaʒ]
koppelingspedaal (de/het)	pédale (f) d'embrayage	[pedal dɑ̃brɛjaʒ]
koppelingsschijf (de)	disque (m) d'embrayage	[disk sede]
schokdemper (de)	amortisseur (m)	[amɔrtisœr]

wiel (het)	roue (f)	[ru]
reservewiel (het)	roue (f) de rechange	[ru də rəʃɑ̃ʒ]
band (de)	pneu (m)	[pnø]
wieldop (de)	enjoliveur (m)	[ɑ̃ʒɔlivœr]

aandrijfwielen (mv.)	roues (f pl) motrices	[ru mɔtris]
met voorwielaandrijving	à traction avant	[a traksjɔn avɑ̃]
met achterwielaandrijving	à traction arrière	[a traksjɔn arjɛr]
met vierwielaandrijving	à traction intégrale	[a traksjɔn ɛ̃tegral]

versnellingsbak (de)	boîte (f) de vitesses	[bwat də vitɛs]
automatisch (bn)	automatique (adj)	[ɔtomatik]
mechanisch (bn)	mécanique (adj)	[mekanik]
versnellingspook (de)	levier (m) de vitesse	[ləvje də vitɛs]

| voorlicht (het) | phare (m) | [far] |
| voorlichten (mv.) | feux (m pl) | [fø] |

dimlicht (het)	feux (m pl) de croisement	[fø də krwazmɑ̃]
grootlicht (het)	feux (m pl) de route	[fø də rut]
stoplicht (het)	feux (m pl) stop	[fø stɔp]

standlichten (mv.)	feux (m pl) de position	[fø də pozisjɔ̃]
noodverlichting (de)	feux (m pl) de détresse	[fø də detrɛs]
mistlichten (mv.)	feux (m pl) de brouillard	[fø də brujar]
pinker (de)	clignotant (m)	[kliɲɔtɑ̃]
achteruitrijdlicht (het)	feux (m pl) de recul	[fø də rəkyl]

176. Auto's. Passagiersruimte

interieur (het)	habitacle (m)	[abitakl]
leren (van leer gemaak)	en cuir (adj)	[ɑ̃ kɥir]
fluwelen (abn)	en velours (adj)	[ɑ̃ vəlur]
bekleding (de)	revêtement (m)	[rəvɛtmɑ̃]

| toestel (het) | instrument (m) | [ɛ̃strymɑ̃] |
| instrumentenbord (het) | tableau (m) de bord | [tablo də bɔr] |

| snelheidsmeter (de) | indicateur (m) de vitesse | [ɛ̃dikatœr də vitɛs] |
| pijltje (het) | aiguille (f) | [egɥij] |

kilometerteller (de)	compteur (m) de kilomètres	[kɔ̃tœr də kilɔmɛtr]
sensor (de)	indicateur (m)	[ɛ̃dikatœr]
niveau (het)	niveau (m)	[nivo]
controlelampje (het)	témoin (m)	[temwɛ̃]

stuur (het)	volant (m)	[vɔlɑ̃]
toeter (de)	klaxon (m)	[klaksɔn]
knopje (het)	bouton (m)	[butɔ̃]
schakelaar (de)	interrupteur (m)	[ɛ̃teryptœr]

stoel (bestuurders~)	siège (m)	[sjɛʒ]
rugleuning (de)	dossier (m)	[dosje]
hoofdsteun (de)	appui-tête (m)	[apɥitɛt]
veiligheidsgordel (de)	ceinture (f) de sécurité	[sɛ̃tyr də sekyrite]
de gordel aandoen	mettre la ceinture	[mɛtr la sɛ̃tyr]
regeling (de)	réglage (m)	[reglaʒ]

| airbag (de) | airbag (m) | [ɛrbag] |
| airconditioner (de) | climatiseur (m) | [klimatizœr] |

radio (de)	radio (f)	[radjo]
CD-speler (de)	lecteur (m) de CD	[lɛktœr də sede]
aanzetten (bijv. radio ~)	allumer (vt)	[alyme]
antenne (de)	antenne (f)	[ɑ̃tɛn]
handschoenenkastje (het)	boîte (f) à gants	[bwat a gɑ̃]
asbak (de)	cendrier (m)	[sɑ̃drije]

177. Auto's. Motor

motor (de)	moteur (m)	[mɔtœr]
diesel- (abn)	diesel (adj)	[djezɛl]
benzine- (~motor)	à essence (adj)	[a esɑ̃s]

motorinhoud (de)	capacité (f) du moteur	[kapasite dy mɔtœr]
vermogen (het)	puissance (f)	[pɥisɑ̃s]
paardenkracht (de)	cheval-vapeur (m)	[ʃəvalvapœr]
zuiger (de)	piston (m)	[pistɔ̃]
cilinder (de)	cylindre (m)	[silɛ̃dr]
klep (de)	soupape (f)	[supap]

injectie (de)	injecteur (m)	[ɛ̃ʒɛktœr]
generator (de)	générateur (m)	[ʒeneratœr]
carburator (de)	carburateur (m)	[karbyratœr]
motorolie (de)	huile (f) moteur	[ɥil mɔtœr]

| radiator (de) | radiateur (m) | [radjatœr] |
| koelvloeistof (de) | liquide de refroidissement | [likid də rəfrwadismɑ̃] |

ventilator (de)	ventilateur (m)	[vɑ̃tilatœr]
accu (de)	batterie (f)	[batri]
starter (de)	starter (m)	[stɑ̃dar]

| contact (ontsteking) | allumage (m) | [alymaʒ] |
| bougie (de) | bougie (f) d'allumage | [buʒi dalymaʒ] |

pool (de)	borne (f)	[bɔrn]
positieve pool (de)	borne (f) positive	[bɔrn pozitiv]
negatieve pool (de)	borne (f) négative	[bɔrn negativ]
zekering (de)	fusible (m)	[fyzibl]

luchtfilter (de)	filtre (m) à air	[filtr a ɛr]
oliefilter (de)	filtre (m) à huile	[filtr a ɥil]
benzinefilter (de)	filtre (m) à essence	[filtr a esãs]

178. Auto's. Botsing. Reparatie

auto-ongeval (het)	accident (m)	[aksidã]
verkeersongeluk (het)	accident (m) de route	[aksidã də rut]
aanrijden (tegen een boom, enz.)	percuter contre ...	[pɛrkyte kõtr]
verongelukken (ww)	s'écraser (vp)	[sekraze]
beschadiging (de)	dégât (m)	[dega]
heelhuids (bn)	intact (adj)	[ɛ̃takt]

pech (de)	panne (f)	[pan]
kapot gaan (zijn gebroken)	tomber en panne	[tõbe ã pan]
sleeptouw (het)	corde (f) de remorquage	[kɔrd də rəmɔrkaʒ]

lek (het)	crevaison (f)	[krəvɛzõ]
lekke krijgen (band)	crever (vi)	[krəve]
oppompen (ww)	gonfler (vt)	[gõfle]
druk (de)	pression (f)	[prɛsjõ]
checken (controleren)	vérifier (vt)	[verifje]

reparatie (de)	réparation (f)	[reparasjõ]
garage (de)	garage (m)	[garaʒ]
wisselstuk (het)	pièce (f) détachée	[pjɛs detaʃe]
onderdeel (het)	pièce (f)	[pjɛs]

bout (de)	boulon (m)	[bulõ]
schroef (de)	vis (f)	[vis]
moer (de)	écrou (m)	[ekru]
sluitring (de)	rondelle (f)	[rõdɛl]
kogellager (de/het)	palier (m)	[palje]

pijp (de)	tuyau (m)	[tɥijo]
pakking (de)	joint (m)	[ʒwɛ̃]
kabel (de)	fil (m)	[fil]

dommekracht (de)	cric (m)	[krik]
moersleutel (de)	clé (f) de serrage	[kle də seraʒ]
hamer (de)	marteau (m)	[marto]
pomp (de)	pompe (f)	[põp]
schroevendraaier (de)	tournevis (m)	[turnəvis]
brandblusser (de)	extincteur (m)	[ɛkstɛ̃ktœr]
gevarendriehoek (de)	triangle (m) de signalisation	[trijãgl də siɲalizasjõ]

| afslaan (ophouden te werken) | caler (vi) | [kale] |
| zijn gebroken | être en panne | [ɛtr ɑ̃ pan] |

oververhitten (ww)	surchauffer (vi)	[syrʃofe]
verstopt raken (ww)	se boucher (vp)	[sə buʃe]
bevriezen (autodeur, enz.)	geler (vi)	[ʒəle]
barsten (leidingen, enz.)	éclater (vi) (tuyau, etc.)	[eklate]

druk (de)	pression (f)	[prɛsjɔ̃]
niveau (bijv. olieniveau)	niveau (m)	[nivo]
slap (de drijfriem is ~)	lâche (adj)	[laʃ]

deuk (de)	fosse (f)	[fos]
geklop (vreemde geluiden)	bruit (m)	[brɥi]
barst (de)	fissure (f)	[fisyr]
kras (de)	égratignure (f)	[egratiɲyr]

179. Auto's. Weg

weg (de)	route (f)	[rut]
snelweg (de)	grande route (f)	[grɑ̃d rut]
autoweg (de)	autoroute (f)	[otorut]
richting (de)	direction (f)	[dirɛksjɔ̃]
afstand (de)	distance (f)	[distɑ̃s]

brug (de)	pont (m)	[pɔ̃]
parking (de)	parking (m)	[parkiŋ]
plein (het)	place (f)	[plas]
verkeersknooppunt (het)	échangeur (m)	[eʃɑ̃ʒœr]
tunnel (de)	tunnel (m)	[tynɛl]

benzinestation (het)	station-service (f)	[stasjɔ̃sɛrvis]
parking (de)	parking (m)	[parkiŋ]
benzinepomp (de)	poste (m) d'essence	[pɔst desɑ̃s]
garage (de)	garage (m)	[garaʒ]
tanken (ww)	se ravitailler (vp)	[sə ravitaje]
brandstof (de)	carburant (m)	[karbyrɑ̃]
jerrycan (de)	jerrycan (m)	[ʒerikan]

asfalt (het)	asphalte (m)	[asfalt]
markering (de)	marquage (m)	[markaʒ]
trottoirband (de)	bordure (f)	[bɔrdyr]
geleiderail (de)	barrière (f) de sécurité	[barjɛr də sekyrite]
greppel (de)	fossé (m)	[fose]
vluchtstrook (de)	bas-côté (m)	[bakote]
lichtmast (de)	réverbère (m)	[revɛrbɛr]

besturen (een auto ~)	conduire (vt)	[kɔ̃dɥir]
afslaan (naar rechts ~)	tourner (vi)	[turne]
U-bocht maken (ww)	faire un demi-tour	[fɛr œ̃ dəmitur]
achteruit (de)	marche (f) arrière	[marʃ arjɛr]
toeteren (ww)	klaxonner (vi)	[klaksɔne]
toeter (de)	coup (m) de klaxon	[ku də klaksɔn]

vastzitten (in modder)	s'embourber (vp)	[sãburbe]
spinnen (wielen gaan ~)	déraper (vi)	[derape]
uitzetten (ww)	couper (vt)	[kupe]

snelheid (de)	vitesse (f)	[vitɛs]
een snelheidsovertreding maken	dépasser la vitesse	[depase la vitɛs]
bekeuren (ww)	mettre une amende à qn	[mɛtr yn amãd]
verkeerslicht (het)	feux (m pl) de circulation	[fø də sirkylasjõ]
rijbewijs (het)	permis (m) de conduire	[pɛrmi də kõdɥir]

overgang (de)	passage (m) à niveau	[pɑsaʒ a nivo]
kruispunt (het)	carrefour (m)	[karfur]
zebrapad (oversteekplaats)	passage (m) piéton	[pɑsaʒ pjetõ]
bocht (de)	virage (m)	[viraʒ]
voetgangerszone (de)	zone (f) piétonne	[zon pjetɔn]

180. Verkeersborden

verkeersregels (mv.)	code (m) de la route	[kɔd də la rut]
verkeersbord (het)	signe (m)	[siɲ]
inhalen (het)	dépassement (m)	[depasmã]
bocht (de)	virage (m)	[viraʒ]
U-bocht, kering (de)	demi-tour (m)	[dəmitur]
Rotonde (de)	sens (m) giratoire	[sãs ʒiratwar]

Verboden richting	sens interdit	[sãs ɛ̃tɛrdi]
Verboden toegang	circulation interdite	[sirkylasjõ ɛ̃tɛrdi]
Inhalen verboden	interdiction de dépasser	[ɛ̃tɛrdiksjõ də depase]
Parkeerverbod	stationnement interdit	[stasjɔnmɑn ɛ̃tɛrdi]
Verbod stil te staan	arrêt interdit	[arɛt ɛ̃tɛrdi]

Gevaarlijke bocht	virage dangereux	[viraʒ dãʒrø]
Gevaarlijke daling	descente dangereuse	[desãt dãʒrøz]
Eenrichtingsweg	sens unique	[sãs ynik]
Voetgangers	passage (m) piéton	[pɑsaʒ pjetõ]
Slipgevaar	chaussée glissante	[ʃose glisãt]
Voorrang verlenen	cédez le passage	[sede lə pɑsaʒ]

MENSEN. GEBEURTENISSEN IN HET LEVEN

Gebeurtenissen in het leven

181. Vakanties. Evenement

feest (het)	fête (f)	[fɛt]
nationale feestdag (de)	fête (f) nationale	[fɛt nasjɔnal]
feestdag (de)	jour (m) férié	[ʒur ferje]
herdenken (ww)	célébrer (vt)	[selebre]
gebeurtenis (de)	événement (m)	[evɛnmɑ̃]
evenement (het)	événement (m)	[evɛnmɑ̃]
banket (het)	banquet (m)	[bɑ̃kɛ]
receptie (de)	réception (f)	[resɛpsjɔ̃]
feestmaal (het)	festin (m)	[fɛstɛ̃]
verjaardag (de)	anniversaire (m)	[anivɛrsɛr]
jubileum (het)	jubilé (m)	[ʒybile]
vieren (ww)	fêter, célébrer	[fete], [selebre]
Nieuwjaar (het)	Nouvel An (m)	[nuvɛl ɑ̃]
Gelukkig Nieuwjaar!	Bonne année!	[bɔn ane]
Sinterklaas (de)	Père Noël (m)	[pɛr nɔɛl]
Kerstfeest (het)	Noël (m)	[nɔɛl]
Vrolijk kerstfeest!	Joyeux Noël!	[ʒwajø nɔɛl]
kerstboom (de)	arbre (m) de Noël	[arbr də nɔɛl]
vuurwerk (het)	feux (m pl) d'artifice	[fø dartifis]
bruiloft (de)	mariage (m)	[marjaʒ]
bruidegom (de)	fiancé (m)	[fijɑ̃se]
bruid (de)	fiancée (f)	[fijɑ̃se]
uitnodigen (ww)	inviter (vt)	[ɛ̃vite]
uitnodiging (de)	lettre (f) d'invitation	[lɛtr dɛ̃vitasjɔ̃]
gast (de)	invité (m)	[ɛ̃vite]
op bezoek gaan	visiter (vt)	[vizite]
gasten verwelkomen	accueillir les invités	[akœjir lezɛ̃vite]
geschenk, cadeau (het)	cadeau (m)	[kado]
geven (iets cadeau ~)	offrir (vt)	[ɔfrir]
geschenken ontvangen	recevoir des cadeaux	[rəsəvwar de kado]
boeket (het)	bouquet (m)	[bukɛ]
felicitaties (mv.)	félicitations (f pl)	[felisitasjɔ̃]
feliciteren (ww)	féliciter (vt)	[felisite]
wenskaart (de)	carte (f) de veux	[kart də vœ]

| een kaartje versturen | envoyer une carte | [ãvwaje yn kart] |
| een kaartje ontvangen | recevoir une carte | [rəsəvwar yn kart] |

toast (de)	toast (m)	[tost]
aanbieden (een drankje ~)	offrir (vt)	[ɔfrir]
champagne (de)	champagne (m)	[ʃãpaɲ]

plezier hebben (ww)	s'amuser (vp)	[samyze]
plezier (het)	gaieté (f)	[gete]
vreugde (de)	joie (f)	[ʒwa]

| dans (de) | danse (f) | [dãs] |
| dansen (ww) | danser (vi, vt) | [dãse] |

| wals (de) | valse (f) | [vals] |
| tango (de) | tango (m) | [tãgo] |

182. Begrafenissen. Begrafenis

kerkhof (het)	cimetière (m)	[simãtje]
graf (het)	tombe (f)	[tõb]
kruis (het)	croix (f)	[krwa]
grafsteen (de)	pierre (f) tombale	[pjɛr tõbal]
omheining (de)	clôture (f)	[klotyr]
kapel (de)	chapelle (f)	[ʃapɛl]

dood (de)	mort (f)	[mɔr]
sterven (ww)	mourir (vi)	[murir]
overledene (de)	défunt (m)	[defœ̃]
rouw (de)	deuil (m)	[dœj]

begraven (ww)	enterrer (vt)	[ãtere]
begrafenisonderneming (de)	maison (f) funéraire	[mɛzõ fynerɛr]
begrafenis (de)	enterrement (m)	[ãtɛrmã]

krans (de)	couronne (f)	[kurɔn]
doodskist (de)	cercueil (m)	[sɛrkœj]
lijkwagen (de)	corbillard (m)	[kɔrbijar]
lijkkleed (de)	linceul (m)	[lɛ̃sœl]

begrafenisstoet (de)	cortège (m) funèbre	[kɔrtɛʒ fynɛbr]
urn (de)	urne (f) funéraire	[yrn fynerɛr]
crematorium (het)	crématoire (m)	[krematwar]

overlijdensbericht (het)	nécrologue (m)	[nekrɔlɔg]
huilen (wenen)	pleurer (vi)	[plœre]
snikken (huilen)	sangloter (vi)	[sãglɔte]

183. Oorlog. Soldaten

| peloton (het) | section (f) | [sɛksjõ] |
| compagnie (de) | compagnie (f) | [kõpaɲi] |

regiment (het)	**régiment** (m)	[reʒimɑ̃]
leger (armee)	**armée** (f)	[arme]
divisie (de)	**division** (f)	[divizjɔ̃]
sectie (de)	**détachement** (m)	[detaʃmɑ̃]
troep (de)	**armée** (f)	[arme]
soldaat (militair)	**soldat** (m)	[sɔlda]
officier (de)	**officier** (m)	[ɔfisje]
soldaat (rang)	**soldat** (m)	[sɔlda]
sergeant (de)	**sergent** (m)	[sɛrʒɑ̃]
luitenant (de)	**lieutenant** (m)	[ljøtnɑ̃]
kapitein (de)	**capitaine** (m)	[kapitɛn]
majoor (de)	**commandant** (m)	[kɔmɑ̃dɑ̃]
kolonel (de)	**colonel** (m)	[kɔlɔnɛl]
generaal (de)	**général** (m)	[ʒeneral]
matroos (de)	**marin** (m)	[marɛ̃]
kapitein (de)	**capitaine** (m)	[kapitɛn]
bootsman (de)	**maître** (m) **d'équipage**	[mɛtr dekipaʒ]
artillerist (de)	**artilleur** (m)	[artijœr]
valschermjager (de)	**parachutiste** (m)	[paraʃytist]
piloot (de)	**pilote** (m)	[pilɔt]
stuurman (de)	**navigateur** (m)	[navigatœr]
mecanicien (de)	**mécanicien** (m)	[mekanisjɛ̃]
sappeur (de)	**démineur** (m)	[deminœr]
parachutist (de)	**parachutiste** (m)	[paraʃytist]
verkenner (de)	**éclaireur** (m)	[eklɛrœr]
scherpschutter (de)	**tireur** (m) **d'élite**	[tirœr delit]
patrouille (de)	**patrouille** (f)	[patruj]
patrouilleren (ww)	**patrouiller** (vi)	[patruje]
wacht (de)	**sentinelle** (f)	[sɑ̃tinɛl]
krijger (de)	**guerrier** (m)	[gɛrje]
held (de)	**héros** (m)	[ero]
heldin (de)	**héroïne** (f)	[erɔin]
patriot (de)	**patriote** (m)	[patrijɔt]
verrader (de)	**traître** (m)	[trɛtr]
verraden (ww)	**trahir** (vt)	[trair]
deserteur (de)	**déserteur** (m)	[dezɛrtœr]
deserteren (ww)	**déserter** (vt)	[dezɛrte]
huurling (de)	**mercenaire** (m)	[mɛrsənɛr]
rekruut (de)	**recrue** (f)	[rəkry]
vrijwilliger (de)	**volontaire** (m)	[vɔlɔ̃tɛr]
gedode (de)	**mort** (m)	[mɔr]
gewonde (de)	**blessé** (m)	[blese]
krijgsgevangene (de)	**prisonnier** (m) **de guerre**	[prizɔnje də gɛr]

184. Oorlog. Militaire acties. Deel 1

oorlog (de)	**guerre** (f)	[gɛr]
oorlog voeren (ww)	**faire la guerre**	[fɛr la gɛr]
burgeroorlog (de)	**guerre** (f) **civile**	[gɛr sivil]
achterbaks (bw)	**perfidement** (adv)	[pɛrfidmã]
oorlogsverklaring (de)	**déclaration** (f) **de guerre**	[deklarasjõ də gɛr]
verklaren (de oorlog ~)	**déclarer** (vt)	[deklare]
agressie (de)	**agression** (f)	[agrɛsjõ]
aanvallen (binnenvallen)	**attaquer** (vt)	[atake]
binnenvallen (ww)	**envahir** (vt)	[ãvair]
invaller (de)	**envahisseur** (m)	[ãvaisœr]
veroveraar (de)	**conquérant** (m)	[kõkerã]
verdediging (de)	**défense** (f)	[defãs]
verdedigen (je land ~)	**défendre** (vt)	[defãdr]
zich verdedigen (ww)	**se défendre** (vp)	[sə defãdr]
vijand (de)	**ennemi** (m)	[ɛnmi]
tegenstander (de)	**adversaire** (m)	[advɛrsɛr]
vijandelijk (bn)	**ennemi** (adj)	[ɛnmi]
strategie (de)	**stratégie** (f)	[strateʒi]
tactiek (de)	**tactique** (f)	[taktik]
order (de)	**ordre** (m)	[ɔrdr]
bevel (het)	**commande** (f)	[kɔmãd]
bevelen (ww)	**ordonner** (vt)	[ɔrdɔne]
opdracht (de)	**mission** (f)	[misjõ]
geheim (bn)	**secret** (adj)	[səkrɛ]
slag (de)	**bataille** (f)	[bataj]
strijd (de)	**combat** (m)	[kõba]
aanval (de)	**attaque** (f)	[atak]
bestorming (de)	**assaut** (m)	[aso]
bestormen (ww)	**prendre d'assaut**	[prãdr daso]
bezetting (de)	**siège** (m)	[sjɛʒ]
aanval (de)	**offensive** (f)	[ɔfãsiv]
in het offensief te gaan	**passer à l'offensive**	[pɑse a lɔfãsiv]
terugtrekking (de)	**retraite** (f)	[rətrɛt]
zich terugtrekken (ww)	**faire retraite**	[fɛr rətrɛt]
omsingeling (de)	**encerclement** (m)	[ãsɛrkləmã]
omsingelen (ww)	**encercler** (vt)	[ãsɛrkle]
bombardement (het)	**bombardement** (m)	[bõbardəmã]
een bom gooien	**lancer une bombe**	[lãse yn bõb]
bombarderen (ww)	**bombarder** (vt)	[bõbarde]
ontploffing (de)	**explosion** (f)	[ɛksplozjõ]
schot (het)	**coup** (m) **de feu**	[ku də fø]

een schot lossen	tirer un coup de feu	[tire œ̃ ku də fø]
schieten (het)	fusillade (f)	[fyzijad]
mikken op (ww)	viser (vt)	[vize]
aanleggen (een wapen ~)	pointer (sur ...)	[pwɛ̃te syr]
treffen (doelwit ~)	atteindre (vt)	[atɛ̃dr]
zinken (tot zinken brengen)	faire sombrer	[fɛr sɔ̃bre]
kogelgat (het)	trou (m)	[tru]
zinken (gezonken zijn)	sombrer (vi)	[sɔ̃bre]
front (het)	front (m)	[frɔ̃]
hinterland (het)	arrière front (m)	[arjɛr frɔ̃]
evacuatie (de)	évacuation (f)	[evakɥasjɔ̃]
evacueren (ww)	évacuer (vt)	[evakɥe]
loopgraaf (de)	tranchée (f)	[trɑ̃ʃe]
prikkeldraad (de)	barbelés (m pl)	[barbəle]
verdedigingsobstakel (het)	barrage (m)	[baraʒ]
wachttoren (de)	tour (f) de guet	[tur də gɛ]
hospitaal (het)	hôpital (m)	[ɔpital]
verwonden (ww)	blesser (vt)	[blese]
wond (de)	blessure (f)	[blesyr]
gewonde (de)	blessé (m)	[blese]
gewond raken (ww)	être blessé	[ɛtr blese]
ernstig (~e wond)	grave (adj)	[grav]

185. Oorlog. Militaire acties. Deel 2

krijgsgevangenschap (de)	captivité (f)	[kaptivite]
krijgsgevangen nemen	captiver (vt)	[kaptive]
krijgsgevangene zijn	être prisonnier	[ɛtr prizɔnje]
krijgsgevangen genomen worden	être fait prisonnier	[ɛtr fɛ prizɔnje]
concentratiekamp (het)	camp (m) de concentration	[kɑ̃ də kɔ̃sɑ̃trasjɔ̃]
krijgsgevangene (de)	prisonnier (m) de guerre	[prizɔnje də gɛr]
vluchten (ww)	s'enfuir (vp)	[sɑ̃fɥir]
verraden (ww)	trahir (vt)	[trair]
verrader (de)	traître (m)	[trɛtr]
verraad (het)	trahison (f)	[traizɔ̃]
fusilleren (executeren)	fusiller (vt)	[fyzije]
executie (de)	fusillade (f)	[fyzijad]
uitrusting (de)	équipement (m)	[ekipmɑ̃]
schouderstuk (het)	épaulette (f)	[epolɛt]
gasmasker (het)	masque (m) à gaz	[mask a gaz]
portofoon (de)	émetteur (m) radio	[emetœr radjo]
geheime code (de)	chiffre (m)	[ʃifr]
samenzwering (de)	conspiration (f)	[kɔ̃spirasjɔ̃]

wachtwoord (het)	mot (m) de passe	[mo də pɑs]
mijn (landmijn)	mine (f) terrestre	[min tɛrɛstr]
ondermijnen (legden mijnen)	miner (vt)	[mine]
mijnenveld (het)	champ (m) de mines	[ʃɑ̃ də min]
luchtalarm (het)	alerte (f) aérienne	[alɛrt aerjɛ̃]
alarm (het)	signal (m) d'alarme	[siɲal dalarm]
signaal (het)	signal (m)	[siɲal]
vuurpijl (de)	fusée signal (f)	[fyze siɲal]

staf (generale ~)	état-major (m)	[eta maʒɔr]
verkenningstocht (de)	reconnaissance (f)	[rəkɔnɛsɑ̃s]
toestand (de)	situation (f)	[sitɥasjɔ̃]
rapport (het)	rapport (m)	[rapɔr]
hinderlaag (de)	embuscade (f)	[ɑ̃byskad]
versterking (de)	renfort (m)	[rɑ̃fɔr]

doel (bewegend ~)	cible (f)	[sibl]
proefterrein (het)	polygone (m)	[pɔligɔn]
manoeuvres (mv.)	manœuvres (f pl)	[manœvr]

paniek (de)	panique (f)	[panik]
verwoesting (de)	dévastation (f)	[devastasjɔ̃]
verwoestingen (mv.)	destructions (f pl)	[dɛstryksjɔ̃]
verwoesten (ww)	détruire (vt)	[detrɥir]

overleven (ww)	survivre (vi)	[syrvivr]
ontwapenen (ww)	désarmer (vt)	[dezarme]
behandelen (een pistool ~)	manier (vt)	[manje]
Geeft acht!	Garde-à-vous! Fixe!	[gardavu], [fiks]
Op de plaats rust!	Repos!	[rəpo]

heldendaad (de)	exploit (m)	[ɛksplwa]
eed (de)	serment (m)	[sɛrmɑ̃]
zweren (een eed doen)	jurer (vi)	[ʒyre]

decoratie (de)	décoration (f)	[dekɔrasjɔ̃]
onderscheiden	décorer (vt)	[dekɔre]
(een ereteken geven)		
medaille (de)	médaille (f)	[medaj]
orde (de)	ordre (m)	[ɔrdr]

overwinning (de)	victoire (f)	[viktwar]
verlies (het)	défaite (f)	[defɛt]
wapenstilstand (de)	armistice (m)	[armistis]

wimpel (vaandel)	drapeau (m)	[drapo]
roem (de)	gloire (f)	[glwar]
parade (de)	défilé (m)	[defile]
marcheren (ww)	marcher (vi)	[marʃe]

186. Wapens

| wapens (mv.) | arme (f) | [arm] |
| vuurwapens (mv.) | armes (f pl) à feu | [arm ɑ fø] |

koude wapens (mv.)	armes (f pl) blanches	[arm blɑ̃ʃ]
chemische wapens (mv.)	arme (f) chimique	[arm ʃimik]
kern-, nucleair (bn)	nucléaire (adj)	[nyklɛɛr]
kernwapens (mv.)	arme (f) nucléaire	[arm nyklɛɛr]
bom (de)	bombe (f)	[bɔ̃b]
atoombom (de)	bombe (f) atomique	[bɔ̃b atɔmik]
pistool (het)	pistolet (m)	[pistɔlɛ]
geweer (het)	fusil (m)	[fyzi]
machinepistool (het)	mitraillette (f)	[mitrɑjɛt]
machinegeweer (het)	mitrailleuse (f)	[mitrɑjøz]
loop (schietbuis)	bouche (f)	[buʃ]
loop (bijv. geweer met kortere ~)	canon (m)	[kanɔ̃]
kaliber (het)	calibre (m)	[kalibr]
trekker (de)	gâchette (f)	[gaʃɛt]
korrel (de)	mire (f)	[mir]
magazijn (het)	magasin (m)	[magazɛ̃]
geweerkolf (de)	crosse (f)	[krɔs]
granaat (handgranaat)	grenade (f)	[grənad]
explosieven (mv.)	explosif (m)	[ɛksplozif]
kogel (de)	balle (f)	[bal]
patroon (de)	cartouche (f)	[kartuʃ]
lading (de)	charge (f)	[ʃarʒ]
ammunitie (de)	munitions (f pl)	[mynisjɔ̃]
bommenwerper (de)	bombardier (m)	[bɔ̃bardje]
straaljager (de)	avion (m) de chasse	[avjɔ̃ də ʃas]
helikopter (de)	hélicoptère (m)	[elikɔptɛr]
afweergeschut (het)	pièce (f) de D.C.A.	[pjɛs də deseɑ]
tank (de)	char (m)	[ʃar]
kanon (tank met een ~ van 76 mm)	canon (m)	[kanɔ̃]
artillerie (de)	artillerie (f)	[artijri]
kanon (het)	canon (m)	[kanɔ̃]
aanleggen (een wapen ~)	pointer sur ...	[pwɛ̃te syr]
projectiel (het)	obus (m)	[ɔby]
mortiergranaat (de)	obus (m) de mortier	[ɔby də mɔrtje]
mortier (de)	mortier (m)	[mɔrtje]
granaatscherf (de)	éclat (m) d'obus	[ekla dɔby]
duikboot (de)	sous-marin (m)	[sumarɛ̃]
torpedo (de)	torpille (f)	[tɔrpij]
raket (de)	missile (m)	[misil]
laden (geweer, kanon)	charger (vt)	[ʃarʒe]
schieten (ww)	tirer (vi)	[tire]
richten op (mikken)	viser (vt)	[vize]

bajonet (de)	baïonnette (f)	[bajɔnɛt]
degen (de)	épée (f)	[epe]
sabel (de)	sabre (m)	[sabr]
speer (de)	lance (f)	[lɑ̃s]
boog (de)	arc (m)	[ark]
pijl (de)	flèche (f)	[flɛʃ]
musket (de)	mousquet (m)	[muskɛ]
kruisboog (de)	arbalète (f)	[arbalɛt]

187. Oude mensen

primitief (bn)	primitif (adj)	[primitif]
voorhistorisch (bn)	préhistorique (adj)	[preistɔrik]
eeuwenoude (~ beschaving)	ancien (adj)	[ɑ̃sjɛ̃]

Steentijd (de)	Âge (m) de Pierre	[ɑʒ də pjɛr]
Bronstijd (de)	Âge (m) de Bronze	[ɑʒ də brɔ̃z]
IJstijd (de)	période (f) glaciaire	[perjɔd glasjɛr]

stam (de)	tribu (f)	[triby]
menseneter (de)	cannibale (m)	[kanibal]
jager (de)	chasseur (m)	[ʃascœr]
jagen (ww)	chasser (vi, vt)	[ʃase]
mammoet (de)	mammouth (m)	[mamut]

grot (de)	caverne (f)	[kavɛrn]
vuur (het)	feu (m)	[fø]
kampvuur (het)	feu (m) de bois	[fø də bwa]
rotstekening (de)	dessin (m) rupestre	[desɛ̃ rypɛstr]

werkinstrument (het)	outil (m)	[uti]
speer (de)	lance (f)	[lɑ̃s]
stenen bijl (de)	hache (f) en pierre	[aʃɑ̃ pjɛr]
oorlog voeren (ww)	faire la guerre	[fɛr la gɛr]
temmen (bijv. wolf ~)	domestiquer (vt)	[dɔmɛstike]

idool (het)	idole (f)	[idɔl]
aanbidden (ww)	adorer, vénérer (vt)	[adɔre], [venere]
bijgeloof (het)	superstition (f)	[sypɛrstisjɔ̃]
ritueel (het)	rite (m)	[rit]

evolutie (de)	évolution (f)	[evɔlysjɔ̃]
ontwikkeling (de)	développement (m)	[devlɔpmɑ̃]
verdwijning (de)	disparition (f)	[disparisjɔ̃]
zich aanpassen (ww)	s'adapter (vp)	[sadapte]

archeologie (de)	archéologie (f)	[arkeɔlɔʒi]
archeoloog (de)	archéologue (m)	[arkeɔlɔg]
archeologisch (bn)	archéologique (adj)	[arkeɔlɔʒik]

opgravingsplaats (de)	site (m) d'excavation	[sit dɛkskavasjɔ̃]
opgravingen (mv.)	fouilles (f pl)	[fuj]
vondst (de)	trouvaille (f)	[truvaj]
fragment (het)	fragment (m)	[fragmɑ̃]

188. Middeleeuwen

volk (het)	peuple (m)	[pœpl]
volkeren (mv.)	peuples (m pl)	[pœpl]
stam (de)	tribu (f)	[triby]
stammen (mv.)	tribus (f pl)	[triby]
barbaren (mv.)	Barbares (m pl)	[barbar]
Galliërs (mv.)	Gaulois (m pl)	[golwa]
Goten (mv.)	Goths (m pl)	[go]
Slaven (mv.)	Slaves (m pl)	[slav]
Vikings (mv.)	Vikings (m pl)	[vikiŋ]
Romeinen (mv.)	Romains (m pl)	[rɔmɛ̃]
Romeins (bn)	romain (adj)	[rɔmɛ̃]
Byzantijnen (mv.)	byzantins (m pl)	[bizɑ̃tɛ̃]
Byzantium (het)	Byzance (f)	[bizɑ̃s]
Byzantijns (bn)	byzantin (adj)	[bizɑ̃tɛ̃]
keizer (bijv. Romeinse ~)	empereur (m)	[ɑ̃prœr]
opperhoofd (het)	chef (m)	[ʃɛf]
machtig (bn)	puissant (adj)	[pyisɑ̃]
koning (de)	roi (m)	[rwa]
heerser (de)	gouverneur (m)	[guvɛrnœr]
ridder (de)	chevalier (m)	[ʃəvalje]
feodaal (de)	féodal (m)	[feɔdal]
feodaal (bn)	féodal (adj)	[feɔdal]
vazal (de)	vassal (m)	[vasal]
hertog (de)	duc (m)	[dyk]
graaf (de)	comte (m)	[kɔ̃t]
baron (de)	baron (m)	[barɔ̃]
bisschop (de)	évêque (m)	[evɛk]
harnas (het)	armure (f)	[armyr]
schild (het)	bouclier (m)	[buklije]
zwaard (het)	épée (f), glaive (m)	[epe], [glɛv]
vizier (het)	visière (f)	[vizjɛr]
maliënkolder (de)	cotte (f) de mailles	[kɔt də maj]
kruistocht (de)	croisade (f)	[krwazad]
kruisvaarder (de)	croisé (m)	[krwaze]
gebied (bijv. bezette ~en)	territoire (m)	[tɛritwar]
aanvallen (binnenvallen)	attaquer (vt)	[atake]
veroveren (ww)	conquérir (vt)	[kɔ̃kerir]
innemen (binnenvallen)	occuper (vt)	[ɔkype]
bezetting (de)	siège (m)	[sjɛʒ]
bezet (bn)	assiégé (adj)	[asjeʒe]
belegeren (ww)	assiéger (vt)	[asjeʒe]
inquisitie (de)	inquisition (f)	[ɛ̃kizisjɔ̃]
inquisiteur (de)	inquisiteur (m)	[ɛ̃kizitœr]

foltering (de)	torture (f)	[tɔrtyr]
wreed (bn)	cruel (adj)	[kryɛl]
ketter (de)	hérétique (m)	[eretik]
ketterij (de)	hérésie (f)	[erezi]

zeevaart (de)	navigation (f) en mer	[navigasjɔn ɑ̃ mɛr]
piraat (de)	pirate (m)	[pirat]
piraterij (de)	piraterie (f)	[piratri]
enteren (het)	abordage (m)	[abɔrdaʒ]
buit (de)	butin (m)	[bytɛ̃]
schatten (mv.)	trésor (m)	[trezɔr]

ontdekking (de)	découverte (f)	[dekuvɛrt]
ontdekken (bijv. nieuw land)	découvrir (vt)	[dekuvrir]
expeditie (de)	expédition (f)	[ɛkspedisjɔ̃]

musketier (de)	mousquetaire (m)	[muskətɛr]
kardinaal (de)	cardinal (m)	[kardinal]
heraldiek (de)	héraldique (f)	[eraldik]
heraldisch (bn)	héraldique (adj)	[eraldik]

189. Leider. Baas. Autoriteiten

koning (de)	roi (m)	[rwa]
koningin (de)	reine (f)	[rɛn]
koninklijk (bn)	royal (adj)	[rwajal]
koninkrijk (het)	royaume (m)	[rwajom]

prins (de)	prince (m)	[prɛ̃s]
prinses (de)	princesse (f)	[prɛ̃sɛs]

president (de)	président (m)	[prezidɑ̃]
vicepresident (de)	vice-président (m)	[visprezidɑ̃]
senator (de)	sénateur (m)	[senatœr]

monarch (de)	monarque (m)	[mɔnark]
heerser (de)	gouverneur (m)	[guvɛrnœr]
dictator (de)	dictateur (m)	[diktatœr]
tiran (de)	tyran (m)	[tirɑ̃]
magnaat (de)	magnat (m)	[maɲa]

directeur (de)	directeur (m)	[dirɛktœr]
chef (de)	chef (m)	[ʃɛf]
beheerder (de)	gérant (m)	[ʒerɑ̃]
baas (de)	boss (m)	[bɔs]
eigenaar (de)	patron (m)	[patrɔ̃]

leider (de)	leader (m)	[lidœr]
hoofd	chef (m)	[ʃɛf]
(bijv. ~ van de delegatie)		
autoriteiten (mv.)	autorités (f pl)	[ɔtorite]
superieuren (mv.)	supérieurs (m pl)	[syperjœr]
gouverneur (de)	gouverneur (m)	[guvɛrnœr]
consul (de)	consul (m)	[kɔ̃syl]

diplomaat (de)	diplomate (m)	[diplɔmat]
burgemeester (de)	maire (m)	[mɛr]
sheriff (de)	shérif (m)	[ʃerif]

keizer (bijv. Romeinse ~)	empereur (m)	[ɑ̃prœr]
tsaar (de)	tsar (m)	[tsar]
farao (de)	pharaon (m)	[faraɔ̃]
kan (de)	khan (m)	[kɑ̃]

190. Weg. Weg. Routebeschrijving

| weg (de) | route (f) | [rut] |
| route (de kortste ~) | voie (f) | [vwa] |

autoweg (de)	autoroute (f)	[otorut]
snelweg (de)	grande route (f)	[grɑ̃d rut]
rijksweg (de)	route (f) nationale	[rut nasjɔnal]

| hoofdweg (de) | route (f) principale | [rut prɛ̃sipal] |
| landweg (de) | route (f) de campagne | [rut də kɑ̃paɲ] |

| pad (het) | chemin (m) | [ʃəmɛ̃] |
| paadje (het) | sentier (m) | [sɑ̃tje] |

Waar?	Où?	[u]
Waarheen?	Où?	[u]
Waaruit?	D'où?	[du]

| richting (de) | direction (f) | [dirɛksjɔ̃] |
| aanwijzen (de weg ~) | indiquer (vt) | [ɛ̃dike] |

naar links (bw)	à gauche (adv)	[agoʃ]
naar rechts (bw)	à droite (adv)	[adrwat]
rechtdoor (bw)	tout droit (adv)	[tu drwa]
terug (bijv. ~ keren)	en arrière (adv)	[ɑn arjɛr]

bocht (de)	virage (m)	[viraʒ]
afslaan (naar rechts ~)	tourner (vi)	[turne]
U-bocht maken (ww)	faire un demi-tour	[fɛr œ̃ dəmitur]

| zichtbaar worden (ww) | se dessiner (vp) | [sə desine] |
| verschijnen (in zicht komen) | apparaître (vi) | [aparɛtr] |

stop (korte onderbreking)	halte (f)	[alt]
zich verpozen (uitrusten)	se reposer (vp)	[sə rəpoze]
rust (de)	repos (m)	[rəpo]

verdwalen (de weg kwijt zijn)	s'égarer (vp)	[segare]
leiden naar ... (de weg)	mener à ...	[məne a]
bereiken (ergens aankomen)	arriver à ...	[arive a]
deel (~ van de weg)	tronçon (m)	[trɔ̃sɔ̃]

| asfalt (het) | asphalte (m) | [asfalt] |
| trottoirband (de) | bordure (f) | [bɔrdyr] |

greppel (de)	fossé (m)	[fose]
putdeksel (het)	bouche (f) d'égout	[buʃ degu]
vluchtstrook (de)	bas-côté (m)	[bakote]
kuil (de)	nid-de-poule (m)	[nidpul]
gaan (te voet)	aller (vi)	[ale]
inhalen (voorbijgaan)	dépasser (vt)	[depase]
stap (de)	pas (m)	[pɑ]
te voet (bw)	à pied (adv)	[a pje]
blokkeren (de weg ~)	barrer (vt)	[bare]
slagboom (de)	barrière (f)	[barjɛr]
doodlopende straat (de)	impasse (f)	[ɛ̃pas]

191. De wet overtreden. Criminelen. Deel 1

bandiet (de)	bandit (m)	[bãdi]
misdaad (de)	crime (m)	[krim]
misdadiger (de)	criminel (m)	[kriminɛl]
dief (de)	voleur (m)	[vɔlœr]
stelen (ww)	voler (vt)	[vɔle]
stelen, diefstal (de)	vol (m)	[vɔl]
kidnappen (ww)	kidnapper (vt)	[kidnape]
kidnapping (de)	kidnapping (m)	[kidnapiŋ]
kidnapper (de)	kidnappeur (m)	[kidnapœr]
losgeld (het)	rançon (f)	[rãsɔ̃]
eisen losgeld (ww)	exiger une rançon	[ɛgziʒe yn rãsɔ̃]
overvallen (ww)	cambrioler (vt)	[kãbrijɔle]
overval (de)	cambriolage (m)	[kãbrijɔlaʒ]
overvaller (de)	cambrioleur (m)	[kãbrijɔlœr]
afpersen (ww)	extorquer (vt)	[ɛkstɔrke]
afperser (de)	extorqueur (m)	[ɛkstɔrkœr]
afpersing (de)	extorsion (f)	[ɛkstɔrsjɔ̃]
vermoorden (ww)	tuer (vt)	[tɥe]
moord (de)	meurtre (m)	[mœrtr]
moordenaar (de)	meurtrier (m)	[mœrtrije]
schot (het)	coup (m) de feu	[ku də fø]
een schot lossen	tirer un coup de feu	[tire œ̃ ku də fø]
neerschieten (ww)	abattre (vt)	[abatr]
schieten (ww)	tirer (vi)	[tire]
schieten (het)	coups (m pl) de feu	[ku də fø]
ongeluk (gevecht, enz.)	incident (m)	[ɛ̃sidã]
gevecht (het)	bagarre (f)	[bagar]
Help!	Au secours!	[osəkur]
slachtoffer (het)	victime (f)	[viktim]

beschadigen (ww)	endommager (vt)	[ãdɔmaʒe]
schade (de)	dommage (m)	[dɔmaʒ]
lijk (het)	cadavre (m)	[kadavr]
zwaar (~ misdrijf)	grave (adj)	[grav]

aanvallen (ww)	attaquer (vt)	[atake]
slaan (iemand ~)	battre (vt)	[batr]
in elkaar slaan (toetakelen)	passer à tabac	[pɑse ɑ taba]
ontnemen (beroven)	prendre (vt)	[prãdr]
steken (met een mes)	poignarder (vt)	[pwaɲarde]
verminken (ww)	mutiler (vt)	[mytile]
verwonden (ww)	blesser (vt)	[blese]

chantage (de)	chantage (m)	[ʃãtaʒ]
chanteren (ww)	faire chanter	[fɛr ʃãte]
chanteur (de)	maître (m) chanteur	[mɛtr ʃãtœr]

afpersing (de)	racket (m) de protection	[rakɛt də prɔtɛksjõ]
afperser (de)	racketteur (m)	[rakɛtœr]
gangster (de)	gangster (m)	[gãgstɛr]
maffia (de)	mafia (f)	[mafja]

kruimeldief (de)	pickpocket (m)	[pikpɔkɛt]
inbreker (de)	cambrioleur (m)	[kãbrijɔlœr]
smokkelen (het)	contrebande (f)	[kõtrəbãd]
smokkelaar (de)	contrebandier (m)	[kõtrebãdje]

namaak (de)	contrefaçon (f)	[kõtrəfasõ]
namaken (ww)	falsifier (vt)	[falsifje]
namaak-, vals (bn)	faux (adj)	[fo]

192. De wet overtreden. Criminelen. Deel 2

verkrachting (de)	viol (m)	[vjɔl]
verkrachten (ww)	violer (vt)	[vjɔle]
verkrachter (de)	violeur (m)	[vjɔlœr]
maniak (de)	maniaque (m)	[manjak]

prostituee (de)	prostituée (f)	[prɔstitɥe]
prostitutie (de)	prostitution (f)	[prɔstitysjõ]
pooier (de)	souteneur (m)	[sutnœr]

| drugsverslaafde (de) | drogué (m) | [drɔge] |
| drugshandelaar (de) | trafiquant (m) de drogue | [trafikã də drɔg] |

opblazen (ww)	faire exploser	[fɛr ɛksploze]
explosie (de)	explosion (f)	[ɛksplozjõ]
in brand steken (ww)	mettre feu	[mɛtr fø]
brandstichter (de)	incendiaire (m)	[ɛ̃sãdjɛr]

terrorisme (het)	terrorisme (m)	[tɛrɔrism]
terrorist (de)	terroriste (m)	[tɛrɔrist]
gijzelaar (de)	otage (m)	[ɔtaʒ]
bedriegen (ww)	escroquer (vt)	[ɛskrɔke]

| bedrog (het) | escroquerie (f) | [ɛskrɔkri] |
| oplichter (de) | escroc (m) | [ɛskro] |

omkopen (ww)	soudoyer (vt)	[sudwaje]
omkoperij (de)	corruption (f)	[kɔrypsjõ]
smeergeld (het)	pot-de-vin (m)	[podvɛ̃]

vergif (het)	poison (m)	[pwazõ]
vergiftigen (ww)	empoisonner (vt)	[ɑ̃pwazɔne]
vergif innemen (ww)	s'empoisonner (vp)	[sɑ̃pwazɔne]

| zelfmoord (de) | suicide (m) | [sɥisid] |
| zelfmoordenaar (de) | suicidé (m) | [sɥiside] |

bedreigen (bijv. met een pistool)	menacer (vt)	[mənase]
bedreiging (de)	menace (f)	[mənas]
een aanslag plegen	attenter (vt)	[atɑ̃te]
aanslag (de)	attentat (m)	[atɑ̃ta]

| stelen (een auto) | voler (vt) | [vɔle] |
| kapen (een vliegtuig) | détourner (vt) | [deturne] |

| wraak (de) | vengeance (f) | [vɑ̃ʒɑ̃s] |
| wreken (ww) | se venger (vp) | [sə vɑ̃ʒe] |

martelen (gevangenen)	torturer (vt)	[tɔrtyre]
foltering (de)	torture (f)	[tɔrtyr]
folteren (ww)	tourmenter (vt)	[turmɑ̃te]

piraat (de)	pirate (m)	[pirat]
straatschender (de)	voyou (m)	[vwaju]
gewapend (bn)	armé (adj)	[arme]
geweld (het)	violence (f)	[vjɔlɑ̃s]
onwettig (strafbaar)	illégal (adj)	[ilegal]

| spionage (de) | espionnage (m) | [ɛspjɔnaʒ] |
| spioneren (ww) | espionner (vt) | [ɛspjɔne] |

193. Politie. Wet. Deel 1

| gerecht (het) | justice (f) | [ʒystis] |
| gerechtshof (het) | tribunal (m) | [tribynal] |

rechter (de)	juge (m)	[ʒyʒ]
jury (de)	jury (m)	[ʒyri]
juryrechtspraak (de)	cour (f) d'assises	[kur dasiz]
berechten (ww)	juger (vt)	[ʒyʒe]

advocaat (de)	avocat (m)	[avɔka]
beklaagde (de)	accusé (m)	[akyze]
beklaagdenbank (de)	banc (m) des accusés	[bɑ̃ dezakyze]
beschuldiging (de)	inculpation (f)	[ɛ̃kylpasjõ]
beschuldigde (de)	inculpé (m)	[ɛ̃kylpe]

vonnis (het)	condamnation (f)	[kõdanasjõ]
veroordelen	condamner (vt)	[kõdane]
(in een rechtszaak)		

schuldige (de)	coupable (m)	[kupabl]
straffen (ww)	punir (vt)	[pynir]
bestraffing (de)	punition (f)	[pynisjõ]

boete (de)	amende (f)	[amãd]
levenslange opsluiting (de)	détention (f) à vie	[detãsjõ ɑ vi]
doodstraf (de)	peine (f) de mort	[pɛn də mɔr]
elektrische stoel (de)	chaise (f) électrique	[ʃɛz elɛktrik]
schavot (het)	potence (f)	[pɔtãs]

| executeren (ww) | exécuter (vt) | [ɛgzekyte] |
| executie (de) | exécution (f) | [ɛgzekysjõ] |

gevangenis (de)	prison (f)	[prizõ]
cel (de)	cellule (f)	[selyl]
konvooi (het)	escorte (f)	[ɛskɔrt]
gevangenisbewaker (de)	gardien (m) de prison	[gardjɛ̃ də prizõ]
gedetineerde (de)	prisonnier (m)	[prizɔnje]

| handboeien (mv.) | menottes (f pl) | [mənɔt] |
| handboeien omdoen | mettre les menottes | [mɛtr le mənɔt] |

ontsnapping (de)	évasion (f)	[evazjõ]
ontsnappen (ww)	s'évader (vp)	[sevade]
verdwijnen (ww)	disparaître (vi)	[disparɛtr]
vrijlaten (uit de gevangenis)	libérer (vt)	[libere]
amnestie (de)	amnistie (f)	[amnisti]

politie (de)	police (f)	[pɔlis]
politieagent (de)	policier (m)	[pɔlisje]
politiebureau (het)	commissariat (m) de police	[kɔmisarja də pɔlis]
knuppel (de)	matraque (f)	[matrak]
megafoon (de)	haut parleur (m)	[o parlœr]

patrouilleerwagen (de)	voiture (f) de patrouille	[vwatyr də patruj]
sirene (de)	sirène (f)	[sirɛn]
de sirene aansteken	enclencher la sirène	[ãklãʃe la sirɛn]
geloei (het) van de sirene	hurlement (m) de la sirène	[yrləmã dəla sirɛn]

plaats delict (de)	lieu (m) du crime	[ljø dy krim]
getuige (de)	témoin (m)	[temwɛ̃]
vrijheid (de)	liberté (f)	[libɛrte]
handlanger (de)	complice (m)	[kõplis]
ontvluchten (ww)	s'enfuir (vp)	[sãfɥir]
spoor (het)	trace (f)	[tras]

194. Politie. Wet. Deel 2

| opsporing (de) | recherche (f) | [rəʃɛrʃ] |
| opsporen (ww) | rechercher (vt) | [rəʃɛrʃe] |

verdenking (de)	suspicion (f)	[syspisjõ]
verdacht (bn)	suspect (adj)	[syspɛ]
aanhouden (stoppen)	arrêter (vt)	[arete]
tegenhouden (ww)	détenir (vt)	[detnir]
strafzaak (de)	affaire (f)	[afɛr]
onderzoek (het)	enquête (f)	[ãkɛt]
detective (de)	détective (m)	[detɛktiv]
onderzoeksrechter (de)	enquêteur (m)	[ãkɛtœr]
versie (de)	hypothèse (f)	[ipɔtɛz]
motief (het)	motif (m)	[mɔtif]
verhoor (het)	interrogatoire (m)	[ɛ̃terɔgatwar]
ondervragen (door de politie)	interroger (vt)	[ɛ̃terɔʒe]
ondervragen (omstanders ~)	interroger (vt)	[ɛ̃terɔʒe]
controle (de)	inspection (f)	[ɛ̃spɛksjõ]
razzia (de)	rafle (f)	[rafl]
huiszoeking (de)	perquisition (f)	[pɛrkizisjõ]
achtervolging (de)	poursuite (f)	[pursч̨it]
achtervolgen (ww)	poursuivre (vt)	[pursч̨ivr]
opsporen (ww)	dépister (vt)	[depiste]
arrest (het)	arrestation (f)	[arɛstasjõ]
arresteren (ww)	arrêter (vt)	[arete]
vangen, aanhouden (een dief, enz.)	attraper (vt)	[atrape]
aanhouding (de)	capture (f)	[kaptyr]
document (het)	document (m)	[dɔkymã]
bewijs (het)	preuve (f)	[prœv]
bewijzen (ww)	prouver (vt)	[pruve]
voetspoor (het)	empreinte (f) de pied	[ãprɛt də pje]
vingerafdrukken (mv.)	empreintes (f pl) digitales	[ãprɛt diʒital]
bewijs (het)	élément (m) de preuve	[elemã də prœv]
alibi (het)	alibi (m)	[alibi]
onschuldig (bn)	innocent (adj)	[inɔsã]
onrecht (het)	injustice (f)	[ɛ̃ʒystis]
onrechtvaardig (bn)	injuste (adj)	[ɛ̃ʒyst]
crimineel (bn)	criminel (adj)	[kriminɛl]
confisqueren (in beslag nemen)	confisquer (vt)	[kõfiske]
drug (de)	drogue (f)	[drɔg]
wapen (het)	arme (f)	[arm]
ontwapenen (ww)	désarmer (vt)	[dezarme]
bevelen (ww)	ordonner (vt)	[ɔrdɔne]
verdwijnen (ww)	disparaître (vi)	[disparɛtr]
wet (de)	loi (f)	[lwa]
wettelijk (bn)	légal (adj)	[legal]
onwettelijk (bn)	illégal (adj)	[ilegal]
verantwoordelijkheid (de)	responsabilité (f)	[rɛspõsabilite]
verantwoordelijk (bn)	responsable (adj)	[rɛspõsabl]

NATUUR

De Aarde. Deel 1

195. De kosmische ruimte

kosmos (de)	cosmos (m)	[kɔsmos]
kosmisch (bn)	cosmique (adj)	[kɔsmik]
kosmische ruimte (de)	espace (m) cosmique	[ɛspas kɔsmik]
wereld (de), heelal (het)	univers (m)	[ynivɛr]
wereld (de)	monde (m)	[mɔ̃d]
sterrenstelsel (het)	galaxie (f)	[galaksi]
ster (de)	étoile (f)	[etwal]
sterrenbeeld (het)	constellation (f)	[kɔ̃stelasjɔ̃]
planeet (de)	planète (f)	[planɛt]
satelliet (de)	satellite (m)	[satelit]
meteoriet (de)	météorite (m)	[meteɔrit]
komeet (de)	comète (f)	[kɔmɛt]
asteroïde (de)	astéroïde (m)	[asterɔid]
baan (de)	orbite (f)	[ɔrbit]
draaien (om de zon, enz.)	tourner (vi)	[turne]
atmosfeer (de)	atmosphère (f)	[atmɔsfɛr]
Zon (de)	Soleil (m)	[sɔlɛj]
zonnestelsel (het)	système (m) solaire	[sistɛm sɔlɛr]
zonsverduistering (de)	éclipse (f) de soleil	[leklips də sɔlɛj]
Aarde (de)	Terre (f)	[tɛr]
Maan (de)	Lune (f)	[lyn]
Mars (de)	Mars (m)	[mars]
Venus (de)	Vénus (f)	[venys]
Jupiter (de)	Jupiter (m)	[ʒypitɛr]
Saturnus (de)	Saturne (m)	[satyrn]
Mercurius (de)	Mercure (m)	[mɛrkyr]
Uranus (de)	Uranus (m)	[yranys]
Neptunus (de)	Neptune	[nɛptyn]
Pluto (de)	Pluton (m)	[plytɔ̃]
Melkweg (de)	la Voie Lactée	[la vwa lakte]
Grote Beer (de)	la Grande Ours	[la grãd urs]
Poolster (de)	la Polaire	[la pɔlɛr]
marsmannetje (het)	martien (m)	[marsjɛ̃]
buitenaards wezen (het)	extraterrestre (m)	[ɛkstratɛrɛstr]

bovenaards (het)	alien (m)	[aljen]
vliegende schotel (de)	soucoupe (f) volante	[sukup vɔlɑ̃t]
ruimtevaartuig (het)	vaisseau (m) spatial	[vɛso spasjal]
ruimtestation (het)	station (f) orbitale	[stasjɔ̃ ɔrbital]
start (de)	lancement (m)	[lɑ̃smɑ̃]
motor (de)	moteur (m)	[mɔtœr]
straalpijp (de)	tuyère (f)	[tyjɛr]
brandstof (de)	carburant (m)	[karbyrɑ̃]
cabine (de)	cabine (f)	[kabin]
antenne (de)	antenne (f)	[ɑ̃tɛn]
patrijspoort (de)	hublot (m)	[yblo]
zonnebatterij (de)	batterie (f) solaire	[batri sɔlɛr]
ruimtepak (het)	scaphandre (m)	[skafɑ̃dr]
gewichtloosheid (de)	apesanteur (f)	[apəzɑ̃tœr]
zuurstof (de)	oxygène (m)	[ɔksiʒɛn]
koppeling (de)	arrimage (m)	[arimaʒ]
koppeling maken	s'arrimer à ...	[sarime a]
observatorium (het)	observatoire (m)	[ɔpsɛrvatwar]
telescoop (de)	télescope (m)	[teleskɔp]
waarnemen (ww)	observer (vt)	[ɔpsɛrve]
exploreren (ww)	explorer (vt)	[ɛksplɔre]

196. De Aarde

Aarde (de)	Terre (f)	[tɛr]
aardbol (de)	globe (m) terrestre	[glɔb tɛrɛstr]
planeet (de)	planète (f)	[planɛt]
atmosfeer (de)	atmosphère (f)	[atmɔsfɛr]
aardrijkskunde (de)	géographie (f)	[ʒeɔgrafi]
natuur (de)	nature (f)	[natyr]
wereldbol (de)	globe (m) de table	[glɔb də tabl]
kaart (de)	carte (f)	[kart]
atlas (de)	atlas (m)	[atlas]
Europa (het)	Europe (f)	[ørɔp]
Azië (het)	Asie (f)	[azi]
Afrika (het)	Afrique (f)	[afrik]
Australië (het)	Australie (f)	[ostrali]
Amerika (het)	Amérique (f)	[amerik]
Noord-Amerika (het)	Amérique (f) du Nord	[amerik dy nɔr]
Zuid-Amerika (het)	Amérique (f) du Sud	[amerik dy syd]
Antarctica (het)	l'Antarctique (m)	[lɑ̃tarktik]
Arctis (de)	l'Arctique (m)	[larktik]

197. Windrichtingen

noorden (het)	nord (m)	[nɔr]
naar het noorden	vers le nord	[vɛr lə nɔr]
in het noorden	au nord	[onɔr]
noordelijk (bn)	du nord (adj)	[dy nɔr]
zuiden (het)	sud (m)	[syd]
naar het zuiden	vers le sud	[vɛr lə syd]
in het zuiden	au sud	[osyd]
zuidelijk (bn)	du sud (adj)	[dy syd]
westen (het)	ouest (m)	[wɛst]
naar het westen	vers l'occident	[vɛr lɔksidɑ̃]
in het westen	à l'occident	[alɔksidɑ̃]
westelijk (bn)	occidental (adj)	[ɔksidɑ̃tal]
oosten (het)	est (m)	[ɛst]
naar het oosten	vers l'orient	[vɛr lɔrjɑ̃]
in het oosten	à l'orient	[alɔrjɑ̃]
oostelijk (bn)	oriental (adj)	[ɔrjɑ̃tal]

198. Zee. Oceaan

zee (de)	mer (f)	[mɛr]
oceaan (de)	océan (m)	[ɔseɑ̃]
golf (baai)	golfe (m)	[gɔlf]
straat (de)	détroit (m)	[detrwa]
grond (vaste grond)	terre (f) ferme	[tɛr fɛrm]
continent (het)	continent (m)	[kɔ̃tinɑ̃]
eiland (het)	île (f)	[il]
schiereiland (het)	presqu'île (f)	[prɛskil]
archipel (de)	archipel (m)	[arʃipɛl]
baai, bocht (de)	baie (f)	[bɛ]
haven (de)	port (m)	[pɔr]
lagune (de)	lagune (f)	[lagyn]
kaap (de)	cap (m)	[kap]
atol (de)	atoll (m)	[atɔl]
rif (het)	récif (m)	[resif]
koraal (het)	corail (m)	[kɔraj]
koraalrif (het)	récif (m) de corail	[resif də kɔraj]
diep (bn)	profond (adj)	[prɔfɔ̃]
diepte (de)	profondeur (f)	[prɔfɔ̃dœr]
diepzee (de)	abîme (m)	[abim]
trog (bijv. Marianentrog)	fosse (f) océanique	[fos ɔseanik]
stroming (de)	courant (m)	[kurɑ̃]
omspoelen (ww)	baigner (vt)	[beɲe]
oever (de)	littoral (m)	[litɔral]

kust (de)	côte (f)	[kot]
vloed (de)	marée (f) haute	[mare ot]
eb (de)	marée (f) basse	[mare bas]
ondiepte (ondiep water)	banc (m) de sable	[bã də sabl]
bodem (de)	fond (m)	[fõ]

golf (hoge ~)	vague (f)	[vag]
golfkam (de)	crête (f) de la vague	[krɛt də la vag]
schuim (het)	mousse (f)	[mus]

storm (de)	tempête (f) en mer	[tãpɛt ãmɛr]
orkaan (de)	ouragan (m)	[uragã]
tsunami (de)	tsunami (m)	[tsynami]
windstilte (de)	calme (m)	[kalm]
kalm (bijv. ~e zee)	calme (adj)	[kalm]

| pool (de) | pôle (m) | [pol] |
| polair (bn) | polaire (adj) | [polɛr] |

breedtegraad (de)	latitude (f)	[latityd]
lengtegraad (de)	longitude (f)	[lõʒityd]
parallel (de)	parallèle (f)	[paralɛl]
evenaar (de)	équateur (m)	[ekwatœr]

hemel (de)	ciel (m)	[sjɛl]
horizon (de)	horizon (m)	[ɔrizõ]
lucht (de)	air (m)	[ɛr]

vuurtoren (de)	phare (m)	[far]
duiken (ww)	plonger (vi)	[plõʒe]
zinken (ov. een boot)	sombrer (vi)	[sõbre]
schatten (mv.)	trésor (m)	[trezɔr]

199. Namen van zeeën en oceanen

Atlantische Oceaan (de)	océan (m) Atlantique	[ɔseɑn atlãtik]
Indische Oceaan (de)	océan (m) Indien	[ɔseɑn ɛ̃djɛ̃]
Stille Oceaan (de)	océan (m) Pacifique	[ɔseã pasifik]
Noordelijke IJszee (de)	océan (m) Glacial	[ɔseã glasjal]

Zwarte Zee (de)	mer (f) Noire	[mɛr nwar]
Rode Zee (de)	mer (f) Rouge	[mɛr ruʒ]
Gele Zee (de)	mer (f) Jaune	[mɛr ʒon]
Witte Zee (de)	mer (f) Blanche	[mɛr blãʃ]

Kaspische Zee (de)	mer (f) Caspienne	[mɛr kaspjɛn]
Dode Zee (de)	mer (f) Morte	[mɛr mɔrt]
Middellandse Zee (de)	mer (f) Méditerranée	[mɛr meditɛrane]

| Egeïsche Zee (de) | mer (f) Égée | [mɛr eʒe] |
| Adriatische Zee (de) | mer (f) Adriatique | [mɛr adrijatik] |

| Arabische Zee (de) | mer (f) Arabique | [mɛr arabik] |
| Japanse Zee (de) | mer (f) du Japon | [mɛr dy ʒapõ] |

Beringzee (de)	mer (f) de Béring	[mɛr də beriŋ]
Zuid-Chinese Zee (de)	mer (f) de Chine Méridionale	[mɛr də ʃin meridjɔnal]
Koraalzee (de)	mer (f) de Corail	[mɛr də kɔraj]
Tasmanzee (de)	mer (f) de Tasman	[mɛr də tasman]
Caribische Zee (de)	mer (f) Caraïbe	[mɛr karaib]
Barentszzee (de)	mer (f) de Barents	[mɛr də barɛ̃s]
Karische Zee (de)	mer (f) de Kara	[mɛr də kara]
Noordzee (de)	mer (f) du Nord	[mɛr dy nɔr]
Baltische Zee (de)	mer (f) Baltique	[mɛr baltik]
Noorse Zee (de)	mer (f) de Norvège	[mɛr də nɔrvɛʒ]

200. Bergen

berg (de)	montagne (f)	[mɔ̃taɲ]
bergketen (de)	chaîne (f) de montagnes	[ʃɛn də mɔ̃taɲ]
gebergte (het)	crête (f)	[krɛt]
bergtop (de)	sommet (m)	[sɔmɛ]
bergpiek (de)	pic (m)	[pik]
voet (ov. de berg)	pied (m)	[pje]
helling (de)	pente (f)	[pɑ̃t]
vulkaan (de)	volcan (m)	[vɔlkɑ̃]
actieve vulkaan (de)	volcan (m) actif	[vɔlkɑn aktif]
uitgedoofde vulkaan (de)	volcan (m) éteint	[vɔlkɑn etɛ̃]
uitbarsting (de)	éruption (f)	[erypsjɔ̃]
krater (de)	cratère (m)	[kratɛr]
magma (het)	magma (m)	[magma]
lava (de)	lave (f)	[lav]
gloeiend (~e lava)	en fusion	[ɑ̃ fyzjɔ̃]
kloof (canyon)	canyon (m)	[kanjɔ̃]
bergkloof (de)	défilé (m)	[defile]
spleet (de)	crevasse (f)	[krəvass]
afgrond (de)	précipice (m)	[presipis]
bergpas (de)	col (m)	[kɔl]
plateau (het)	plateau (m)	[plato]
klip (de)	rocher (m)	[rɔʃe]
heuvel (de)	colline (f)	[kɔlin]
gletsjer (de)	glacier (m)	[glasje]
waterval (de)	chute (f) d'eau	[ʃyt do]
geiser (de)	geyser (m)	[ʒɛzɛr]
meer (het)	lac (m)	[lak]
vlakte (de)	plaine (f)	[plɛn]
landschap (het)	paysage (m)	[peizaʒ]
echo (de)	écho (m)	[eko]
alpinist (de)	alpiniste (m)	[alpinist]

bergbeklimmer (de)	varappeur (m)	[varapœr]
trotseren (berg ~)	conquérir (vt)	[kõkerir]
beklimming (de)	ascension (f)	[asãsjõ]

201. Bergen namen

Alpen (de)	Alpes (f pl)	[alp]
Mont Blanc (de)	Mont Blanc (m)	[mõblã]
Pyreneeën (de)	Pyrénées (f pl)	[pirene]

Karpaten (de)	Carpates (f pl)	[karpat]
Oeralgebergte (het)	Monts Oural (m pl)	[mõ ural]
Kaukasus (de)	Caucase (m)	[kokaz]
Elbroes (de)	Elbrous (m)	[ɛlbrys]

Altaj (de)	Altaï (m)	[altaj]
Tiensjan (de)	Tian Chan (m)	[tjã ʃã]
Pamir (de)	Pamir (m)	[pamir]
Himalaya (de)	Himalaya (m)	[imalaja]
Everest (de)	Everest (m)	[evrɛst]

| Andes (de) | Andes (f pl) | [ãd] |
| Kilimanjaro (de) | Kilimandjaro (m) | [kilimãdʒaro] |

202. Rivieren

rivier (de)	rivière (f), fleuve (m)	[rivjɛr], [flœv]
bron (~ van een rivier)	source (f)	[surs]
rivierbedding (de)	lit (m)	[li]
rivierbekken (het)	bassin (m)	[basɛ̃]
uitmonden in ...	se jeter dans ...	[sə ʒəte dã]

| zijrivier (de) | affluent (m) | [aflyã] |
| oever (de) | rive (f) | [riv] |

stroming (de)	courant (m)	[kurã]
stroomafwaarts (bw)	en aval	[ɑn aval]
stroomopwaarts (bw)	en amont	[ɑn amõ]

overstroming (de)	inondation (f)	[inõdasjõ]
overstroming (de)	les grandes crues	[le grãd kry]
buiten zijn oevers treden	déborder (vt)	[deborde]
overstromen (ww)	inonder (vt)	[inõde]

| zandbank (de) | bas-fond (m) | [bafõ] |
| stroomversnelling (de) | rapide (m) | [rapid] |

dam (de)	barrage (m)	[baraʒ]
kanaal (het)	canal (m)	[kanal]
spaarbekken (het)	lac (m) de barrage	[lak də baraʒ]
sluis (de)	écluse (f)	[eklyz]
waterlichaam (het)	plan (m) d'eau	[plã do]

moeras (het)	marais (m)	[marɛ]
broek (het)	fondrière (f)	[fɔ̃drijɛr]
draaikolk (de)	tourbillon (m)	[turbijɔ̃]

stroom (de)	ruisseau (m)	[rɥiso]
drink- (abn)	potable (adj)	[pɔtabl]
zoet (~ water)	douce (adj)	[dus]

| IJs (het) | glace (f) | [glas] |
| bevriezen (rivier, enz.) | être gelé | [ɛtr ʒəle] |

203. Namen van rivieren

| Seine (de) | Seine (f) | [sɛn] |
| Loire (de) | Loire (f) | [lwar] |

Theems (de)	Tamise (f)	[tamiz]
Rijn (de)	Rhin (m)	[rɛ̃]
Donau (de)	Danube (m)	[danyb]

Wolga (de)	Volga (f)	[vɔlga]
Don (de)	Don (m)	[dɔ̃]
Lena (de)	Lena (f)	[lena]

Gele Rivier (de)	Huang He (m)	[waŋ e]
Blauwe Rivier (de)	Yangzi Jiang (m)	[jɑ̃gzijɑ̃g]
Mekong (de)	Mékong (m)	[mekɔ̃g]
Ganges (de)	Gange (m)	[gɑ̃ʒ]

Nijl (de)	Nil (m)	[nil]
Kongo (de)	Congo (m)	[kɔ̃go]
Okavango (de)	Okavango (m)	[ɔkavango]
Zambezi (de)	Zambèze (m)	[zɑ̃bɛz]
Limpopo (de)	Limpopo (m)	[limpɔpo]
Mississippi (de)	Mississippi (m)	[misisipi]

204. Bos

| bos (het) | forêt (f) | [fɔrɛ] |
| bos- (abn) | forestier (adj) | [fɔrɛstje] |

oerwoud (dicht bos)	fourré (m)	[fure]
bosje (klein bos)	bosquet (m)	[bɔskɛ]
open plek (de)	clairière (f)	[klɛrjɛr]

| struikgewas (het) | broussailles (f pl) | [brusaj] |
| struiken (mv.) | taillis (m) | [taji] |

paadje (het)	sentier (m)	[sɑ̃tje]
ravijn (het)	ravin (m)	[ravɛ̃]
boom (de)	arbre (m)	[arbr]
blad (het)	feuille (f)	[fœj]

gebladerte (het)	feuillage (m)	[fœjaʒ]
vallende bladeren (mv.)	chute (f) de feuilles	[ʃyt də fœj]
vallen (ov. de bladeren)	tomber (vi)	[tɔ̃be]
boomtop (de)	sommet (m)	[sɔmɛ]
tak (de)	rameau (m)	[ramo]
ent (de)	branche (f)	[brɑ̃ʃ]
knop (de)	bourgeon (m)	[burʒɔ̃]
naald (de)	aiguille (f)	[egɥij]
dennenappel (de)	pomme (f) de pin	[pɔm də pɛ̃]
boom holte (de)	creux (m)	[krø]
nest (het)	nid (m)	[ni]
hol (het)	terrier (m)	[tɛrje]
stam (de)	tronc (m)	[trɔ̃]
wortel (bijv. boom~s)	racine (f)	[rasin]
schors (de)	écorce (f)	[ekɔrs]
mos (het)	mousse (f)	[mus]
ontwortelen (een boom)	déraciner (vt)	[derasine]
kappen (een boom ~)	abattre (vt)	[abatr]
ontbossen (ww)	déboiser (vt)	[debwaze]
stronk (de)	souche (f)	[suʃ]
kampvuur (het)	feu (m) de bois	[fø də bwa]
bosbrand (de)	incendie (m)	[ɛ̃sɑ̃di]
blussen (ww)	éteindre (vt)	[etɛ̃dr]
boswachter (de)	garde (m) forestier	[gard fɔrɛstje]
bescherming (de)	protection (f)	[prɔtɛksjɔ̃]
beschermen	protéger (vt)	[prɔteʒe]
(bijv. de natuur ~)		
stroper (de)	braconnier (m)	[brakɔnje]
val (de)	piège (m) à mâchoires	[pjɛʒ ɑ mɑʃwar]
plukken (vruchten, enz.)	cueillir (vt)	[kœjir]
verdwalen (de weg kwijt zijn)	s'égarer (vp)	[segare]

205. Natuurlijke hulpbronnen

natuurlijke rijkdommen (mv.)	ressources (f pl) naturelles	[rəsurs natyrɛl]
delfstoffen (mv.)	minéraux (m pl)	[minero]
lagen (mv.)	gisement (m)	[ʒizmɑ̃]
veld (bijv. olie~)	champ (m)	[ʃɑ̃]
winnen (uit erts ~)	extraire (vt)	[ɛkstrɛr]
winning (de)	extraction (f)	[ɛkstraksjɔ̃]
erts (het)	minerai (m)	[minrɛ]
mijn (bijv. kolenmijn)	mine (f)	[min]
mijnschacht (de)	puits (m) de mine	[pɥi də min]
mijnwerker (de)	mineur (m)	[minœr]
gas (het)	gaz (m)	[gaz]
gasleiding (de)	gazoduc (m)	[gazɔdyk]

olie (aardolie)	pétrole (m)	[petrɔl]
olieleiding (de)	pipeline (m)	[piplin]
oliebron (de)	tour (f) de forage	[tur də fɔraʒ]
boortoren (de)	derrick (m)	[derik]
tanker (de)	pétrolier (m)	[petrɔlje]
zand (het)	sable (m)	[sabl]
kalksteen (de)	calcaire (m)	[kalkɛr]
grind (het)	gravier (m)	[gravje]
veen (het)	tourbe (f)	[turb]
klei (de)	argile (f)	[arʒil]
steenkool (de)	charbon (m)	[ʃarbɔ̃]
IJzer (het)	fer (m)	[fɛr]
goud (het)	or (m)	[ɔr]
zilver (het)	argent (m)	[arʒɑ̃]
nikkel (het)	nickel (m)	[nikɛl]
koper (het)	cuivre (m)	[kɥivr]
zink (het)	zinc (m)	[zɛ̃g]
mangaan (het)	manganèse (m)	[mɑ̃ganɛz]
kwik (het)	mercure (m)	[mɛrkyr]
lood (het)	plomb (m)	[plɔ̃]
mineraal (het)	minéral (m)	[mineral]
kristal (het)	cristal (m)	[kristal]
marmer (het)	marbre (m)	[marbr]
uraan (het)	uranium (m)	[yranjɔm]

De Aarde. Deel 2

206. Weer

weer (het)	temps (m)	[tɑ̃]
weersvoorspelling (de)	météo (f)	[meteo]
temperatuur (de)	température (f)	[tɑ̃peratyr]
thermometer (de)	thermomètre (m)	[tɛrmɔmɛtr]
barometer (de)	baromètre (m)	[barɔmɛtr]
vochtig (bn)	humide (adj)	[ymid]
vochtigheid (de)	humidité (f)	[ymidite]
hitte (de)	chaleur (f)	[ʃalœr]
heet (bn)	torride (adj)	[tɔrid]
het is heet	il fait très chaud	[il fɛ trɛ ʃo]
het is warm	il fait chaud	[il fɛʃo]
warm (bn)	chaud (adj)	[ʃo]
het is koud	il fait froid	[il fɛ frwa]
koud (bn)	froid (adj)	[frwa]
zon (de)	soleil (m)	[sɔlɛj]
schijnen (de zon)	briller (vi)	[brije]
zonnig (~e dag)	ensoleillé (adj)	[ɑ̃sɔleje]
opgaan (ov. de zon)	se lever (vp)	[sə ləve]
ondergaan (ww)	se coucher (vp)	[sə kuʃe]
wolk (de)	nuage (m)	[nɥaʒ]
bewolkt (bn)	nuageux (adj)	[nɥaʒø]
regenwolk (de)	nuée (f)	[nɥe]
somber (bn)	sombre (adj)	[sɔ̃br]
regen (de)	pluie (f)	[plɥi]
het regent	il pleut	[il plø]
regenachtig (bn)	pluvieux (adj)	[plyvjø]
motregenen (ww)	bruiner (v imp)	[brɥine]
plensbui (de)	pluie (f) torrentielle	[plɥi tɔrɑ̃sjɛl]
stortbui (de)	averse (f)	[avɛrs]
hard (bn)	forte (adj)	[fɔrt]
plas (de)	flaque (f)	[flak]
nat worden (ww)	se faire mouiller	[sə fɛr muje]
mist (de)	brouillard (m)	[brujar]
mistig (bn)	brumeux (adj)	[brymø]
sneeuw (de)	neige (f)	[nɛʒ]
het sneeuwt	il neige	[il nɛʒ]

207. Zwaar weer. Natuurrampen

noodweer (storm)	orage (m)	[ɔraʒ]
bliksem (de)	éclair (m)	[eklɛr]
flitsen (ww)	éclater (vi)	[eklate]
donder (de)	tonnerre (m)	[tɔnɛr]
donderen (ww)	gronder (vi)	[grɔ̃de]
het dondert	le tonnerre gronde	[lə tɔnɛr grɔ̃d]
hagel (de)	grêle (f)	[grɛl]
het hagelt	il grêle	[il grɛl]
overstromen (ww)	inonder (vt)	[inɔ̃de]
overstroming (de)	inondation (f)	[inɔ̃dasjɔ̃]
aardbeving (de)	tremblement (m) de terre	[trãbləmã də tɛr]
aardschok (de)	secousse (f)	[səkus]
epicentrum (het)	épicentre (m)	[episãtr]
uitbarsting (de)	éruption (f)	[erypsjɔ̃]
lava (de)	lave (f)	[lav]
wervelwind (de)	tourbillon (m)	[turbijɔ̃]
windhoos (de)	tornade (f)	[tɔrnad]
tyfoon (de)	typhon (m)	[tifɔ̃]
orkaan (de)	ouragan (m)	[uragã]
storm (de)	tempête (f)	[tãpɛt]
tsunami (de)	tsunami (m)	[tsynami]
cycloon (de)	cyclone (m)	[siklon]
onweer (het)	intempéries (f pl)	[ɛ̃tãperi]
brand (de)	incendie (m)	[ɛ̃sãdi]
ramp (de)	catastrophe (f)	[katastrɔf]
meteoriet (de)	météorite (m)	[meteɔrit]
lawine (de)	avalanche (f)	[avalãʃ]
sneeuwverschuiving (de)	éboulement (m)	[ebulmã]
sneeuwjacht (de)	blizzard (m)	[blizar]
sneeuwstorm (de)	tempête (f) de neige	[tãpɛt də nɛʒ]

208. Geluiden. Geluiden

stilte (de)	silence (m)	[silãs]
geluid (het)	son (m)	[sɔ̃]
lawaai (het)	bruit (m)	[brɥi]
lawaai maken (ww)	faire du bruit	[fɛr dy brɥi]
lawaaierig (bn)	bruyant (adj)	[brɥijã]
luid (~ spreken)	fort (adv)	[fɔr]
luid (bijv. ~e stem)	fort (adj)	[fɔr]
aanhoudend (voortdurend)	constant (adj)	[kɔ̃stã]

189

schreeuw (de)	cri (m)	[kri]
schreeuwen (ww)	crier (vi)	[krije]
gefluister (het)	chuchotement (m)	[ʃyʃɔtmɑ̃]
fluisteren (ww)	chuchoter (vi, vt)	[ʃyʃote]

| geblaf (het) | aboiement (m) | [abwamɑ̃] |
| blaffen (ww) | aboyer (vi) | [abwaje] |

gekreun (het)	gémissement (m)	[ʒemismɑ̃]
kreunen (ww)	gémir (vi)	[ʒemir]
hoest (de)	toux (f)	[tu]
hoesten (ww)	tousser (vi)	[tuse]

gefluit (het)	sifflement (m)	[sifləmɑ̃]
fluiten (op het fluitje blazen)	siffler (vi)	[sifle]
geklop (het)	coups (m pl) à la porte	[ku ɑla pɔrt]
kloppen (aan een deur)	frapper (vi)	[frape]

| kraken (hout, ijs) | craquer (vi) | [krake] |
| gekraak (het) | craquement (m) | [krakmɑ̃] |

sirene (de)	sirène (f)	[sirɛn]
fluit (stoom ~)	sifflement (m)	[sifləmɑ̃]
fluiten (schip, trein)	siffler (vi)	[sifle]
toeter (de)	coup (m) de klaxon	[ku də klaksɔn]
toeteren (ww)	klaxonner (vi)	[klaksɔne]

209. Winter

winter (de)	hiver (m)	[ivɛr]
winter- (abn)	d'hiver (adj)	[divɛr]
in de winter (bw)	en hiver	[ɑn ivɛr]

sneeuw (de)	neige (f)	[nɛʒ]
het sneeuwt	il neige	[il nɛʒ]
sneeuwval (de)	chute (f) de neige	[ʃyt də nɛʒ]
sneeuwhoop (de)	congère (f)	[kɔ̃ʒɛr]

sneeuwvlok (de)	flocon (m) de neige	[flɔkɔ̃ də nɛʒ]
sneeuwbal (de)	boule (f) de neige	[bul də nɛʒ]
sneeuwman (de)	bonhomme (m) de neige	[bɔnɔm də nɛʒ]
IJspegel (de)	glaçon (m)	[glasɔ̃]

december (de)	décembre (m)	[desɑ̃br]
januari (de)	janvier (m)	[ʒɑ̃vje]
februari (de)	février (m)	[fevrije]

| vorst (de) | gel (m) | [ʒɛl] |
| vries- (abn) | glacial (adj) | [glasjal] |

onder nul (bw)	au-dessous de zéro	[odsu də zero]
eerste vorst (de)	premières gelées (f pl)	[prəmjɛr ʒəle]
rijp (de)	givre (m)	[ʒivr]
koude (de)	froid (m)	[frwa]

het is koud	il fait froid	[il fɛ frwa]
bontjas (de)	manteau (m) de fourrure	[mãto də furyr]
wanten (mv.)	moufles (f pl)	[mufl]
ziek worden (ww)	tomber malade	[tõbe malad]
verkoudheid (de)	refroidissement (m)	[rəfrwadismã]
verkouden raken (ww)	prendre froid	[prãdr frwa]
IJs (het)	glace (f)	[glas]
IJzel (de)	verglas (m)	[vɛrgla]
bevriezen (rivier, enz.)	être gelé	[ɛtr ʒəle]
IJsschol (de)	bloc (m) de glace	[blɔk də glas]
ski's (mv.)	skis (m pl)	[ski]
skiër (de)	skieur (m)	[skjœr]
skiën (ww)	faire du ski	[fɛr dy ski]
schaatsen (ww)	patiner (vi)	[patine]

Fauna

210. Zoogdieren. Roofdieren

roofdier (het)	prédateur (m)	[predatœr]
tijger (de)	tigre (m)	[tigr]
leeuw (de)	lion (m)	[ljɔ̃]
wolf (de)	loup (m)	[lu]
vos (de)	renard (m)	[rənar]
jaguar (de)	jaguar (m)	[ʒagwar]
luipaard (de)	léopard (m)	[leɔpar]
jachtluipaard (de)	guépard (m)	[gepar]
panter (de)	panthère (f)	[pɑ̃tɛr]
poema (de)	puma (m)	[pyma]
sneeuwluipaard (de)	léopard (m) de neiges	[leɔpar də nɛʒ]
lynx (de)	lynx (m)	[lĕks]
coyote (de)	coyote (m)	[kɔjɔt]
jakhals (de)	chacal (m)	[ʃakal]
hyena (de)	hyène (f)	[jɛn]

211. Wilde dieren

dier (het)	animal (m)	[animal]
beest (het)	bête (f)	[bɛt]
eekhoorn (de)	écureuil (m)	[ekyrœj]
egel (de)	hérisson (m)	[erisɔ̃]
haas (de)	lièvre (m)	[ljɛvr]
konijn (het)	lapin (m)	[lapɛ̃]
das (de)	blaireau (m)	[blɛro]
wasbeer (de)	raton (m)	[ratɔ̃]
hamster (de)	hamster (m)	[amstɛr]
marmot (de)	marmotte (f)	[marmɔt]
mol (de)	taupe (f)	[top]
muis (de)	souris (f)	[suri]
rat (de)	rat (m)	[ra]
vleermuis (de)	chauve-souris (f)	[ʃovsuri]
hermelijn (de)	hermine (f)	[ɛrmin]
sabeldier (het)	zibeline (f)	[ziblin]
marter (de)	martre (f)	[martr]
wezel (de)	belette (f)	[bəlɛt]
nerts (de)	vison (m)	[vizɔ̃]

| bever (de) | castor (m) | [kastɔr] |
| otter (de) | loutre (f) | [lutr] |

paard (het)	cheval (m)	[ʃəval]
eland (de)	élan (m)	[elã]
hert (het)	cerf (m)	[sɛr]
kameel (de)	chameau (m)	[ʃamo]

bizon (de)	bison (m)	[bizõ]
oeros (de)	aurochs (m)	[orɔk]
buffel (de)	buffle (m)	[byfl]

zebra (de)	zèbre (m)	[zɛbr]
antilope (de)	antilope (f)	[ãtilɔp]
ree (de)	chevreuil (m)	[ʃəvrœj]
damhert (het)	biche (f)	[biʃ]
gems (de)	chamois (m)	[ʃamwa]
everzwijn (het)	sanglier (m)	[sãglije]

walvis (de)	baleine (f)	[balɛn]
rob (de)	phoque (m)	[fɔk]
walrus (de)	morse (m)	[mɔrs]
zeehond (de)	ours (m) de mer	[urs də mɛr]
dolfijn (de)	dauphin (m)	[dofɛ̃]

beer (de)	ours (m)	[urs]
IJsbeer (de)	ours (m) blanc	[urs blã]
panda (de)	panda (m)	[pãda]

aap (de)	singe (m)	[sɛ̃ʒ]
chimpansee (de)	chimpanzé (m)	[ʃɛ̃pãze]
orang-oetan (de)	orang-outang (m)	[ɔrãutã]
gorilla (de)	gorille (m)	[gɔrij]
makaak (de)	macaque (m)	[makak]
gibbon (de)	gibbon (m)	[ʒibõ]

olifant (de)	éléphant (m)	[elefã]
neushoorn (de)	rhinocéros (m)	[rinɔserɔs]
giraffe (de)	girafe (f)	[ʒiraf]
nijlpaard (het)	hippopotame (m)	[ipɔpɔtam]

| kangoeroe (de) | kangourou (m) | [kãguru] |
| koala (de) | koala (m) | [kɔala] |

mangoest (de)	mangouste (f)	[mãgust]
chinchilla (de)	chinchilla (m)	[ʃɛ̃ʃila]
stinkdier (het)	mouffette (f)	[mufɛt]
stekelvarken (het)	porc-épic (m)	[pɔrkepik]

212. Huisdieren

poes (de)	chat (m)	[ʃa]
kater (de)	chat (m)	[ʃa]
hond (de)	chien (m)	[ʃjɛ̃]

paard (het)	cheval (m)	[ʃəval]
hengst (de)	étalon (m)	[etalɔ̃]
merrie (de)	jument (f)	[ʒymɑ̃]
koe (de)	vache (f)	[vaʃ]
stier (de)	taureau (m)	[tɔro]
os (de)	bœuf (m)	[bœf]
schaap (het)	brebis (f)	[brəbi]
ram (de)	mouton (m)	[mutɔ̃]
geit (de)	chèvre (f)	[ʃɛvr]
bok (de)	bouc (m)	[buk]
ezel (de)	âne (m)	[ɑn]
muilezel (de)	mulet (m)	[mylɛ]
varken (het)	cochon (m)	[kɔʃɔ̃]
biggetje (het)	pourceau (m)	[purso]
konijn (het)	lapin (m)	[lapɛ̃]
kip (de)	poule (f)	[pul]
haan (de)	coq (m)	[kɔk]
eend (de)	canard (m)	[kanar]
woerd (de)	canard (m) mâle	[kanar mal]
gans (de)	oie (f)	[wa]
kalkoen haan (de)	dindon (m)	[dɛ̃dɔ̃]
kalkoen (de)	dinde (f)	[dɛ̃d]
huisdieren (mv.)	animaux (m pl) domestiques	[animo dɔmɛstik]
tam (bijv. hamster)	apprivoisé (adj)	[aprivwaze]
temmen (tam maken)	apprivoiser (vt)	[aprivwaze]
fokken (bijv. paarden ~)	élever (vt)	[elve]
boerderij (de)	ferme (f)	[fɛrm]
gevogelte (het)	volaille (f)	[vɔlaj]
rundvee (het)	bétail (m)	[betaj]
kudde (de)	troupeau (m)	[trupo]
paardenstal (de)	écurie (f)	[ekyri]
zwijnenstal (de)	porcherie (f)	[pɔrʃəri]
koeienstal (de)	vacherie (f)	[vaʃri]
konijnenhok (het)	cabane (f) à lapins	[kaban ɑ lapɛ̃]
kippenhok (het)	poulailler (m)	[pulaje]

213. Honden. Hondenrassen

hond (de)	chien (m)	[ʃjɛ̃]
herdershond (de)	berger (m)	[bɛrʒe]
Duitse herdershond (de)	berger (m) allemand	[bɛrʒe almɑ̃]
poedel (de)	caniche (f)	[kaniʃ]
teckel (de)	teckel (m)	[tekɛl]
buldog (de)	bouledogue (m)	[buldɔg]

boxer (de)   boxer (m)   [bɔksɛr]
mastiff (de)   mastiff (m)   [mastif]
rottweiler (de)   rottweiler (m)   [rɔtvajlœr]
doberman (de)   doberman (m)   [dɔbɛrman]

basset (de)   basset (m)   [basɛ]
bobtail (de)   bobtail (m)   [bɔbtɛjl]
dalmatiër (de)   dalmatien (m)   [dalmasjɛ̃]
cockerspaniël (de)   cocker (m)   [kɔkɛr]

newfoundlander (de)   terre-neuve (m)   [tɛrnœv]
sint-bernard (de)   saint-bernard (m)   [sɛ̃bɛrnar]

poolhond (de)   husky (m)   [œski]
chowchow (de)   chow-chow (m)   [ʃoʃo]
spits (de)   spitz (m)   [spitz]
mopshond (de)   carlin (m)   [karlɛ̃]

214. Dierengeluiden

geblaf (het)   aboiement (m)   [abwamɑ̃]
blaffen (ww)   aboyer (vi)   [abwaje]
miauwen (ww)   miauler (vi)   [mjole]
spinnen (katten)   ronronner (vi)   [rɔ̃rɔne]

loeien (ov. een koe)   meugler (vi)   [møgle]
brullen (stier)   beugler (vi)   [bøgle]
grommen (ov. de honden)   rugir (vi)   [ryʒir]

gehuil (het)   hurlement (m)   [yrləmɑ̃]
huilen (wolf, enz.)   hurler (vi)   [yrle]
janken (ov. een hond)   geindre (vi)   [ʒɛ̃dr]

mekkeren (schapen)   bêler (vi)   [bele]
knorren (varkens)   grogner (vi)   [grɔɲe]
gillen (bijv. varken)   glapir (vi)   [glapir]

kwaken (kikvorsen)   coasser (vi)   [kɔase]
zoemen (hommel, enz.)   bourdonner (vi)   [burdɔne]
tjirpen (sprinkhanen)   striduler (vi)   [stridyle]

215. Jonge dieren

jong (het)   bébé (m)   [bebe]
poesje (het)   chaton (m)   [ʃatɔ̃]
muisje (het)   souriceau (m)   [suriso]
puppy (de)   chiot (m)   [ʃjo]

jonge haas (de)   levraut (m)   [levro]
konijntje (het)   lapereau (m)   [lapro]
wolfje (het)   louveteau (m)   [luvto]
vosje (het)   renardeau (m)   [rənardo]

beertje (het)	ourson (m)	[ursõ]
leeuwenjong (het)	lionceau (m)	[ljõso]
tijgertje (het)	bébé (m) tigre	[bebe tigr]
olifantenjong (het)	éléphanteau (m)	[elefãto]
biggetje (het)	pourceau (m)	[purso]
kalf (het)	veau (m)	[vo]
geitje (het)	chevreau (m)	[ʃəvro]
lam (het)	agneau (m)	[aɲo]
reekalf (het)	faon (m)	[fã]
jonge kameel (de)	bébé (m) chameau	[bebe ʃamo]
slangenjong (het)	serpenteau (m)	[sɛrpãto]
kikkertje (het)	bébé (m) grenouille	[bebe grənuj]
vogeltje (het)	oisillon (m)	[wazijõ]
kuiken (het)	poussin (m)	[pusɛ̃]
eendje (het)	canardeau (m)	[kanardo]

216. Vogels

vogel (de)	oiseau (m)	[wazo]
duif (de)	pigeon (m)	[piʒõ]
mus (de)	moineau (m)	[mwano]
koolmees (de)	mésange (f)	[mezãʒ]
ekster (de)	pie (f)	[pi]
raaf (de)	corbeau (m)	[kɔrbo]
kraai (de)	corneille (f)	[kɔrnɛj]
kauw (de)	choucas (m)	[ʃuka]
roek (de)	freux (m)	[frø]
eend (de)	canard (m)	[kanar]
gans (de)	oie (f)	[wa]
fazant (de)	faisan (m)	[fəzã]
arend (de)	aigle (m)	[ɛgl]
havik (de)	épervier (m)	[epɛrvje]
valk (de)	faucon (m)	[fokõ]
gier (de)	vautour (m)	[votur]
condor (de)	condor (m)	[kõdɔr]
zwaan (de)	cygne (m)	[siɲ]
kraanvogel (de)	grue (f)	[gry]
ooievaar (de)	cigogne (f)	[sigɔɲ]
papegaai (de)	perroquet (m)	[perɔkɛ]
kolibrie (de)	colibri (m)	[kɔlibri]
pauw (de)	paon (m)	[pã]
struisvogel (de)	autruche (f)	[otryʃ]
reiger (de)	héron (m)	[erõ]
flamingo (de)	flamant (m)	[flamã]
pelikaan (de)	pélican (m)	[pelikã]

| nachtegaal (de) | rossignol (m) | [rɔsiɲɔl] |
| zwaluw (de) | hirondelle (f) | [irɔ̃dɛl] |

lijster (de)	merle (m)	[mɛrl]
zanglijster (de)	grive (f)	[griv]
merel (de)	merle (m) noir	[mɛrl nwar]

gierzwaluw (de)	martinet (m)	[martinɛ]
leeuwerik (de)	alouette (f) des champs	[alwɛt de ʃɑ̃]
kwartel (de)	caille (f)	[kaj]

specht (de)	pivert (m)	[pivɛr]
koekoek (de)	coucou (m)	[kuku]
uil (de)	chouette (f)	[ʃwɛt]
oehoe (de)	hibou (m)	[ibu]
auerhoen (het)	tétras (m)	[tetra]
korhoen (het)	tétras-lyre (m)	[tetralir]
patrijs (de)	perdrix (f)	[pɛrdri]

spreeuw (de)	étourneau (m)	[eturno]
kanarie (de)	canari (m)	[kanari]
hazelhoen (het)	gélinotte (f) des bois	[ʒelinɔt də bwa]
vink (de)	pinson (m)	[pɛ̃sɔ̃]
goudvink (de)	bouvreuil (m)	[buvrœj]

meeuw (de)	mouette (f)	[mwɛt]
albatros (de)	albatros (m)	[albatros]
pinguïn (de)	pingouin (m)	[pɛ̃gwɛ̃]

217. Vogels. Zingen en geluiden

fluiten, zingen (ww)	chanter (vi)	[ʃɑ̃te]
schreeuwen (dieren, vogels)	crier (vi)	[krije]
kraaien (ov. een haan)	chanter (vi)	[ʃɑ̃te]
kukeleku	cocorico (m)	[kɔkɔriko]

klokken (hen)	glousser (vi)	[gluse]
krassen (kraai)	croasser (vi)	[krɔase]
kwaken (eend)	cancaner (vi)	[kɑ̃kane]
piepen (kuiken)	piauler (vi)	[pjole]
tjilpen (bijv. een mus)	pépier (vi)	[pepje]

218. Vis. Zeedieren

brasem (de)	brème (f)	[brɛm]
karper (de)	carpe (f)	[karp]
baars (de)	perche (f)	[pɛrʃ]
meerval (de)	silure (m)	[silyr]
snoek (de)	brochet (m)	[brɔʃɛ]

| zalm (de) | saumon (m) | [somɔ̃] |
| steur (de) | esturgeon (m) | [ɛstyrʒɔ̃] |

haring (de)	hareng (m)	[arɑ̃]
atlantische zalm (de)	saumon (m) atlantique	[somɔ̃ atlɑ̃tik]
makreel (de)	maquereau (m)	[makro]
platvis (de)	flet (m)	[flɛ]

snoekbaars (de)	sandre (f)	[sɑ̃dr]
kabeljauw (de)	morue (f)	[mɔry]
tonijn (de)	thon (m)	[tɔ̃]
forel (de)	truite (f)	[trɥit]

paling (de)	anguille (f)	[ɑ̃gij]
sidderrog (de)	torpille (f)	[tɔrpij]
murene (de)	murène (f)	[myrɛn]
piranha (de)	piranha (m)	[piraɲa]

haai (de)	requin (m)	[rəkɛ̃]
dolfijn (de)	dauphin (m)	[dofɛ̃]
walvis (de)	baleine (f)	[balɛn]

krab (de)	crabe (m)	[krab]
kwal (de)	méduse (f)	[medyz]
octopus (de)	pieuvre (f), poulpe (m)	[pjœvr], [pulp]

zeester (de)	étoile (f) de mer	[etwal də mɛr]
zee-egel (de)	oursin (m)	[ursɛ̃]
zeepaardje (het)	hippocampe (m)	[ipɔkɑ̃p]

oester (de)	huître (f)	[ɥitr]
garnaal (de)	crevette (f)	[krəvɛt]
kreeft (de)	homard (m)	[ɔmar]
langoest (de)	langoustine (f)	[lɑ̃gustin]

219. Amfibieën. Reptielen

| slang (de) | serpent (m) | [sɛrpɑ̃] |
| giftig (slang) | venimeux (adj) | [vənimø] |

adder (de)	vipère (f)	[vipɛr]
cobra (de)	cobra (m)	[kɔbra]
python (de)	python (m)	[pitɔ̃]
boa (de)	boa (m)	[bɔa]

ringslang (de)	couleuvre (f)	[kulœvr]
ratelslang (de)	serpent (m) à sonnettes	[sɛrpɑ̃ a sɔnɛt]
anaconda (de)	anaconda (m)	[anakɔ̃da]

hagedis (de)	lézard (m)	[lezar]
leguaan (de)	iguane (m)	[igwan]
varaan (de)	varan (m)	[varɑ̃]
salamander (de)	salamandre (f)	[salamɑ̃dr]
kameleon (de)	caméléon (m)	[kameleɔ̃]
schorpioen (de)	scorpion (m)	[skɔrpjɔ̃]
schildpad (de)	tortue (f)	[tɔrty]
kikker (de)	grenouille (f)	[grənuj]

pad (de)	crapaud (m)	[krapo]
krokodil (de)	crocodile (m)	[krɔkɔdil]

220. Insecten

insect (het)	insecte (m)	[ɛ̃sɛkt]
vlinder (de)	papillon (m)	[papijɔ̃]
mier (de)	fourmi (f)	[furmi]
vlieg (de)	mouche (f)	[muʃ]
mug (de)	moustique (m)	[mustik]
kever (de)	scarabée (m)	[skarabe]
wesp (de)	guêpe (f)	[gɛp]
bij (de)	abeille (f)	[abɛj]
hommel (de)	bourdon (m)	[burdɔ̃]
horzel (de)	œstre (m)	[ɛstr]
spin (de)	araignée (f)	[areɲe]
spinnenweb (het)	toile (f) d'araignée	[twal dareɲe]
libel (de)	libellule (f)	[libelyl]
sprinkhaan (de)	sauterelle (f)	[sotrɛl]
nachtvlinder (de)	papillon (m)	[papijɔ̃]
kakkerlak (de)	cafard (m)	[kafar]
mijt (de)	tique (f)	[tik]
vlo (de)	puce (f)	[pys]
kriebelmug (de)	moucheron (m)	[muʃrɔ̃]
treksprinkhaan (de)	criquet (m)	[krikɛ]
slak (de)	escargot (m)	[ɛskargo]
krekel (de)	grillon (m)	[grijɔ̃]
glimworm (de)	luciole (f)	[lysjɔl]
lieveheersbeestje (het)	coccinelle (f)	[kɔksinɛl]
meikever (de)	hanneton (m)	[antɔ̃]
bloedzuiger (de)	sangsue (f)	[sɑ̃sy]
rups (de)	chenille (f)	[ʃənij]
aardworm (de)	ver (m)	[vɛr]
larve (de)	larve (f)	[larv]

221. Dieren. Lichaamsdelen

snavel (de)	bec (m)	[bɛk]
vleugels (mv.)	ailes (f pl)	[ɛl]
poot (ov. een vogel)	patte (f)	[pat]
verenkleed (het)	plumage (m)	[plymaʒ]
veer (de)	plume (f)	[plym]
kuifje (het)	houppe (f)	[up]
kieuwen (mv.)	ouïes (f pl)	[wi]
kuit, dril (de)	les œufs (m pl)	[lezø]

larve (de)	larve (f)	[larv]
vin (de)	nageoire (f)	[naʒwar]
schubben (mv.)	écaille (f)	[ekaj]

slagtand (de)	croc (m)	[kro]
poot (bijv. ~ van een kat)	patte (f)	[pat]
muil (de)	museau (m)	[myzo]
bek (mond van dieren)	gueule (f)	[gœl]
staart (de)	queue (f)	[kø]
snorharen (mv.)	moustaches (f pl)	[mustaʃ]

hoef (de)	sabot (m)	[sabo]
hoorn (de)	corne (f)	[kɔrn]

schild (schildpad, enz.)	carapace (f)	[karapas]
schelp (de)	coquillage (m)	[kɔkijaʒ]
eierschaal (de)	coquille (f) d'œuf	[kɔkij dœf]

vacht (de)	poil (m)	[pwal]
huid (de)	peau (f)	[po]

222. Acties van de dieren

vliegen (ww)	voler (vi)	[vɔle]
cirkelen (vogel)	faire des cercles	[fɛr de sɛrkl]

wegvliegen (ww)	s'envoler (vp)	[sɑ̃vɔle]
klapwieken (ww)	battre des ailes	[batr dezɛl]

pikken (vogels)	picorer (vt)	[pikɔre]
broeden (de eend zit te ~)	couver (vt)	[kuve]

uitbroeden (ww)	éclore (vt)	[eklɔr]
een nest bouwen	faire un nid	[fɛr œ̃ ni]

kruipen (ww)	ramper (vi)	[rɑ̃pe]
steken (bij)	piquer (vi)	[pike]
bijten (de hond, enz.)	mordre (vt)	[mɔrdr]

snuffelen (ov. de dieren)	flairer (vt)	[flɛre]
blaffen (ww)	aboyer (vi)	[abwaje]
sissen (slang)	siffler (vi)	[sifle]

doen schrikken (ww)	effrayer (vt)	[efreje]
aanvallen (ww)	attaquer (vt)	[atake]

knagen (ww)	ronger (vt)	[rɔ̃ʒe]
schrammen (ww)	griffer (vt)	[grife]
zich verbergen (ww)	se cacher (vp)	[sə kaʃe]

spelen (ww)	jouer (vt)	[ʒwe]
jagen (ww)	chasser (vi, vt)	[ʃase]
winterslapen	être en hibernation	[ɛtr ɑ̃ ibɛrnasjɔ̃]
uitsterven (dinosauriërs, enz.)	disparaître (vi)	[disparɛtr]

223. Dieren. Leefomgevingen

leefgebied (het)	habitat (m) naturel	[abita natyrɛl]
migratie (de)	migration (f)	[migrasjɔ̃]
berg (de)	montagne (f)	[mɔ̃taɲ]
rif (het)	récif (m)	[resif]
klip (de)	rocher (m)	[rɔʃe]
bos (het)	forêt (f)	[fɔrɛ]
jungle (de)	jungle (f)	[ʒœ̃gl]
savanne (de)	savane (f)	[savan]
toendra (de)	toundra (f)	[tundra]
steppe (de)	steppe (f)	[stɛp]
woestijn (de)	désert (m)	[dezɛr]
oase (de)	oasis (f)	[ɔazis]
zee (de)	mer (f)	[mɛr]
meer (het)	lac (m)	[lak]
oceaan (de)	océan (m)	[ɔseɑ̃]
moeras (het)	marais (m)	[marɛ]
zoetwater- (abn)	d'eau douce (adj)	[do dus]
vijver (de)	étang (m)	[etɑ̃]
rivier (de)	rivière (f), fleuve (m)	[rivjɛr], [flœv]
berenhol (het)	tanière (f)	[tanjɛr]
nest (het)	nid (m)	[ni]
boom holte (de)	creux (m)	[krø]
hol (het)	terrier (m)	[tɛrje]
mierenhoop (de)	fourmilière (f)	[furmiljɛr]

224. Dierverzorging

dierentuin (de)	zoo (m)	[zoo]
natuurreservaat (het)	réserve (f) naturelle	[rezɛrv natyrɛl]
fokkerij (de)	pépinière (f)	[pepinjɛr]
openluchtkooi (de)	volière (f)	[vɔljɛr]
kooi (de)	cage (f)	[kaʒ]
hondenhok (het)	niche (f)	[niʃ]
duiventil (de)	pigeonnier (m)	[piʒɔnje]
aquarium (het)	aquarium (m)	[akwarjɔm]
dolfinarium (het)	delphinarium (m)	[dɛlfinarjɔm]
fokken (bijv. honden ~)	élever (vt)	[elve]
nakomelingen (mv.)	nichée (f), portée (f)	[niʃe], [pɔrte]
temmen (tam maken)	apprivoiser (vt)	[aprivwaze]
voeding (de)	aliments (pl) pour animaux	[alimɑ̃ pur animo]
voederen (ww)	nourrir (vt)	[nurir]
dresseren (ww)	dresser (vt)	[drese]

dierenwinkel (de)	magasin (m) d'animaux	[magazɛ̃ danimo]
muilkorf (de)	muselière (f)	[myzəljɛr]
halsband (de)	collier (m)	[kɔlje]
naam (ov. een dier)	nom (m)	[nɔ̃]
stamboom (honden met ~)	pedigree (m)	[pedigre]

225. Dieren. Diversen

meute (wolven)	meute (f)	[møt]
zwerm (vogels)	volée (f)	[vɔle]
school (vissen)	banc (m)	[bɑ̃]
kudde (wilde paarden)	troupeau (m)	[trupo]

mannetje (het)	mâle (m)	[mal]
vrouwtje (het)	femelle (f)	[fəmɛl]

hongerig (bn)	affamé (adj)	[afame]
wild (bn)	sauvage (adj)	[sovaʒ]
gevaarlijk (bn)	dangereux (adj)	[dɑ̃ʒrø]

226. Paarden

paard (het)	cheval (m)	[ʃəval]
ras (het)	race (f)	[ras]

veulen (het)	poulain (m)	[pulɛ̃]
merrie (de)	jument (f)	[ʒymɑ̃]

mustang (de)	mustang (m)	[mystɑ̃g]
pony (de)	poney (m)	[pɔnɛ]
koudbloed (de)	cheval (m) de trait	[ʃəval də trɛ]

manen (mv.)	crin (m)	[krɛ̃]
staart (de)	queue (f)	[kø]

hoef (de)	sabot (m)	[sabo]
hoefijzer (het)	fer (m) à cheval	[fɛr a ʃəval]
beslaan (ww)	ferrer (vt)	[fɛre]
paardensmid (de)	maréchal-ferrant (m)	[mareʃalferɑ̃]

zadel (het)	selle (f)	[sɛl]
stijgbeugel (de)	étrier (m)	[etrije]
breidel (de)	bride (f)	[brid]
leidsels (mv.)	rênes (f pl)	[rɛn]
zweep (de)	fouet (m)	[fwɛ]

ruiter (de)	cavalier (m)	[kavalje]
inrijden (ww)	débourrer (vt)	[debure]
zadelen (ww)	seller (vt)	[sele]
een paard bestijgen	se mettre en selle	[sə mɛtr ɑ̃ sɛl]
galop (de)	galop (m)	[galo]
galopperen (ww)	aller au galop	[ale o galo]

draf (de)	trot (m)	[tro]
in draf (bw)	au trot (adv)	[otro]
draven (ww)	aller au trot	[ale otro]

| renpaard (het) | cheval (m) de course | [ʃəval də kurs] |
| paardenrace (de) | courses (f pl) à chevaux | [kurs a ʃəvø] |

paardenstal (de)	écurie (f)	[ekyri]
voederen (ww)	nourrir (vt)	[nurir]
hooi (het)	foin (m)	[fwɛ̃]
water geven (ww)	abreuver (vt)	[abrœve]
wassen (paard ~)	laver (vt)	[lave]
kluisteren (met hobbles)	entraver (vt)	[ɑ̃trave]

paardenkar (de)	charrette (f)	[ʃarɛt]
grazen (gras eten)	paître (vi)	[pɛtr]
hinniken (ww)	hennir (vi)	[enir]
een trap geven	ruer (vi)	[rɥe]

Flora

227. Bomen

boom (de)	arbre (m)	[arbr]
loof- (abn)	à feuilles caduques	[a fœj kadyk]
dennen- (abn)	conifère (adj)	[kɔnifɛr]
groenblijvend (bn)	à feuilles persistantes	[a fœj pɛrsistãt]
appelboom (de)	pommier (m)	[pɔmje]
perenboom (de)	poirier (m)	[pwarje]
zoete kers (de)	merisier (m)	[mərizje]
zure kers (de)	cerisier (m)	[sərizje]
pruimelaar (de)	prunier (m)	[prynje]
berk (de)	bouleau (m)	[bulo]
eik (de)	chêne (m)	[ʃɛn]
linde (de)	tilleul (m)	[tijœl]
esp (de)	tremble (m)	[trãbl]
esdoorn (de)	érable (m)	[erabl]
spar (de)	épicéa (m)	[episea]
den (de)	pin (m)	[pɛ̃]
lariks (de)	mélèze (m)	[melɛz]
zilverspar (de)	sapin (m)	[sapɛ̃]
ceder (de)	cèdre (m)	[sɛdr]
populier (de)	peuplier (m)	[pøplije]
lijsterbes (de)	sorbier (m)	[sɔrbje]
wilg (de)	saule (m)	[sol]
els (de)	aune (m)	[on]
beuk (de)	hêtre (m)	[ɛtr]
iep (de)	orme (m)	[ɔrm]
es (de)	frêne (m)	[frɛn]
kastanje (de)	marronnier (m)	[marɔnje]
magnolia (de)	magnolia (m)	[maɲɔlja]
palm (de)	palmier (m)	[palmje]
cipres (de)	cyprès (m)	[siprɛ]
mangrove (de)	palétuvier (m)	[paletyvje]
baobab (apenbroodboom)	baobab (m)	[baɔbab]
eucalyptus (de)	eucalyptus (m)	[økaliptys]
mammoetboom (de)	séquoia (m)	[sekɔja]

228. Heesters

struik (de)	buisson (m)	[bɥisɔ̃]
heester (de)	arbrisseau (m)	[arbriso]

| wijnstok (de) | vigne (f) | [viɲ] |
| wijngaard (de) | vigne (f) | [viɲ] |

frambozenstruik (de)	framboise (f)	[frãbwaz]
zwarte bes (de)	cassis (m)	[kasis]
rode bessenstruik (de)	groseille (f) rouge	[grozɛj ruʒ]
kruisbessenstruik (de)	groseille (f) verte	[grozɛj vɛrt]

acacia (de)	acacia (m)	[akasja]
zuurbes (de)	berbéris (m)	[bɛrberis]
jasmijn (de)	jasmin (m)	[ʒasmɛ̃]

jeneverbes (de)	genévrier (m)	[ʒənevrije]
rozenstruik (de)	rosier (m)	[rozje]
hondsroos (de)	églantier (m)	[eglãtje]

229. Champignons

paddenstoel (de)	champignon (m)	[ʃãpiɲɔ̃]
eetbare paddenstoel (de)	champignon (m) comestible	[ʃãpiɲɔ̃ kɔmɛstibl]
giftige paddenstoel (de)	champignon (m) vénéneux	[ʃãpiɲɔ̃ venenø]
hoed (de)	chapeau (m)	[ʃapo]
steel (de)	pied (m)	[pje]

gewoon eekhoorntjesbrood (het)	cèpe (m)	[sɛp]
rosse populierenboleet (de)	bolet (m) orangé	[bɔlɛ ɔrãʒe]
berkenboleet (de)	bolet (m) bai	[bɔlɛ bɛ]
cantharel (de)	girolle (f)	[ʒirɔl]
russula (de)	russule (f)	[rysyl]

morille (de)	morille (f)	[mɔrij]
vliegenzwam (de)	amanite (f) tue-mouches	[amanit tymuʃ]
groene knolzwam (de)	oronge (f) verte	[orɔ̃ʒ vɛrt]

230. Vruchten. Bessen

vrucht (de)	fruit (m)	[frᶣi]
vruchten (mv.)	fruits (m pl)	[frᶣi]
appel (de)	pomme (f)	[pɔm]
peer (de)	poire (f)	[pwar]
pruim (de)	prune (f)	[pryn]

aardbei (de)	fraise (f)	[frɛz]
zure kers (de)	cerise (f)	[səriz]
zoete kers (de)	merise (f)	[məriz]
druif (de)	raisin (m)	[rɛzɛ̃]

framboos (de)	framboise (f)	[frãbwaz]
zwarte bes (de)	cassis (m)	[kasis]
rode bes (de)	groseille (f) rouge	[grozɛj ruʒ]
kruisbes (de)	groseille (f) verte	[grozɛj vɛrt]

veenbes (de)	canneberge (f)	[kanbɛrʒ]
sinaasappel (de)	orange (f)	[ɔrɑ̃ʒ]
mandarijn (de)	mandarine (f)	[mɑ̃darin]
ananas (de)	ananas (m)	[anana]
banaan (de)	banane (f)	[banan]
dadel (de)	datte (f)	[dat]

citroen (de)	citron (m)	[sitrɔ̃]
abrikoos (de)	abricot (m)	[abriko]
perzik (de)	pêche (f)	[pɛʃ]
kiwi (de)	kiwi (m)	[kiwi]
grapefruit (de)	pamplemousse (m)	[pɑ̃pləmus]

bes (de)	baie (f)	[bɛ]
bessen (mv.)	baies (f pl)	[bɛ]
vossenbes (de)	airelle (f) rouge	[ɛrɛl ruʒ]
bosaardbei (de)	fraise (f) des bois	[frɛz de bwa]
bosbes (de)	myrtille (f)	[mirtij]

231. Bloemen. Planten

| bloem (de) | fleur (f) | [flœr] |
| boeket (het) | bouquet (m) | [bukɛ] |

roos (de)	rose (f)	[roz]
tulp (de)	tulipe (f)	[tylip]
anjer (de)	oeillet (m)	[œjɛ]
gladiool (de)	glaïeul (m)	[glajœl]

korenbloem (de)	bleuet (m)	[blœɛ]
klokje (het)	campanule (f)	[kɑ̃panyl]
paardenbloem (de)	dent-de-lion (f)	[dɑ̃dəljɔ̃]
kamille (de)	marguerite (f)	[margərit]

aloë (de)	aloès (m)	[alɔɛs]
cactus (de)	cactus (m)	[kaktys]
ficus (de)	ficus (m)	[fikys]

lelie (de)	lis (m)	[li]
geranium (de)	géranium (m)	[ʒeranjɔm]
hyacint (de)	jacinthe (f)	[ʒasɛ̃t]

mimosa (de)	mimosa (m)	[mimɔza]
narcis (de)	jonquille (f)	[ʒɔ̃kij]
Oostindische kers (de)	capucine (f)	[kapysin]

orchidee (de)	orchidée (f)	[ɔrkide]
pioenroos (de)	pivoine (f)	[pivwan]
viooltje (het)	violette (f)	[vjɔlɛt]

driekleurig viooltje (het)	pensée (f)	[pɑ̃se]
vergeet-mij-nietje (het)	myosotis (m)	[mjɔzɔtis]
madeliefje (het)	pâquerette (f)	[pɑkrɛt]
papaver (de)	coquelicot (m)	[kɔkliko]

| hennep (de) | chanvre (m) | [ʃɑ̃vr] |
| munt (de) | menthe (f) | [mɑ̃t] |

| lelietje-van-dalen (het) | muguet (m) | [mygɛ] |
| sneeuwklokje (het) | perce-neige (f) | [pɛrsənɛʒ] |

brandnetel (de)	ortie (f)	[ɔrti]
veldzuring (de)	oseille (f)	[ozɛj]
waterlelie (de)	nénuphar (m)	[nenyfar]
varen (de)	fougère (f)	[fuʒɛr]
korstmos (het)	lichen (m)	[likɛn]

oranjerie (de)	serre (f) tropicale	[sɛr trɔpikal]
gazon (het)	gazon (m)	[gazɔ̃]
bloemperk (het)	parterre (m) de fleurs	[partɛr də flœr]

plant (de)	plante (f)	[plɑ̃t]
gras (het)	herbe (f)	[ɛrb]
grasspriet (de)	brin (m) d'herbe	[brɛ̃ dɛrb]

blad (het)	feuille (f)	[fœj]
bloemblad (het)	pétale (m)	[petal]
stengel (de)	tige (f)	[tiʒ]
knol (de)	tubercule (m)	[tybɛrkyl]

| scheut (de) | pousse (f) | [pus] |
| doorn (de) | épine (f) | [epin] |

bloeien (ww)	fleurir (vi)	[flœrir]
verwelken (ww)	se faner (vp)	[sə fane]
geur (de)	odeur (f)	[ɔdœr]
snijden (bijv. bloemen ~)	couper (vt)	[kupe]
plukken (bloemen ~)	cueillir (vt)	[kœjir]

232. Granen, graankorrels

graan (het)	grains (m pl)	[grɛ̃]
graangewassen (mv.)	céréales (f pl)	[sereal]
aar (de)	épi (m)	[epi]

tarwe (de)	blé (m)	[ble]
rogge (de)	seigle (m)	[sɛgl]
haver (de)	avoine (f)	[avwan]
gierst (de)	millet (m)	[mijɛ]
gerst (de)	orge (f)	[ɔrʒ]

maïs (de)	maïs (m)	[mais]
rijst (de)	riz (m)	[ri]
boekweit (de)	sarrasin (m)	[sarazɛ̃]

erwt (de)	pois (m)	[pwa]
boon (de)	haricot (m)	[ariko]
soja (de)	soja (m)	[sɔʒa]
linze (de)	lentille (f)	[lɑ̃tij]

233. Groenten. Groene groenten

groenten (mv.)	légumes (m pl)	[legym]
verse kruiden (mv.)	verdure (f)	[vɛrdyr]
tomaat (de)	tomate (f)	[tɔmat]
augurk (de)	concombre (m)	[kɔ̃kɔ̃br]
wortel (de)	carotte (f)	[karɔt]
aardappel (de)	pomme (f) de terre	[pɔm də tɛr]
ui (de)	oignon (m)	[ɔɲɔ̃]
knoflook (de)	ail (m)	[aj]
kool (de)	chou (m)	[ʃu]
bloemkool (de)	chou-fleur (m)	[ʃuflœr]
spruitkool (de)	chou (m) de Bruxelles	[ʃu də brysɛl]
broccoli (de)	brocoli (m)	[brɔkɔli]
rode biet (de)	betterave (f)	[bɛtrav]
aubergine (de)	aubergine (f)	[obɛrʒin]
courgette (de)	courgette (f)	[kurʒɛt]
pompoen (de)	potiron (m)	[pɔtirɔ̃]
knolraap (de)	navet (m)	[navɛ]
peterselie (de)	persil (m)	[pɛrsi]
dille (de)	fenouil (m)	[fənuj]
sla (de)	laitue (f)	[lety]
selderij (de)	céleri (m)	[sɛlri]
asperge (de)	asperge (f)	[aspɛrʒ]
spinazie (de)	épinard (m)	[epinar]
erwt (de)	pois (m)	[pwa]
bonen (mv.)	fèves (f pl)	[fɛv]
maïs (de)	maïs (m)	[mais]
boon (de)	haricot (m)	[ariko]
peper (de)	poivron (m)	[pwavrɔ̃]
radijs (de)	radis (m)	[radi]
artisjok (de)	artichaut (m)	[artiʃo]

REGIONALE AARDRIJKSKUNDE

Landen. Nationaliteiten

234. West-Europa

Europa (het)	Europe (f)	[ørɔp]
Europese Unie (de)	Union (f) européenne	[ynjɔn ørɔpeɛn]
Europeaan (de)	européen (m)	[ørɔpeɛ̃]
Europees (bn)	européen (adj)	[ørɔpeɛ̃]
Oostenrijk (het)	Autriche (f)	[otriʃ]
Oostenrijker (de)	Autrichien (m)	[otriʃjɛ̃]
Oostenrijkse (de)	Autrichienne (f)	[otriʃjɛn]
Oostenrijks (bn)	autrichien (adj)	[otriʃjɛ̃]
Groot-Brittannië (het)	Grande-Bretagne (f)	[grɑ̃dbrətaɲ]
Engeland (het)	Angleterre (f)	[ɑ̃glətɛr]
Engelsman (de)	Anglais (m)	[ɑ̃glɛ]
Engelse (de)	Anglaise (f)	[ɑ̃glɛz]
Engels (bn)	anglais (adj)	[ɑ̃glɛ]
België (het)	Belgique (f)	[bɛlʒik]
Belg (de)	Belge (m)	[bɛlʒ]
Belgische (de)	Belge (f)	[bɛlʒ]
Belgisch (bn)	belge (adj)	[bɛlʒ]
Duitsland (het)	Allemagne (f)	[almaɲ]
Duitser (de)	Allemand (m)	[almɑ̃]
Duitse (de)	Allemande (f)	[almɑ̃d]
Duits (bn)	allemand (adj)	[almɑ̃]
Nederland (het)	Pays-Bas (m)	[peiba]
Holland (het)	Hollande (f)	[ɔlɑ̃d]
Nederlander (de)	Hollandais (m)	[ɔlɑ̃dɛ]
Nederlandse (de)	Hollandaise (f)	[ɔlɑ̃dɛz]
Nederlands (bn)	hollandais (adj)	[ɔlɑ̃dɛ]
Griekenland (het)	Grèce (f)	[grɛs]
Griek (de)	Grec (m)	[grɛk]
Griekse (de)	Grecque (f)	[grɛk]
Grieks (bn)	grec (adj)	[grɛk]
Denemarken (het)	Danemark (m)	[danmark]
Deen (de)	Danois (m)	[danwa]
Deense (de)	Danoise (f)	[danwaz]
Deens (bn)	danois (adj)	[danwa]
Ierland (het)	Irlande (f)	[irlɑ̃d]
Ier (de)	Irlandais (m)	[irlɑ̃dɛ]

Ierse (de)	Irlandaise (f)	[irlãdɛz]
Iers (bn)	irlandais (adj)	[irlãdɛ]
IJsland (het)	Islande (f)	[islãd]
IJslander (de)	Islandais (m)	[islãdɛ]
IJslandse (de)	Islandaise (f)	[islãdɛz]
IJslands (bn)	islandais (adj)	[islãdɛ]
Spanje (het)	Espagne (f)	[ɛspaɲ]
Spanjaard (de)	Espagnol (m)	[ɛspaɲɔl]
Spaanse (de)	Espagnole (f)	[ɛspaɲɔl]
Spaans (bn)	espagnol (adj)	[ɛspaɲɔl]
Italië (het)	Italie (f)	[itali]
Italiaan (de)	Italien (m)	[italjɛ̃]
Italiaanse (de)	Italienne (f)	[italjɛn]
Italiaans (bn)	italien (adj)	[italjɛ̃]
Cyprus (het)	Chypre (m)	[ʃipr]
Cyprioot (de)	Chypriote (m)	[ʃiprijɔt]
Cypriotische (de)	Chypriote (f)	[ʃiprijɔt]
Cypriotisch (bn)	chypriote (adj)	[ʃiprijɔt]
Malta (het)	Malte (f)	[malt]
Maltees (de)	Maltais (m)	[maltɛ]
Maltese (de)	Maltaise (f)	[maltɛz]
Maltees (bn)	maltais (adj)	[maltɛ]
Noorwegen (het)	Norvège (f)	[nɔrvɛʒ]
Noor (de)	Norvégien (m)	[nɔrveʒjɛ̃]
Noorse (de)	Norvégienne (f)	[nɔrveʒjɛn]
Noors (bn)	norvégien (adj)	[nɔrveʒjɛ̃]
Portugal (het)	Portugal (m)	[pɔrtygal]
Portugees (de)	Portugais (m)	[pɔrtygɛ]
Portugese (de)	Portugaise (f)	[pɔrtygɛz]
Portugees (bn)	portugais (adj)	[pɔrtygɛ]
Finland (het)	Finlande (f)	[fɛ̃lãd]
Fin (de)	Finlandais (m)	[fɛ̃lãdɛ]
Finse (de)	Finlandaise (f)	[fɛ̃lãdɛz]
Fins (bn)	finlandais (adj)	[fɛ̃lãdɛ]
Frankrijk (het)	France (f)	[frãs]
Fransman (de)	Français (m)	[frãsɛ]
Française (de)	Française (f)	[frãsɛz]
Frans (bn)	français (adj)	[frãsɛ]
Zweden (het)	Suède (f)	[sɥɛd]
Zweed (de)	Suédois (m)	[sɥedwa]
Zweedse (de)	Suédoise (f)	[sɥedwaz]
Zweeds (bn)	suédois (adj)	[sɥedwa]
Zwitserland (het)	Suisse (f)	[sɥis]
Zwitser (de)	Suisse (m)	[sɥis]
Zwitserse (de)	Suissesse (f)	[sɥisɛs]

Zwitsers (bn)	suisse (adj)	[sɥis]
Schotland (het)	Écosse (f)	[ekɔs]
Schot (de)	Écossais (m)	[ekɔsɛ]
Schotse (de)	Écossaise (f)	[ekɔsɛz]
Schots (bn)	écossais (adj)	[ekɔsɛ]

Vaticaanstad (de)	Vatican (m)	[vatikɑ̃]
Liechtenstein (het)	Liechtenstein (m)	[liʃtɛnʃtajn]
Luxemburg (het)	Luxembourg (m)	[lyksɑ̃bur]
Monaco (het)	Monaco (m)	[mɔnako]

235. Centraal- en Oost-Europa

Albanië (het)	Albanie (f)	[albani]
Albanees (de)	Albanais (m)	[albanɛ]
Albanese (de)	Albanaise (f)	[albanɛz]
Albanees (bn)	albanais (adj)	[albanɛ]

Bulgarije (het)	Bulgarie (f)	[bylgari]
Bulgaar (de)	Bulgare (m)	[bylgar]
Bulgaarse (de)	Bulgare (f)	[bylgar]
Bulgaars (bn)	bulgare (adj)	[bylgar]

Hongarije (het)	Hongrie (f)	[ɔ̃gri]
Hongaar (de)	Hongrois (m)	[ɔ̃grwa]
Hongaarse (de)	Hongroise (f)	[ɔ̃grwaz]
Hongaars (bn)	hongrois (adj)	[ɔ̃grwa]

Letland (het)	Lettonie (f)	[lɛtɔni]
Let (de)	Letton (m)	[lɛtɔ̃]
Letse (de)	Lettonne (f)	[letɔn]
Lets (bn)	letton (adj)	[lɛtɔ̃]

Litouwen (het)	Lituanie (f)	[litɥani]
Litouwer (de)	Lituanien (m)	[litɥanjɛ̃]
Litouwse (de)	Lituanienne (f)	[litɥanjɛn]
Litouws (bn)	lituanien (adj)	[litɥanjɛ̃]

Polen (het)	Pologne (f)	[pɔlɔɲ]
Pool (de)	Polonais (m)	[pɔlɔnɛ]
Poolse (de)	Polonaise (f)	[pɔlɔnɛz]
Pools (bn)	polonais (adj)	[pɔlɔnɛ]

Roemenië (het)	Roumanie (f)	[rumani]
Roemeen (de)	Roumain (m)	[rumɛ̃]
Roemeense (de)	Roumaine (f)	[rumɛn]
Roemeens (bn)	roumain (adj)	[rumɛ̃]

Servië (het)	Serbie (f)	[sɛrbi]
Serviër (de)	Serbe (m)	[sɛrb]
Servische (de)	Serbe (f)	[sɛrb]
Servisch (bn)	serbe (adj)	[sɛrb]
Slowakije (het)	Slovaquie (f)	[slɔvaki]
Slowaak (de)	Slovaque (m)	[slɔvak]

Slowaakse (de)	Slovaque (f)	[slovak]
Slowaakse (bn)	slovaque (adj)	[slovak]

Kroatië (het)	Croatie (f)	[krɔasi]
Kroaat (de)	Croate (m)	[krɔat]
Kroatische (de)	Croate (f)	[krɔat]
Kroatisch (bn)	croate (adj)	[krɔat]

Tsjechië (het)	République (f) Tchèque	[repyblik tʃɛk]
Tsjech (de)	Tchèque (m)	[tʃɛk]
Tsjechische (de)	Tchèque (f)	[tʃɛk]
Tsjechisch (bn)	tchèque (adj)	[tʃɛk]

Estland (het)	Estonie (f)	[ɛstɔni]
Est (de)	Estonien (m)	[ɛstɔnjɛ̃]
Estse (de)	Estonienne (f)	[ɛstɔnjɛn]
Ests (bn)	estonien (adj)	[ɛstɔnjɛ̃]

Bosnië en Herzegovina (het)	Bosnie (f)	[bɔsni]
Macedonië (het)	Macédoine (f)	[masedwan]
Slovenië (het)	Slovénie (f)	[slɔveni]
Montenegro (het)	Monténégro (m)	[mɔ̃tenegro]

236. Voormalige USSR landen

Azerbeidzjan (het)	Azerbaïdjan (m)	[azɛrbajdʒɑ̃]
Azerbeidzjaan (de)	Azerbaïdjanais (m)	[azɛrbaidʒanɛ]
Azerbeidjaanse (de)	Azerbaïdjanaise (f)	[azɛrbaidʒanɛz]
Azerbeidjaans (bn)	azerbaïdjanais (adj)	[azɛrbaidʒanɛ]

Armenië (het)	Arménie (f)	[armeni]
Armeen (de)	Arménien (m)	[armenjɛ̃]
Armeense (de)	Arménienne (f)	[armenjɛn]
Armeens (bn)	arménien (adj)	[armenjɛ̃]

Wit-Rusland (het)	Biélorussie (f)	[bjelɔrysi]
Wit-Rus (de)	Biélorusse (m)	[bjelɔrys]
Wit-Russische (de)	Biélorusse (f)	[bjelɔrys]
Wit-Russisch (bn)	biélorusse (adj)	[bjelɔrys]

Georgië (het)	Géorgie (f)	[ʒeɔrʒi]
Georgiër (de)	Géorgien (m)	[ʒeɔrʒjɛ̃]
Georgische (de)	Géorgienne (f)	[ʒeɔrʒjɛn]
Georgisch (bn)	géorgien (adj)	[ʒeɔrʒjɛ̃]

Kazakstan (het)	Kazakhstan (m)	[kazakstɑ̃]
Kazak (de)	Kazakh (m)	[kazak]
Kazakse (de)	Kazakhe (f)	[kazak]
Kazakse (bn)	kazakh (adj)	[kazak]

Kirgizië (het)	Kirghizistan (m)	[kirgizistɑ̃]
Kirgiziër (de)	Kirghiz (m)	[kirgiz]
Kirgizische (de)	Kirghize (f)	[kirgiz]
Kirgizische (bn)	kirghiz (adj)	[kirgiz]

Moldavië (het)	Moldavie (f)	[mɔldavi]
Moldaviër (de)	Moldave (m)	[mɔldav]
Moldavische (de)	Moldave (f)	[mɔldav]
Moldavisch (bn)	moldave (adj)	[mɔldav]

Rusland (het)	Russie (f)	[rysi]
Rus (de)	Russe (m)	[rys]
Russin (de)	Russe (f)	[rys]
Russisch (bn)	russe (adj)	[rys]

Tadzjikistan (het)	Tadjikistan (m)	[tadʒikistã]
Tadzjiek (de)	Tadjik (m)	[tadʒik]
Tadzjiekse (de)	Tadjik (f)	[tadʒik]
Tadzjieks (bn)	tadjik (adj)	[tadʒik]

Turkmenistan (het)	Turkménistan (m)	[tyrkmenistã]
Turkmeen (de)	Turkmène (m)	[tyrkmɛn]
Turkmeense (de)	Turkmène (f)	[tyrkmɛn]
Turkmeens (bn)	turkmène (adj)	[tyrkmɛn]

Oezbekistan (het)	Ouzbékistan (m)	[uzbekistã]
Oezbeek (de)	Ouzbek (m)	[uzbɛk]
Oezbeekse (de)	Ouzbek (f)	[uzbɛk]
Oezbeeks (bn)	ouzbek (adj)	[uzbɛk]

Oekraïne (het)	Ukraine (f)	[ykrɛn]
Oekraïner (de)	Ukrainien (m)	[ykrɛnjɛ̃]
Oekraïense (de)	Ukrainienne (f)	[ykrɛnjɛn]
Oekraïens (bn)	ukrainien (adj)	[ykrɛnjɛ̃]

237. Azië

Azië (het)	Asie (f)	[azi]
Aziatisch (bn)	asiatique (adj)	[azjatik]

Vietnam (het)	Vietnam (m)	[vjɛtnam]
Vietnamees (de)	Vietnamien (m)	[vjɛtnamjɛ̃]
Vietnamese (de)	Vietnamienne (f)	[vjɛtnamjɛn]
Vietnamees (bn)	vietnamien (adj)	[vjɛtnamjɛ̃]

India (het)	Inde (f)	[ɛ̃d]
Indiër (de)	Indien (m)	[ɛ̃djɛ̃]
Indische (de)	Indienne (f)	[ɛ̃djɛn]
Indisch (bn)	indien (adj)	[ɛ̃djɛ̃]

Israël (het)	Israël (m)	[israɛl]
Israëliër (de)	Israélien (m)	[israeljɛ̃]
Israëlische (de)	Israélienne (f)	[israeljɛn]
Israëlisch (bn)	israélien (adj)	[israeljɛ̃]

Jood (etniciteit)	Juif (m)	[ʒɥif]
Jodin (de)	Juive (f)	[ʒɥiv]
Joods (bn)	juif (adj)	[ʒɥif]
China (het)	Chine (f)	[ʃin]

Chinees (de)	Chinois (m)	[ʃinwa]
Chinese (de)	Chinoise (f)	[ʃinwaz]
Chinees (bn)	chinois (adj)	[ʃinwa]
Koreaan (de)	Coréen (m)	[kɔreɛ̃]
Koreaanse (de)	Coréenne (f)	[kɔreɛn]
Koreaans (bn)	coréen (adj)	[kɔreɛ̃]
Libanon (het)	Liban (m)	[libɑ̃]
Libanees (de)	Libanais (m)	[libanɛ]
Libanese (de)	Libanaise (f)	[libanɛz]
Libanees (bn)	libanais (adj)	[libanɛ]
Mongolië (het)	Mongolie (f)	[mɔ̃gɔli]
Mongool (de)	Mongole (m)	[mɔ̃gɔl]
Mongoolse (de)	Mongole (f)	[mɔ̃gɔl]
Mongools (bn)	mongole (adj)	[mɔ̃gɔl]
Maleisië (het)	Malaisie (f)	[malɛzi]
Maleisiër (de)	Malaisien (m)	[malɛzjɛ̃]
Maleisische (de)	Malaisienne (f)	[malɛzjɛn]
Maleisisch (bn)	malais (adj)	[malɛ]
Pakistan (het)	Pakistan (m)	[pakistɑ̃]
Pakistaan (de)	Pakistanais (m)	[pakistanɛ]
Pakistaanse (de)	Pakistanaise (f)	[pakistanɛz]
Pakistaans (bn)	pakistanais (adj)	[pakistanɛ]
Saoedi-Arabië (het)	Arabie (f) Saoudite	[arabi saudit]
Arabier (de)	Arabe (m)	[arab]
Arabische (de)	Arabe (f)	[arab]
Arabisch (bn)	arabe (adj)	[arab]
Thailand (het)	Thaïlande (f)	[tajlɑ̃d]
Thai (de)	Thaïlandais (m)	[tajlɑ̃dɛ]
Thaise (de)	Thaïlandaise (f)	[tajlɑ̃dɛz]
Thai (bn)	thaïlandais (adj)	[tajlɑ̃dɛ]
Taiwan (het)	Taïwan (m)	[tajwan]
Taiwanees (de)	Taïwanais (m)	[tajwanɛ]
Taiwanese (de)	Taïwanaise (f)	[tajwanɛz]
Taiwanees (bn)	taïwanais (adj)	[tajwanɛ]
Turkije (het)	Turquie (f)	[tyrki]
Turk (de)	Turc (m)	[tyrk]
Turkse (de)	Turque (f)	[tyrk]
Turks (bn)	turc (adj)	[tyrk]
Japan (het)	Japon (m)	[ʒapɔ̃]
Japanner (de)	Japonais (m)	[ʒapɔnɛ]
Japanse (de)	Japonaise (f)	[ʒapɔnɛz]
Japans (bn)	japonais (adj)	[ʒapɔnɛ]
Afghanistan (het)	Afghanistan (m)	[afganistɑ̃]
Bangladesh (het)	Bangladesh (m)	[bɑ̃gladɛʃ]
Indonesië (het)	Indonésie (f)	[ɛ̃dɔnezi]

Jordanië (het)	Jordanie (f)	[ʒɔrdani]
Irak (het)	Iraq (m)	[irak]
Iran (het)	Iran (m)	[irã]
Cambodja (het)	Cambodge (m)	[kãbɔdʒ]
Koeweit (het)	Koweït (m)	[kɔwɛjt]
Laos (het)	Laos (m)	[laos]
Myanmar (het)	Myanmar (m)	[mjanmar]
Nepal (het)	Népal (m)	[nepal]
Verenigde Arabische	Fédération (f)	[federasjõ
Emiraten	des Émirats Arabes Unis	dezemira arabzyni]
Syrië (het)	Syrie (f)	[siri]
Palestijnse autonomie (de)	Palestine (f)	[palɛstin]
Zuid-Korea (het)	Corée (f) du Sud	[kɔre dy syd]
Noord-Korea (het)	Corée (f) du Nord	[kɔre dy nɔr]

238. Noord-Amerika

Verenigde Staten van Amerika	les États Unis	[lezeta zyni]
Amerikaan (de)	Américain (m)	[amerikɛ̃]
Amerikaanse (de)	Américaine (f)	[amerikɛn]
Amerikaans (bn)	américain (adj)	[amerikɛ̃]
Canada (het)	Canada (m)	[kanada]
Canadees (de)	Canadien (m)	[kanadjɛ̃]
Canadese (de)	Canadienne (f)	[kanadjɛn]
Canadees (bn)	canadien (adj)	[kanadjɛ̃]
Mexico (het)	Mexique (m)	[mɛksik]
Mexicaan (de)	Mexicain (m)	[mɛksikɛ̃]
Mexicaanse (de)	Mexicaine (f)	[mɛksikɛn]
Mexicaans (bn)	mexicain (adj)	[mɛksikɛ̃]

239. Midden- en Zuid-Amerika

Argentinië (het)	Argentine (f)	[arʒãtin]
Argentijn (de)	Argentin (m)	[arʒãtɛ̃]
Argentijnse (de)	Argentine (f)	[arʒãtin]
Argentijns (bn)	argentin (adj)	[arʒãtɛ̃]
Brazilië (het)	Brésil (m)	[brezil]
Braziliaan (de)	Brésilien (m)	[breziljɛ̃]
Braziliaanse (de)	Brésilienne (f)	[breziljɛn]
Braziliaans (bn)	brésilien (adj)	[breziljɛ̃]
Colombia (het)	Colombie (f)	[kɔlõbi]
Colombiaan (de)	Colombien (m)	[kɔlõbjɛ̃]
Colombiaanse (de)	Colombienne (f)	[kɔlõbjɛn]
Colombiaans (bn)	colombien (adj)	[kɔlõbjɛ̃]
Cuba (het)	Cuba (f)	[kyba]

Cubaan (de)	Cubain (m)	[kybɛ̃]
Cubaanse (de)	Cubaine (f)	[kybɛn]
Cubaans (bn)	cubain (adj)	[kybɛ̃]

Chili (het)	Chili (m)	[ʃili]
Chileen (de)	Chilien (m)	[ʃiljɛ̃]
Chileense (de)	Chilienne (f)	[ʃiljɛn]
Chileens (bn)	chilien (adj)	[ʃiljɛ̃]

Bolivia (het)	Bolivie (f)	[bɔlivi]
Venezuela (het)	Venezuela (f)	[venezɥela]
Paraguay (het)	Paraguay (m)	[paragwɛ]
Peru (het)	Pérou (m)	[peru]
Suriname (het)	Surinam (m)	[syrinam]
Uruguay (het)	Uruguay (m)	[yrygwɛ]
Ecuador (het)	Équateur (m)	[ekwatœr]

Bahama's (mv.)	Bahamas (f pl)	[baamas]
Haïti (het)	Haïti (m)	[aiti]
Dominicaanse Republiek (de)	République (f) Dominicaine	[repyblik dɔminikɛn]
Panama (het)	Panamá (m)	[panama]
Jamaica (het)	Jamaïque (f)	[ʒamaik]

240. Afrika

Egypte (het)	Égypte (f)	[eʒipt]
Egyptenaar (de)	Égyptien (m)	[eʒipsjɛ̃]
Egyptische (de)	Égyptienne (f)	[eʒipsjɛn]
Egyptisch (bn)	égyptien (adj)	[eʒipsjɛ̃]

Marokko (het)	Maroc (m)	[marɔk]
Marokkaan (de)	Marocain (m)	[marɔkɛ̃]
Marokkaanse (de)	Marocaine (f)	[marɔkɛn]
Marokkaans (bn)	marocain (adj)	[marɔkɛ̃]

Tunesië (het)	Tunisie (f)	[tynizi]
Tunesiër (de)	Tunisien (m)	[tynizjɛ̃]
Tunesische (de)	Tunisienne (f)	[tynizjɛn]
Tunesisch (bn)	tunisien (adj)	[tynizjɛ̃]

Ghana (het)	Ghana (m)	[gana]
Zanzibar (het)	Zanzibar (m)	[zɑ̃zibar]
Kenia (het)	Kenya (m)	[kenja]
Libië (het)	Libye (f)	[libi]
Madagaskar (het)	Madagascar (f)	[madagaskar]

Namibië (het)	Namibie (f)	[namibi]
Senegal (het)	Sénégal (m)	[senegal]
Tanzania (het)	Tanzanie (f)	[tɑ̃zani]
Zuid-Afrika (het)	République (f) Sud-africaine	[repyblik sydafrikɛn]

Afrikaan (de)	Africain (m)	[afrikɛ̃]
Afrikaanse (de)	Africaine (f)	[afrikɛn]
Afrikaans (bn)	africain (adj)	[afrikɛ̃]

241. Australië. Oceanië

Australië (het)	**Australie** (f)	[ostrali]
Australiër (de)	**Australien** (m)	[ostraljɛ̃]
Australische (de)	**Australienne** (f)	[ostraljɛn]
Australisch (bn)	**australien** (adj)	[ostraljɛ̃]
Nieuw-Zeeland (het)	**Nouvelle Zélande** (f)	[nuvɛl zelɑ̃d]
Nieuw-Zeelander (de)	**Néo-Zélandais** (m)	[neɔzelɑ̃dɛ]
Nieuw-Zeelandse (de)	**Néo-Zélandaise** (f)	[neɔzelɑ̃dɛz]
Nieuw-Zeelands (bn)	**néo-zélandais** (adj)	[neɔzelɑ̃dɛ]
Tasmanië (het)	**Tasmanie** (f)	[tasmani]
Frans-Polynesië	**Polynésie** (f) **Française**	[pɔlinezi frɑ̃sɛz]

242. Steden

Amsterdam	**Amsterdam** (f)	[amstɛrdam]
Ankara	**Ankara** (m)	[ɑ̃kara]
Athene	**Athènes** (m)	[atɛn]
Bagdad	**Bagdad** (m)	[bagdad]
Bangkok	**Bangkok** (m)	[bɑ̃kɔk]
Barcelona	**Barcelone** (f)	[barsəlɔn]
Beiroet	**Beyrouth** (m)	[berut]
Berlijn	**Berlin** (m)	[bɛrlɛ̃]
Boedapest	**Budapest** (m)	[bydapɛst]
Boekarest	**Bucarest** (m)	[bykarɛst]
Bombay, Mumbai	**Bombay** (m)	[bɔ̃bɛ]
Bonn	**Bonn** (f)	[bɔn]
Bordeaux	**Bordeaux** (f)	[bɔrdo]
Bratislava	**Bratislava** (m)	[bratislava]
Brussel	**Bruxelles** (m)	[brysɛl]
Caïro	**Caire** (m)	[kɛr]
Calcutta	**Calcutta** (f)	[kalkyta]
Chicago	**Chicago** (f)	[ʃikago]
Dar Es Salaam	**Dar es-Salaam** (f)	[darɛssalam]
Delhi	**Delhi** (f)	[deli]
Den Haag	**Hague** (f)	[ag]
Dubai	**Dubaï** (f)	[dybaj]
Dublin	**Dublin** (f)	[dyblɛ̃]
Düsseldorf	**Düsseldorf** (f)	[dysɛldɔrf]
Florence	**Florence** (f)	[flɔrɑ̃s]
Frankfort	**Francfort** (f)	[frɑ̃kfɔr]
Genève	**Genève** (f)	[ʒənɛv]
Hamburg	**Hambourg** (f)	[ɑ̃bur]
Hanoi	**Hanoï** (f)	[anɔj]
Havana	**Havane** (f)	[avan]
Helsinki	**Helsinki** (f)	[ɛlsiŋki]

Hiroshima	Hiroshima (f)	[iroʃima]
Hongkong	Hong Kong (m)	[ɔ̃gkɔ̃g]
Istanbul	Istanbul (f)	[istãbul]
Jeruzalem	Jérusalem (f)	[ʒeryzalɛm]
Kiev	Kiev (f)	[kjɛf]

Kopenhagen	Copenhague (f)	[kɔpənag]
Kuala Lumpur	Kuala Lumpur (f)	[kwalalumpur]
Lissabon	Lisbonne (f)	[lizbɔn]
Londen	Londres (m)	[lɔ̃dr]
Los Angeles	Los Angeles (f)	[lɔsãdʒəlɛs]

Lyon	Lyon (f)	[ljɔ̃]
Madrid	Madrid (f)	[madrid]
Marseille	Marseille (f)	[marsɛj]
Mexico-Stad	Mexico (f)	[mɛksiko]
Miami	Miami (f)	[miami]

Montreal	Montréal (f)	[mɔ̃real]
Moskou	Moscou (f)	[mɔsku]
München	Munich (f)	[mynik]
Nairobi	Nairobi (f)	[nɛrɔbi]
Napels	Naples (f)	[napl]

New York	New York (f)	[nujɔrk]
Nice	Nice (f)	[nis]
Oslo	Oslo (m)	[ɔslo]
Ottawa	Ottawa (m)	[ɔtawa]
Parijs	Paris (m)	[pari]

Peking	Pékin (m)	[pekɛ̃]
Praag	Prague (m)	[prag]
Rio de Janeiro	Rio de Janeiro (m)	[rijodədʒanɛro]
Rome	Rome (f)	[rɔm]
Seoel	Séoul (m)	[seul]
Singapore	Singapour (f)	[sɛ̃gapur]

Sint-Petersburg	Saint-Pétersbourg (m)	[sɛ̃petɛrsbur]
Sjanghai	Shanghai (m)	[ʃãgaj]
Stockholm	Stockholm (m)	[stɔkɔlm]
Sydney	Sidney (m)	[sidnɛ]
Taipei	Taipei (m)	[tajbɛj]
Tokio	Tokyo (m)	[tɔkjo]

Toronto	Toronto (m)	[tɔrɔ̃to]
Venetië	Venise (f)	[vəniz]
Warschau	Varsovie (f)	[varsɔvi]
Washington	Washington (f)	[waʃiŋtɔn]
Wenen	Vienne (f)	[vjɛn]

243. Politiek. Overheid. Deel 1

| politiek (de) | politique (f) | [pɔlitik] |
| politiek (bn) | politique (adj) | [pɔlitik] |

politicus (de)	homme (m) politique	[nɔm pɔlitik]
staat (land)	état (m)	[eta]
burger (de)	citoyen (m)	[sitwajɛ̃]
staatsburgerschap (het)	citoyenneté (f)	[sitwajɛnte]

| nationaal wapen (het) | armoiries (f pl) nationales | [armwari nasjɔnal] |
| volkslied (het) | hymne (m) national | [imn nasjɔnal] |

regering (de)	gouvernement (m)	[guvɛrnəmɑ̃]
staatshoofd (het)	chef (m) d'état	[ʃɛf deta]
parlement (het)	parlement (m)	[parləmɑ̃]
partij (de)	parti (m)	[parti]

| kapitalisme (het) | capitalisme (m) | [kapitalism] |
| kapitalistisch (bn) | capitaliste (adj) | [kapitalist] |

| socialisme (het) | socialisme (m) | [sɔsjalism] |
| socialistisch (bn) | socialiste (adj) | [sɔsjalist] |

communisme (het)	communisme (m)	[kɔmynism]
communistisch (bn)	communiste (adj)	[kɔmynist]
communist (de)	communiste (m)	[kɔmynist]

democratie (de)	démocratie (f)	[demɔkrasi]
democraat (de)	démocrate (m)	[demɔkrat]
democratisch (bn)	démocratique (adj)	[demɔkratik]
democratische partij (de)	parti (m) démocratique	[parti demɔkratik]

liberaal (de)	libéral (m)	[liberal]
liberaal (bn)	libéral (adj)	[liberal]
conservator (de)	conservateur (m)	[kɔ̃sɛrvatœr]
conservatief (bn)	conservateur (adj)	[kɔ̃sɛrvatœr]

republiek (de)	république (f)	[repyblik]
republikein (de)	républicain (m)	[repyblikɛ̃]
Republikeinse Partij (de)	parti (m) républicain	[parti repyblikɛ̃]

verkiezing (de)	élections (f pl)	[elɛksjɔ̃]
kiezen (ww)	élire (vt)	[elir]
kiezer (de)	électeur (m)	[elɛktœr]
verkiezingscampagne (de)	campagne (f) électorale	[kɑ̃paɲ elɛktoral]

stemming (de)	vote (m)	[vɔt]
stemmen (ww)	voter (vi)	[vɔte]
stemrecht (het)	droit (m) de vote	[drwa də vɔt]

kandidaat (de)	candidat (m)	[kɑ̃dida]
zich kandideren	poser sa candidature	[poze sa kɑ̃didatyr]
campagne (de)	campagne (f)	[kɑ̃paɲ]

| oppositie- (abn) | d'opposition (adj) | [dɔpozisjɔ̃] |
| oppositie (de) | opposition (f) | [ɔpozisjɔ̃] |

bezoek (het)	visite (f)	[vizit]
officieel bezoek (het)	visite (f) officielle	[vizit ɔfisjɛl]
internationaal (bn)	international (adj)	[ɛ̃tɛrnasjɔnal]

onderhandelingen (mv.)	négociations (f pl)	[negɔsjasjɔ̃]
onderhandelen (ww)	négocier (vi)	[negɔsje]

244. Politiek. Overheid. Deel 2

maatschappij (de)	société (f)	[sɔsjete]
grondwet (de)	constitution (f)	[kɔ̃stitysjɔ̃]
macht (politieke ~)	pouvoir (m)	[puvwar]
corruptie (de)	corruption (f)	[kɔrypsjɔ̃]
wet (de)	loi (f)	[lwa]
wettelijk (bn)	légal (adj)	[legal]
rechtvaardigheid (de)	justice (f)	[ʒystis]
rechtvaardig (bn)	juste (adj)	[ʒyst]
comité (het)	comité (m)	[kɔmite]
wetsvoorstel (het)	projet (m) de loi	[prɔʒɛ də lwa]
begroting (de)	budget (m)	[bydʒɛ]
beleid (het)	politique (f)	[pɔlitik]
hervorming (de)	réforme (f)	[refleʃir]
radicaal (bn)	radical (adj)	[radikal]
macht (vermogen)	puissance (f)	[pɥisɑ̃s]
machtig (bn)	puissant (adj)	[pɥisɑ̃]
aanhanger (de)	partisan (m)	[partizɑ̃]
invloed (de)	influence (f)	[ɛ̃flyɑ̃s]
regime (het)	régime (m)	[reʒim]
conflict (het)	conflit (m)	[kɔ̃fli]
samenzwering (de)	complot (m)	[kɔ̃plo]
provocatie (de)	provocation (f)	[prɔvɔkasjɔ̃]
omverwerpen (ww)	renverser (vt)	[rɑ̃vɛrse]
omverwerping (de)	renversement (m)	[rɑ̃vɛrsəmɑ̃]
revolutie (de)	révolution (f)	[revɔlysjɔ̃]
staatsgreep (de)	coup (m) d'État	[ku deta]
militaire coup (de)	coup (m) d'État militaire	[ku deta militɛr]
crisis (de)	crise (f)	[kriz]
economische recessie (de)	baisse (f) économique	[bɛs ekɔnɔmik]
betoger (de)	manifestant (m)	[manifɛstɑ̃]
betoging (de)	manifestation (f)	[manifɛstasjɔ̃]
krijgswet (de)	loi (f) martiale	[lwa marsjal]
militaire basis (de)	base (f) militaire	[baz militɛr]
stabiliteit (de)	stabilité (f)	[stabilite]
stabiel (bn)	stable (adj)	[stabl]
uitbuiting (de)	exploitation (f)	[ɛksplwatasjɔ̃]
uitbuiten (ww)	exploiter (vt)	[ɛksplwate]
racisme (het)	racisme (m)	[rasism]
racist (de)	raciste (m)	[rasist]

| fascisme (het) | fascisme (m) | [faʃism] |
| fascist (de) | fasciste (m) | [faʃist] |

245. Landen. Diversen

vreemdeling (de)	étranger (m)	[etrãʒe]
buitenlands (bn)	étranger (adj)	[etrãʒe]
in het buitenland (bw)	à l'étranger (adv)	[aletrãʒe]

emigrant (de)	émigré (m)	[emigre]
emigratie (de)	émigration (f)	[emigrasjõ]
emigreren (ww)	émigrer (vi)	[emigre]

Westen (het)	Ouest (m)	[wɛst]
Oosten (het)	Est (m)	[ɛst]
Verre Oosten (het)	Extrême Orient (m)	[ɛkstrɛm ɔrjã]

beschaving (de)	civilisation (f)	[sivilizasjõ]
mensheid (de)	humanité (f)	[ymanite]
wereld (de)	monde (m)	[mõd]
vrede (de)	paix (f)	[pɛ]
wereld- (abn)	mondial (adj)	[mõdjal]

vaderland (het)	patrie (f)	[patri]
volk (het)	peuple (m)	[pœpl]
bevolking (de)	population (f)	[pɔpylasjõ]
mensen (mv.)	gens (m pl)	[ʒɛs]
natie (de)	nation (f)	[nasjõ]
generatie (de)	génération (f)	[ʒenerasjõ]
gebied (bijv. bezette ~en)	territoire (m)	[tɛritwar]
regio, streek (de)	région (f)	[reʒjõ]
deelstaat (de)	état (m)	[eta]

traditie (de)	tradition (f)	[tradisjõ]
gewoonte (de)	coutume (f)	[kutym]
ecologie (de)	écologie (f)	[ekɔlɔʒi]

Indiaan (de)	indien (m)	[ɛ̃djɛ̃]
zigeuner (de)	bohémien (m)	[bɔemjɛ̃]
zigeunerin (de)	bohémienne (f)	[bɔemjɛn]
zigeuner- (abn)	bohémien (adj)	[bɔemjɛ̃]

rijk (het)	empire (m)	[ãpir]
kolonie (de)	colonie (f)	[kɔlɔni]
slavernij (de)	esclavage (m)	[ɛsklavaʒ]
invasie (de)	invasion (f)	[ɛ̃vazjõ]
hongersnood (de)	famine (f)	[famin]

246. Grote religieuze groepen. Bekentenissen

| religie (de) | religion (f) | [rəliʒjõ] |
| religieus (bn) | religieux (adj) | [rəliʒjø] |

geloof (het)	foi (f)	[fwa]
geloven (ww)	croire (vi)	[krwar]
gelovige (de)	croyant (m)	[krwajã]
atheïsme (het)	athéisme (m)	[ateism]
atheïst (de)	athée (m)	[ate]
christendom (het)	christianisme (m)	[kristjanism]
christen (de)	chrétien (m)	[kretjɛ̃]
christelijk (bn)	chrétien (adj)	[kretjɛ̃]
katholicisme (het)	catholicisme (m)	[katɔlisism]
katholiek (de)	catholique (m)	[katɔlik]
katholiek (bn)	catholique (adj)	[katɔlik]
protestantisme (het)	protestantisme (m)	[prɔtɛstãtism]
Protestante Kerk (de)	Église (f) protestante	[egliz prɔtɛstãt]
protestant (de)	protestant (m)	[prɔtɛstã]
orthodoxie (de)	Orthodoxie (f)	[ɔrtɔdɔksi]
Orthodoxe Kerk (de)	Église (f) orthodoxe	[egliz ɔrtɔdɔks]
orthodox	orthodoxe (m)	[ɔrtɔdɔks]
presbyterianisme (het)	Presbytérianisme (m)	[prɛsbiterjanism]
Presbyteriaanse Kerk (de)	Église (f) presbytérienne	[egliz prɛsbiterjɛn]
presbyteriaan (de)	presbytérien (m)	[prɛsbiterjɛ̃]
lutheranisme (het)	Église (f) luthérienne	[egliz lyterjɛn]
lutheraan (de)	luthérien (m)	[lyterjɛ̃]
baptisme (het)	Baptisme (m)	[batism]
baptist (de)	baptiste (m)	[batist]
Anglicaanse Kerk (de)	Église (f) anglicane	[egliz ãglikan]
anglicaan (de)	anglican (m)	[ãglikã]
mormonisme (het)	Mormonisme (m)	[mɔrmɔnism]
mormoon (de)	mormon (m)	[mɔrmõ]
Jodendom (het)	judaïsme (m)	[ʒydaism]
jood (aanhanger van het Jodendom)	juif (m)	[ʒɥif]
boeddhisme (het)	Bouddhisme (m)	[budism]
boeddhist (de)	bouddhiste (m)	[budist]
hindoeïsme (het)	hindouisme (m)	[ɛ̃duism]
hindoe (de)	hindouiste (m)	[ɛ̃duist]
islam (de)	islam (m)	[islam]
islamiet (de)	musulman (m)	[myzylmã]
islamitisch (bn)	musulman (adj)	[myzylmã]
sjiisme (het)	Chiisme (m)	[ʃiism]
sjiiet (de)	chiite (m)	[ʃiit]
soennisme (het)	Sunnisme (m)	[synism]
soenniet (de)	sunnite (m)	[synit]

247. Religies. Priesters

priester (de)	prêtre (m)	[prɛtr]
paus (de)	Pape (m)	[pap]
monnik (de)	moine (m)	[mwan]
non (de)	bonne sœur (f)	[bɔn sœr]
pastoor (de)	pasteur (m)	[pastœr]
abt (de)	abbé (m)	[abe]
vicaris (de)	vicaire (m)	[vikɛr]
bisschop (de)	évêque (m)	[evɛk]
kardinaal (de)	cardinal (m)	[kardinal]
predikant (de)	prédicateur (m)	[predikatœr]
preek (de)	sermon (m)	[sɛrmõ]
kerkgangers (mv.)	paroissiens (m pl)	[parwasjɛ̃]
gelovige (de)	croyant (m)	[krwajã]
atheïst (de)	athée (m)	[ate]

248. Geloof. Christendom. Islam

Adam	Adam	[adã]
Eva	Ève	[ɛv]
God (de)	Dieu (m)	[djø]
Heer (de)	le Seigneur	[lə sɛɲœr]
Almachtige (de)	le Tout-Puissant	[lə tup̣isã]
zonde (de)	péché (m)	[peʃe]
zondigen (ww)	pécher (vi)	[peʃe]
zondaar (de)	pécheur (m)	[peʃœr]
zondares (de)	pécheresse (f)	[peʃrɛs]
hel (de)	enfer (m)	[ãfɛr]
paradijs (het)	paradis (m)	[paradi]
Jezus	Jésus	[ʒezy]
Jezus Christus	Jésus Christ	[ʒezykri]
Heilige Geest (de)	le Saint Esprit	[lə sɛ̃tɛspri]
Verlosser (de)	le Sauveur	[lə sovœr]
Maagd Maria (de)	la Sainte Vierge	[la sɛ̃t vjɛrʒ]
duivel (de)	le Diable	[djabl]
duivels (bn)	diabolique (adj)	[djabɔlik]
Satan	Satan	[satã]
satanisch (bn)	satanique (adj)	[satanik]
engel (de)	ange (m)	[ãʒ]
beschermengel (de)	ange (m) gardien	[ãʒ gardjɛ̃]
engelachtig (bn)	angélique (adj)	[ãʒelik]

apostel (de)	apôtre (m)	[apotr]
aartsengel (de)	archange (m)	[arkɑ̃ʒ]
antichrist (de)	Antéchrist (m)	[ɑ̃tekrist]

Kerk (de)	Église (f)	[egliz]
bijbel (de)	Bible (f)	[bibl]
bijbels (bn)	biblique (adj)	[biblik]

Oude Testament (het)	Ancien Testament (m)	[ɑ̃sjɛ̃ tɛstamɑ̃]
Nieuwe Testament (het)	Nouveau Testament (m)	[nuvo tɛstamɑ̃]
evangelie (het)	Évangile (m)	[evɑ̃ʒil]
Heilige Schrift (de)	Sainte Écriture (f)	[sɛ̃t ekrityr]
Hemel, Hemelrijk (de)	Cieux (m pl)	[sjø]

gebod (het)	commandement (m)	[kɔmɑ̃dmɑ̃]
profeet (de)	prophète (m)	[prɔfɛt]
profetie (de)	prophétie (f)	[prɔfesi]

Allah	Allah	[ala]
Mohammed	Mahomet	[maɔmɛ]
Koran (de)	le Coran	[kɔrɑ̃]

moskee (de)	mosquée (f)	[mɔske]
moellah (de)	mulla (m)	[mula]
gebed (het)	prière (f)	[prijɛr]
bidden (ww)	prier (vt)	[prije]

pelgrimstocht (de)	pèlerinage (m)	[pɛlrinaʒ]
pelgrim (de)	pèlerin (m)	[pɛlrɛ̃]
Mekka	La Mecque	[la mɛk]

kerk (de)	église (f)	[egliz]
tempel (de)	temple (m)	[tɑ̃pl]
kathedraal (de)	cathédrale (f)	[katedral]
gotisch (bn)	gothique (adj)	[gɔtik]
synagoge (de)	synagogue (f)	[sinagɔg]
moskee (de)	mosquée (f)	[mɔske]

kapel (de)	chapelle (f)	[ʃapɛl]
abdij (de)	abbaye (f)	[abei]
nonnenklooster (het)	couvent (m)	[kuvɑ̃]
mannenklooster (het)	monastère (m)	[mɔnastɛr]

klok (de)	cloche (f)	[klɔʃ]
klokkentoren (de)	clocher (m)	[klɔʃe]
luiden (klokken)	sonner (vi)	[sɔ̃]

kruis (het)	croix (f)	[krwa]
koepel (de)	coupole (f)	[kupɔl]
icoon (de)	icône (f)	[ikon]

ziel (de)	âme (f)	[ɑm]
lot, noodlot (het)	sort (m)	[sɔr]
kwaad (het)	mal (m)	[mal]
goed (het)	bien (m)	[bjɛ̃]
vampier (de)	vampire (m)	[vɑ̃pir]

heks (de)	sorcière (f)	[sɔrsjɛr]
demoon (de)	démon (m)	[demõ]
duivel (de)	diable (m)	[djabl]
geest (de)	esprit (m)	[ɛspri]

| verzoeningsleer (de) | rachat (m) | [raʃa] |
| vrijkopen (ww) | racheter (vt) | [raʃte] |

mis (de)	messe (f)	[mɛs]
de mis opdragen	dire la messe	[dir la mɛs]
biecht (de)	confession (f)	[kõfesjõ]
biechten (ww)	se confesser (vp)	[sə kõfese]

heilige (de)	saint (m)	[sɛ̃]
heilig (bn)	sacré (adj)	[sakre]
wijwater (het)	l'eau bénite	[lo benit]

ritueel (het)	rite (m)	[rit]
ritueel (bn)	rituel (adj)	[rityɛl]
offerande (de)	sacrifice (m)	[sakrifis]

bijgeloof (het)	superstition (f)	[sypɛrstisjõ]
bijgelovig (bn)	superstitieux (adj)	[sypɛrstisjø]
hiernamaals (het)	vie (f) après la mort	[vi aprɛ la mɔr]
eeuwige leven (het)	vie (f) éternelle	[vi etɛrnɛl]

DIVERSEN

249. Diverse nuttige woorden

achtergrond (de)	fond (m)	[fõ]
balans (de)	balance (f)	[balãs]
basis (de)	base (f)	[baz]
begin (het)	début (m)	[debu]
beurt (wie is aan de ~?)	tour (m)	[tur]
categorie (de)	catégorie (f)	[kategɔri]
comfortabel (~ bed, enz.)	confortable (adj)	[kõfɔrtabl]
compensatie (de)	compensation (f)	[kõpãsasjõ]
deel (gedeelte)	part (f)	[par]
deeltje (het)	particule (f)	[partikyl]
ding (object, voorwerp)	chose (f)	[ʃoz]
dringend (bn, urgent)	urgent (adj)	[yrʒã]
dringend (bw, met spoed)	d'urgence (adv)	[dyrʒãs]
effect (het)	effet (m)	[efɛ]
eigenschap (kwaliteit)	propriété (f)	[prɔprijete]
einde (het)	fin (f)	[fɛ̃]
element (het)	élément (m)	[elemã]
feit (het)	fait (m)	[fɛ]
fout (de)	faute (f)	[fot]
geheim (het)	secret (m)	[səkrɛ]
graad (mate)	degré (m)	[dəgre]
groei (ontwikkeling)	croissance (f)	[krwasãs]
hindernis (de)	barrière (f)	[barjɛr]
hinderpaal (de)	obstacle (m)	[ɔpstakl]
hulp (de)	aide (f)	[ɛd]
ideaal (het)	idéal (m)	[ideal]
inspanning (de)	effort (m)	[efɔr]
keuze (een grote ~)	choix (m)	[ʃwa]
labyrint (het)	labyrinthe (m)	[labirɛ̃t]
manier (de)	mode (m)	[mɔd]
moment (het)	moment (m)	[mɔmã]
nut (bruikbaarheid)	utilité (f)	[ytilite]
onderscheid (het)	différence (f)	[diferãs]
ontwikkeling (de)	développement (m)	[devlɔpmã]
oplossing (de)	solution (f)	[sɔlysjõ]
origineel (het)	original (m)	[ɔriʒinal]
pauze (de)	pause (f)	[poz]
positie (de)	position (f)	[pozisjõ]
principe (het)	principe (m)	[prɛ̃sip]

probleem (het)	problème (m)	[prɔblɛm]
proces (het)	processus (m)	[prɔsesys]
reactie (de)	réaction (f)	[reaksjɔ̃]

reden (om ~ van)	cause (f)	[koz]
risico (het)	risque (m)	[risk]
samenvallen (het)	coïncidence (f)	[kɔɛ̃sidɑ̃s]
serie (de)	série (f)	[seri]

situatie (de)	situation (f)	[situasjɔ̃]
soort (bijv. ~ sport)	type (m)	[tip]
standaard (bn)	standard (adj)	[stɑ̃dar]
standaard (de)	standard (m)	[stɑ̃dar]
stijl (de)	style (m)	[stil]

stop (korte onderbreking)	arrêt (m)	[arɛ]
systeem (het)	système (m)	[sistɛm]
tabel (bijv. ~ van Mendelejev)	tableau (m)	[tablo]
tempo (langzaam ~)	tempo (m)	[tɛmpo]
term (medische ~en)	terme (m)	[tɛrm]

type (soort)	genre (m)	[ʒɑ̃r]
variant (de)	version (f)	[vɛrsjɔ̃]
veelvuldig (bn)	fréquent (adj)	[frekɑ̃]
vergelijking (de)	comparaison (f)	[kɔ̃parɛzɔ̃]
voorbeeld (het goede ~)	exemple (m)	[ɛgzɑ̃p]

voortgang (de)	progrès (m)	[prɔgrɛ]
voorwerp (ding)	objet (m)	[ɔbʒɛ]
vorm (uiterlijke ~)	forme (f)	[fɔrm]
waarheid (de)	vérité (f)	[verite]
zone (de)	zone (f)	[zon]

250. Beperkende bijwoorden. Bijvoeglijke naamwoorden. Deel 1

accuraat (uurwerk, enz.)	méticuleux (adj)	[metikylø]
achter- (abn)	arrière (adj)	[arjɛr]
additioneel (bn)	supplémentaire (adj)	[syplemɑ̃tɛr]
anders (bn)	différent (adj)	[diferɑ̃]

arm (bijv. ~e landen)	pauvre (adj)	[povr]
begrijpelijk (bn)	clair (adj)	[klɛr]
belangrijk (bn)	important (adj)	[ɛ̃pɔrtɑ̃]
belangrijkst (bn)	le plus important	[lə plyzɛ̃pɔrtɑ̃]

beleefd (bn)	poli (adj)	[pɔli]
beperkt (bn)	limité (adj)	[limite]
betekenisvol (bn)	considérable (adj)	[kɔ̃siderabl]
bijziend (bn)	myope (adj)	[mjɔp]
binnen- (abn)	intérieur (adj)	[ɛ̃terjœr]

bitter (bn)	amer (adj)	[amɛr]
blind (bn)	aveugle (adj)	[avœgl]
breed (een ~e straat)	large (adj)	[larʒ]

breekbaar (porselein, glas)	fragile (adj)	[fraʒil]
buiten- (abn)	extérieur (adj)	[ɛksterjœr]
buitenlands (bn)	étranger (adj)	[etrɑ̃ʒe]
burgerlijk (bn)	civil (adj)	[sivil]
centraal (bn)	central (adj)	[sɑ̃tral]
dankbaar (bn)	reconnaissant (adj)	[rəkɔnɛsɑ̃]
dicht (~e mist)	dense (adj)	[dɑ̃s]
dicht (bijv. ~e mist)	épais (adj)	[epɛ]
dicht (in de ruimte)	proche (adj)	[prɔʃ]
dichtbij (bn)	d'à côté, voisin	[da kote], [vwazɛ̃]
dichtstbijzijnd (bn)	le plus proche	[lə ply prɔʃ]
diepvries (~product)	surgelé (adj)	[syrʒəle]
dik (bijv. muur)	épais (adj)	[epɛ]
dof (~ licht)	faible (adj)	[fɛbl]
dom (dwaas)	stupide (adj)	[stypid]
donker (bijv. ~e kamer)	sombre (adj)	[sɔ̃br]
dood (bn)	mort (adj)	[mɔr]
doorzichtig (bn)	transparent (adj)	[trɑ̃sparɑ̃]
droevig (~ blik)	triste (adj)	[trist]
droog (bn)	sec (adj)	[sɛk]
dun (persoon)	maigre (adj)	[mɛgr]
duur (bn)	cher (adj)	[ʃɛr]
eender (bn)	le même, pareil (adj)	[lə mɛm], [parɛj]
eenvoudig (bn)	facile (adj)	[fasil]
eenvoudig (bn)	simple (adj)	[sɛ̃pl]
eeuwenoude (~ beschaving)	ancien (adj)	[ɑ̃sjɛ̃]
enorm (bn)	géant (adj)	[ʒeɑ̃]
geboorte- (stad, land)	natal (adj)	[natal]
gebruind (bn)	bronzé (adj)	[brɔ̃ze]
gelijkend (bn)	similaire, pareil (adj)	[similɛr], [parɛj]
gelukkig (bn)	heureux (adj)	[œrø]
gesloten (bn)	fermé (adj)	[fɛrme]
getaand (bn)	basané (adj)	[bazane]
gevaarlijk (bn)	dangereux (adj)	[dɑ̃ʒrø]
gewoon (bn)	ordinaire (adj)	[ɔrdinɛr]
gezamenlijk (~ besluit)	commun (adj)	[kɔmœ̃]
glad (~ oppervlak)	lisse (adj)	[lis]
glad (~ oppervlak)	plat (adj)	[pla]
goed (bn)	bon (adj)	[bɔ̃]
goedkoop (bn)	bon marché (adj)	[bɔ̃ marʃe]
gratis (bn)	gratuit (adj)	[gratɥi]
groot (bn)	grand (adj)	[grɑ̃]
hard (niet zacht)	dur (adj)	[dyr]
heel (volledig)	entier (adj)	[ɑ̃tje]
heet (bn)	très chaud (adj)	[trɛ ʃo]
hongerig (bn)	affamé (adj)	[afame]

hoofd- (abn)	principal (adj)	[prɛ̃sipal]
hoogste (bn)	suprême (adj)	[syprɛm]
huidig (courant)	présent (adj)	[prezɑ̃]
jong (bn)	jeune (adj)	[ʒœn]

juist, correct (bn)	juste, correct (adj)	[ʒyst], [kɔrɛkt]
kalm (bn)	calme (adj)	[kalm]
kinder- (abn)	d'enfant (adj)	[dɑ̃fɑ̃]
klein (bn)	petit (adj)	[pti]
koel (~ weer)	frais (adj)	[frɛ]

kort (kortstondig)	court (adj)	[kur]
kort (niet lang)	court (adj)	[kur]
koud (~ water, weer)	froid (adj)	[frwa]
kunstmatig (bn)	artificiel (adj)	[artifisjɛl]

laatst (bn)	dernier (adj)	[dɛrnje]
lang (een ~ verhaal)	long (adj)	[lɔ̃]
langdurig (bn)	continu (adj)	[kɔ̃tiny]
lastig (~ probleem)	difficile (adj)	[difisil]

leeg (glas, kamer)	vide (adj)	[vid]
lekker (bn)	bon, savoureux (adj)	[bɔ̃], [savurø]
licht (kleur)	clair (adj)	[klɛr]
licht (niet veel weegt)	léger (adj)	[leʒe]

linker (bn)	gauche (adj)	[goʃ]
luid (bijv. ~e stem)	fort (adj)	[fɔr]
mager (bn)	trop maigre (adj)	[tro mɛgr]
mat (bijv. ~ verf)	mat (adj)	[mat]
moe (bn)	fatigué (adj)	[fatige]

moeilijk (~ besluit)	difficile (adj)	[difisil]
mogelijk (bn)	possible (adj)	[pɔsibl]
mooi (bn)	beau (adj)	[bo]
mysterieus (bn)	mystérieux (adj)	[misterjø]

naburig (bn)	voisin (adj)	[vwazɛ̃]
nalatig (bn)	négligent (adj)	[negliʒɑ̃]
nat (~te kleding)	trempé (adj)	[trɑ̃pe]
nerveus (bn)	nerveux (adj)	[nɛrvø]
niet groot (bn)	pas grand (adj)	[pɑ grɑ̃]

niet moeilijk (bn)	facile (adj)	[fasil]
nieuw (bn)	neuf (adj)	[nœf]
nodig (bn)	nécessaire (adj)	[nesesɛr]
normaal (bn)	normal (adj)	[nɔrmal]

251. Beperkende bijwoorden. Bijvoeglijke naamwoorden. Deel 2

onbegrijpelijk (bn)	indéchiffrable (adj)	[ɛ̃deʃifrabl]
onbelangrijk (bn)	peu important (adj)	[pø ɛ̃pɔrtɑ̃]
onbeweeglijk (bn)	immobile (adj)	[imɔbil]
onbewolkt (bn)	sans nuages (adj)	[sɑ̃ nɥaʒ]

ondergronds (geheim)	clandestin (adj)	[klãdɛstɛ̃]
ondiep (bn)	peu profond (adj)	[pø prɔfɔ̃]
onduidelijk (bn)	pas clair (adj)	[pɑ klɛr]
onervaren (bn)	peu expérimenté (adj)	[pø ɛksperimãte]
onmogelijk (bn)	impossible (adj)	[ɛ̃pɔsibl]
onontbeerlijk (bn)	indispensable (adj)	[ɛ̃dispãsabl]

onophoudelijk (bn)	continu (adj)	[kõtiny]
ontkennend (bn)	négatif (adj)	[negatif]
open (bn)	ouvert (adj)	[uvɛr]
openbaar (bn)	public (adj)	[pyblik]
origineel (ongewoon)	original (adj)	[ɔriʒinal]

oud (~ huis)	vieux (adj)	[vjø]
overdreven (bn)	excessif (adj)	[ɛksesif]
passend (bn)	convenu (adj)	[kõvny]
permanent (bn)	permanent (adj)	[pɛrmanã]
persoonlijk (bn)	personnel (adj)	[pɛrsɔnɛl]

plat (bijv. ~ scherm)	plat (adj)	[pla]
prachtig (~ paleis, enz.)	magnifique (adj)	[maɲifik]
precies (bn)	précis, exact (adj)	[presi], [ɛgzakt]
prettig (bn)	agréable (adj)	[agreabl]
privé (bn)	privé (adj)	[prive]

punctueel (bn)	ponctuel (adj)	[põktɥɛl]
rauw (niet gekookt)	cru (adj)	[kry]
recht (weg, straat)	droit (adj)	[drwa]
rechter (bn)	droit (adj)	[drwa]
rijp (fruit)	mûr (adj)	[myr]

riskant (bn)	risqué (adj)	[riske]
ruim (een ~ huis)	spacieux (adj)	[spasjø]
rustig (bn)	tranquille (adj)	[trãkil]
scherp (bijv. ~ mes)	bien affilé (adj)	[bjɛn afile]
schoon (niet vies)	propre (adj)	[prɔpr]

slecht (bn)	mauvais (adj)	[movɛ]
slim (verstandig)	intelligent (adj)	[ɛ̃teliʒã]
smal (~le weg)	étroit (adj)	[etrwa]
snel (vlug)	rapide (adj)	[rapid]
somber (bn)	sombre (adj)	[sõbr]
speciaal (bn)	spécial (adj)	[spesjal]

sterk (bn)	fort (adj)	[fɔr]
stevig (bn)	solide (adj)	[sɔlid]
straatarm (bn)	miséreux (adj)	[mizerø]
strak (schoenen, enz.)	serré, étroit (adj)	[sere], [etrwa]
teder (liefderijk)	tendre (adj)	[tãdr]

tegenovergesteld (bn)	opposé (adj)	[ɔpoze]
tevreden (bn)	content (adj)	[kõtã]
tevreden (klant, enz.)	satisfait (adj)	[satisfɛ]
treurig (bn)	triste (adj)	[trist]
tweedehands (bn)	d'occasion (adj)	[dɔkazjõ]
uitstekend (bn)	excellent (adj)	[ɛkselã]

uitstekend (bn)	parfait (adj)	[parfɛ]
uniek (bn)	unique (adj)	[ynik]
veilig (niet gevaarlijk)	sûr (adj)	[syr]
ver (in de ruimte)	lointain (adj)	[lwɛ̃tɛ̃]
verenigbaar (bn)	compatible (adj)	[kɔ̃patibl]
vermoeiend (bn)	fatiguant (adj)	[fatigɑ̃]
verplicht (bn)	obligatoire (adj)	[ɔbligatwar]
vers (~ brood)	frais (adj)	[frɛ]
verschillende (bn)	divers (adj)	[divɛr]
verst (meest afgelegen)	éloigné (adj)	[elwaɲe]
vettig (voedsel)	gras (adj)	[gra]
vijandig (bn)	hostile (adj)	[ɔstil]
vloeibaar (bn)	liquide (adj)	[likid]
vochtig (bn)	humide (adj)	[ymid]
vol (helemaal gevuld)	plein (adj)	[plɛ̃]
volgend (~ jaar)	suivant (adj)	[sɥivɑ̃]
voorbij (bn)	passé (adj)	[pɑse]
voornaamste (bn)	principal (adj)	[prɛ̃sipal]
vorig (~ jaar)	passé (adj)	[pɑse]
vorig (bijv. ~e baas)	précédent (adj)	[presedɑ̃]
vriendelijk (aardig)	gentil (adj)	[ʒɑ̃ti]
vriendelijk (goedhartig)	bon (adj)	[bɔ̃]
vrij (bn)	libre (adj)	[libr]
vrolijk (bn)	joyeux (adj)	[ʒwajø]
vruchtbaar (~ land)	fertile (adj)	[fɛrtil]
vuil (niet schoon)	sale (adj)	[sal]
waarschijnlijk (bn)	probable (adj)	[prɔbabl]
warm (bn)	chaud (adj)	[ʃo]
wettelijk (bn)	légal (adj)	[legal]
zacht (bijv. ~ kussen)	mou (adj)	[mu]
zacht (bn)	bas (adj)	[ba]
zeldzaam (bn)	rare (adj)	[rar]
ziek (bn)	malade (adj)	[malad]
zoet (~ water)	douce (adj)	[dus]
zoet (bn)	sucré (adj)	[sykre]
zonnig (~e dag)	ensoleillé (adj)	[ɑ̃sɔleje]
zorgzaam (bn)	attentionné (adj)	[atɑ̃sjɔne]
zout (de soep is ~)	salé (adj)	[sale]
zuur (smaak)	aigre (adj)	[ɛgr]
zwaar (~ voorwerp)	lourd (adj)	[lur]

DE 500 BELANGRIJKSTE WERKWOORDEN

252. Werkwoorden A-C

aaien (bijv. een konijn ~)	caresser (vt)	[karese]
aanbevelen (ww)	recommander (vt)	[rəkɔmãde]
aandringen (ww)	insister (vi)	[ɛ̃siste]
aankomen (ov. de treinen)	arriver (vi)	[arive]

aanleggen (bijv. bij de pier)	accoster (vi)	[akɔste]
aanraken (met de hand)	toucher (vt)	[tuʃe]
aansteken (kampvuur, enz.)	allumer (vt)	[alyme]
aanstellen (in functie plaatsen)	nommer (vt)	[nɔme]

aanvallen (mil.)	attaquer (vt)	[atake]
aanvoelen (gevaar ~)	ressentir (vt)	[rəsãtir]
aanvoeren (leiden)	être en tête (de ...)	[ɛtr ã tɛt də]
aanwijzen (de weg ~)	indiquer (vt)	[ɛ̃dike]

aanzetten (computer, enz.)	allumer (vt)	[alyme]
ademen (ww)	respirer (vi)	[rɛspire]
adverteren (ww)	faire de la publicité	[fɛr də la pyblisite]
adviseren (ww)	conseiller (vt)	[kɔ̃seje]

afdalen (on.ww.)	descendre (vi)	[desãdr]
afgunstig zijn (ww)	envier (vt)	[ãvje]
afhakken (ww)	couper (vt)	[kupe]
afhangen van ...	dépendre de ...	[depãdr də]

afluisteren (ww)	écouter aux portes	[ekute o pɔrt]
afnemen (verwijderen)	enlever (vt)	[ãlve]
afrukken (ww)	arracher (vt)	[araʃe]
afslaan (naar rechts ~)	tourner (vi)	[turne]

afsnijden (ww)	couper (vt)	[kupe]
afzeggen (ww)	annuler (vt)	[anyle]
amputeren (ww)	amputer (vt)	[ãpyte]
amuseren (ww)	amuser (vt)	[amyze]

antwoorden (ww)	répondre (vi, vt)	[repɔ̃dr]
applaudisseren (ww)	applaudir (vi)	[aplodir]
aspireren (iets willen worden)	aspirer à ...	[aspire a]
assisteren (ww)	assister (vt)	[asiste]

bang zijn (ww)	avoir peur	[avwar pœr]
barsten (plafond, enz.)	se fendre (vp)	[sə fãdr]
bedienen (in restaurant)	servir (vt)	[sɛrvir]
bedreigen (bijv. met een pistool)	menacer (vt)	[mənase]

bedriegen (ww)	tromper (vt)	[trɔ̃pe]
beduiden (betekenen)	signifier (vt)	[siɲifje]
bedwingen (ww)	retenir (vt)	[rətənir]
beëindigen (ww)	finir (vt)	[finir]
begeleiden (vergezellen)	accompagner (vt)	[akɔ̃paɲe]
begieten (water geven)	arroser (vt)	[aroze]
beginnen (ww)	commencer (vt)	[kɔmɑ̃se]
begrijpen (ww)	comprendre (vt)	[kɔ̃prɑ̃dr]
behandelen (patiënt, ziekte)	soigner (vt)	[swaɲe]
beheren (managen)	diriger (vt)	[diriʒe]
beïnvloeden (ww)	influer (vt)	[ɛ̃flye]
bekennen (misdadiger)	avouer (vi, vt)	[avwe]
beledigen (met scheldwoorden)	insulter (vt)	[ɛ̃sylte]
beledigen (ww)	offenser (vt)	[ɔfɑ̃se]
beloven (ww)	promettre (vt)	[prɔmɛtr]
beperken (de uitgaven ~)	limiter (vt)	[limite]
bereiken (doel ~, enz.)	atteindre (vt)	[atɛ̃dr]
bereiken (plaats van bestemming ~)	atteindre (vt)	[atɛ̃dr]
beschermen (bijv. de natuur ~)	protéger (vt)	[prɔteʒe]
beschuldigen (ww)	accuser (vt)	[akyze]
beslissen (~ iets te doen)	décider (vt)	[deside]
besmet worden (met …)	attraper (vt)	[atrape]
besmetten (ziekte overbrengen)	contaminer (vt)	[kɔ̃tamine]
bespreken (spreken over)	discuter (vt)	[diskyte]
bestaan (een ~ voeren)	vivre (vi)	[vivr]
bestellen (eten ~)	commander (vi, vt)	[kɔmɑ̃de]
bestraffen (een stout kind ~)	punir (vt)	[pynir]
betalen (ww)	payer (vi, vt)	[peje]
betekenen (beduiden)	signifier (vt)	[siɲifje]
betreuren (ww)	regretter (vt)	[rəgrɛte]
bevallen (prettig vinden)	plaire à …	[plɛr a]
bevelen (mil.)	ordonner (vt)	[ɔrdɔne]
bevredigen (ww)	satisfaire (vt)	[satisfɛr]
bevrijden (stad, enz.)	libérer (vt)	[libere]
bewaren (oude brieven, enz.)	garder (vt)	[garde]
bewaren (vrede, leven)	préserver (vt)	[prezɛrve]
bewijzen (ww)	prouver (vt)	[pruve]
bewonderen (ww)	admirer (vt)	[admire]
bezitten (ww)	posséder (vt)	[pɔsede]
bezorgd zijn (ww)	s'inquiéter (vp)	[sɛ̃kjete]
bezorgd zijn (ww)	s'inquiéter (vp)	[sɛ̃kjete]
bidden (praten met God)	prier (vt)	[prije]
bijvoegen (ww)	ajouter (vt)	[aʒute]

binden (ww)	ligoter (vt)	[ligɔte]
binnengaan (een kamer ~)	entrer (vi)	[ãtre]

blazen (ww)	souffler (vi)	[sufle]
blozen (zich schamen)	rougir (vi)	[ruʒir]
blussen (brand ~)	éteindre (vt)	[etɛ̃dr]
boos maken (ww)	fâcher (vt)	[faʃe]

boos zijn (ww)	se fâcher (contre ...)	[sə faʃe kɔ̃tr]
breken	se rompre (vp)	[sə rɔ̃pr]
(on.ww., van een touw)		
breken (speelgoed, enz.)	briser, casser (vt)	[brize], [kase]
brengen (iets ergens ~)	amener, apporter (vt)	[amne], [apɔrte]

charmeren (ww)	charmer (vt)	[ʃarme]
citeren (ww)	citer (vt)	[site]
compenseren (ww)	compenser (vt)	[kɔ̃pɑ̃se]
compliceren (ww)	compliquer (vt)	[kɔ̃plike]

componeren (muziek ~)	composer (vt)	[kɔ̃poze]
compromitteren (ww)	compromettre (vt)	[kɔ̃prɔmɛtr]
concurreren (ww)	concurrencer (vt)	[kɔ̃kyrɑ̃se]
controleren (ww)	contrôler (vt)	[kɔ̃trole]

coöpereren (samenwerken)	coopérer (vi)	[kɔɔpere]
coördineren (ww)	coordonner (vt)	[kɔɔrdɔne]
corrigeren (fouten ~)	corriger (vt)	[kɔriʒe]
creëren (ww)	créer (vt)	[kree]

253. Werkwoorden D-K

danken (ww)	remercier (vt)	[rəmɛrsje]
de was doen	faire la lessive	[fɛr la lɛsiv]
de weg wijzen	diriger (vt)	[diriʒe]
deelnemen (ww)	participer (vi)	[partisipe]
delen (wisk.)	diviser (vt)	[divize]

denken (ww)	penser (vi, vt)	[pɑ̃se]
doden (ww)	tuer (vt)	[tɥe]
doen (ww)	faire (vt)	[fɛr]
dresseren (ww)	dresser (vt)	[drese]

drinken (ww)	boire (vt)	[bwar]
drogen (klederen, haar)	sécher (vt)	[seʃe]
dromen (in de slaap)	rêver (vi)	[rɛve]
dromen (over vakantie ~)	rêver (vi)	[rɛve]
duiken (ww)	plonger (vi)	[plɔ̃ʒe]

durven (ww)	oser (vt)	[oze]
duwen (ww)	pousser (vt)	[puse]
een auto besturen	conduire une voiture	[kɔ̃dɥir yn vwatyr]
een bad geven	baigner (vt)	[beɲe]
een bad nemen	se laver (vp)	[sə lave]
een conclusie trekken	tirer une conclusion	[tire yn kɔ̃klyzjɔ̃]

een foto maken (ww)	photographier (vi, vt)	[fɔtɔgrafje]
eisen (met klem vragen)	exiger (vt)	[ɛgziʒe]
erkennen (schuld)	reconnaître (vt)	[rəkɔnɛtr]
erven (ww)	hériter (vt)	[erite]
eten (ww)	manger (vi, vt)	[mɑ̃ʒe]
excuseren (vergeven)	excuser (vt)	[ɛkskyze]
existeren (bestaan)	exister (vi)	[ɛgziste]
feliciteren (ww)	féliciter (vt)	[felisite]
gaan (te voet)	aller (vi)	[ale]
gaan slapen	aller se coucher	[ale sə kuʃe]
gaan zitten (ww)	s'asseoir (vp)	[saswar]
gaan zwemmen	se baigner (vp)	[sə beɲe]
garanderen (garantie geven)	garantir (vt)	[garɑ̃tir]
gebruiken (bijv. een potlood ~)	se servir de …	[sə sɛrvir də]
gebruiken (woord, uitdrukking)	employer (vt)	[ɑ̃plwaje]
geconserveerd zijn (ww)	se conserver (vp)	[sə kɔ̃sɛrve]
gedateerd zijn (ww)	dater de …	[date də]
gehoorzamen (ww)	obéir (vt)	[ɔbeir]
gelijken (op elkaar lijken)	ressembler à …	[rəsɑ̃ble a]
geloven (vinden)	croire (vi, vt)	[krwar]
genoeg zijn (ww)	suffire (vi)	[syfir]
geven (ww)	donner (vt)	[dɔne]
gieten (in een beker ~)	verser (vt)	[vɛrse]
glimlachen (ww)	sourire (vi)	[surir]
glimmen (glanzen)	briller (vi)	[brije]
gluren (ww)	épier (vt)	[epje]
goed raden (ww)	deviner (vt)	[dəvine]
gooien (een steen, enz.)	jeter (vt)	[ʒəte]
grappen maken (ww)	plaisanter (vi)	[plɛzɑ̃te]
graven (tunnel, enz.)	creuser (vt)	[krøze]
haasten (iemand ~)	presser (vt)	[prese]
hebben (ww)	avoir (vt)	[avwar]
helpen (hulp geven)	aider (vt)	[ede]
herhalen (opnieuw zeggen)	répéter (vt)	[repete]
herinneren (ww)	se rappeler (vp)	[sə raple]
herinneren aan … (afspraak, opdracht)	rappeler (vt)	[raple]
herkennen (identificeren)	reconnaître (vt)	[rəkɔnɛtr]
herstellen (repareren)	réparer (vt)	[repare]
het haar kammen	se peigner (vp)	[sə peɲe]
hopen (ww)	espérer (vi)	[ɛspere]
horen (waarnemen met het oor)	entendre (vt)	[ɑ̃tɑ̃dr]
houden van (muziek, enz.)	aimer (vt)	[eme]
huilen (wenen)	pleurer (vi)	[plœre]
huiveren (ww)	tressaillir (vi)	[tresajir]

huren (een boot ~)	louer (vt)	[lwe]
huren (huis, kamer)	louer (vt)	[lwe]
huren (personeel)	embaucher (vt)	[ãboʃe]
imiteren (ww)	imiter (vt)	[imite]

importeren (ww)	importer (vt)	[ɛ̃pɔrte]
inenten (vaccineren)	vacciner (vt)	[vaksine]
informeren (informatie geven)	informer (vt)	[ɛ̃fɔrme]
informeren naar ... (navraag doen)	se renseigner (sur ...)	[sə rãseɲe]
inlassen (invoegen)	insérer (vt)	[ɛ̃sere]

inpakken (in papier)	envelopper (vt)	[ãvlɔpe]
inspireren (ww)	inspirer (vt)	[ɛ̃spire]
instemmen (akkoord gaan)	être d'accord	[ɛtr dakɔr]
interesseren (ww)	intéresser (vt)	[ɛ̃terese]

irriteren (ww)	irriter (vt)	[irite]
isoleren (ww)	isoler (vt)	[izɔle]
jagen (ww)	chasser (vi, vt)	[ʃase]
kalmeren (kalm maken)	calmer (vt)	[kalme]

kennen (kennis hebben van iemand)	connaître (vt)	[kɔnɛtr]
kennismaken (met ...)	faire connaissance	[fɛr kɔnɛsãs]
kiezen (ww)	choisir (vt)	[ʃwazir]
kijken (ww)	regarder (vi, vt)	[rəgarde]

klaarmaken (een plan ~)	préparer (vt)	[prepare]
klaarmaken (het eten ~)	préparer (vt)	[prepare]
klagen (ww)	se plaindre (vp)	[sə plɛdr]
kloppen (aan een deur)	frapper (vi)	[frape]

kopen (ww)	acheter (vt)	[aʃte]
kopieën maken	faire des copies	[fɛr de kɔpi]
kosten (ww)	coûter (vt)	[kute]
kunnen (ww)	pouvoir (v aux)	[puvwar]
kweken (planten ~)	cultiver (vt)	[kyltive]

254. Werkwoorden L-R

lachen (ww)	rire (vi)	[rir]
laden (geweer, kanon)	charger (vt)	[ʃarʒe]
laden (vrachtwagen)	charger (vt)	[ʃarʒe]
laten vallen (ww)	faire tomber	[fɛr tõbe]

lenen (geld ~)	emprunter (vt)	[ãprœ̃te]
leren (lesgeven)	apprendre (vt)	[aprãdr]
leven (bijv. in Frankrijk ~)	habiter (vt)	[abite]
lezen (een boek ~)	lire (vi, vt)	[lir]

lid worden (ww)	se joindre (vp)	[sə ʒwɛdr]
liefhebben (ww)	aimer (vt)	[eme]
liegen (ww)	mentir (vi)	[mãtir]

236

liggen (op de tafel ~)	se trouver (vp)	[sə truve]
liggen (persoon)	être allongé	[ɛtr alɔ̃ʒe]
lijden (pijn voelen)	souffrir (vi)	[sufrir]
losbinden (ww)	détacher (vt)	[detaʃe]
luisteren (ww)	écouter (vt)	[ekute]
lunchen (ww)	déjeuner (vi)	[deʒœne]
markeren (op de kaart, enz.)	marquer (vt)	[marke]
melden (nieuws ~)	annoncer (vt)	[anɔ̃se]
memoriseren (ww)	mémoriser (vt)	[memɔrize]
mengen (ww)	mélanger (vt)	[melɑ̃ʒe]
mikken op (ww)	viser (vt)	[vize]
minachten (ww)	mépriser (vt)	[meprize]
moeten (ww)	devoir (v aux)	[dəvwar]
morsen (koffie, enz.)	renverser (vt)	[rɑ̃vɛrse]
naderen (dichterbij komen)	s'approcher (vp)	[saprɔʃe]
neerlaten (ww)	abaisser (vt)	[abese]
nemen (ww)	prendre (vt)	[prɑ̃dr]
nodig zijn (ww)	être nécessaire	[ɛtr nesesɛr]
noemen (ww)	appeler (vt)	[aple]
noteren (opschrijven)	noter (vt)	[nɔte]
omhelzen (ww)	serrer dans ses bras	[sere dɑ̃ se bra]
omkeren (steen, voorwerp)	retourner (vt)	[rəturne]
onderhandelen (ww)	négocier (vi)	[negɔsje]
ondernemen (ww)	entreprendre (vt)	[ɑ̃trəprɑ̃dr]
onderschatten (ww)	sous-estimer (vt)	[suzɛstime]
onderscheiden (een ereteken geven)	décorer (vt)	[dekɔre]
onderstrepen (ww)	souligner (vt)	[suliɲe]
ondertekenen (ww)	signer (vt)	[siɲe]
onderwijzen (ww)	instruire (vt)	[ɛ̃strɥir]
onderzoeken (alle feiten, enz.)	examiner (vt)	[ɛgzamine]
ongerust maken (ww)	inquiéter (vt)	[ɛ̃kjete]
onmisbaar zijn (ww)	être indispensable	[ɛtr ɛ̃dispɑ̃sabl]
ontbijten (ww)	prendre le petit déjeuner	[prɑ̃dr ləpti deʒœne]
ontdekken (bijv. nieuw land)	découvrir (vt)	[dekuvrir]
ontkennen (ww)	nier (vt)	[nje]
ontlopen (gevaar, taak)	éviter (vt)	[evite]
ontnemen (ww)	priver (vt)	[prive]
ontwerpen (machine, enz.)	concevoir, créer (vt)	[kɔ̃səvwar], [kree]
oorlog voeren (ww)	faire la guerre	[fɛr la gɛr]
op orde brengen	remettre en ordre	[rəmɛtr anɔrdr]
opbergen (in de kast, enz.)	ranger (vt)	[rɑ̃ʒe]
opduiken (ov. een duikboot)	faire surface	[fɛr syrfas]
openen (ww)	ouvrir (vt)	[uvrir]
ophangen (bijv. gordijnen ~)	accrocher (vt)	[akrɔʃe]

ophouden (ww)	cesser (vt)	[sese]
oplossen (een probleem ~)	résoudre (vt)	[rezudr]
opmerken (zien)	apercevoir (vt)	[apɛrsəvwar]

opmerken (zien)	remarquer (vt)	[rəmarke]
opscheppen (ww)	se vanter (vp)	[sə vãte]
opschrijven (op een lijst)	inscrire (vt)	[ɛ̃skrir]
opschrijven (ww)	prendre en note	[prãdr ã nɔt]

opstaan (uit je bed)	se lever (vp)	[sə ləve]
opstarten (project, enz.)	lancer (vt)	[lãse]
opstijgen (vliegtuig)	décoller (vi)	[dekɔle]
optreden (resoluut ~)	agir (vi)	[aʒir]

organiseren (concert, feest)	organiser (vt)	[ɔrganize]
overdoen (ww)	refaire (vt)	[rəfɛr]
overheersen (dominant zijn)	prédominer (vi)	[predɔmine]
overschatten (ww)	surestimer (vt)	[syrɛstime]

overtuigd worden (ww)	être convaincu de ...	[ɛtr kɔ̃vɛ̃ky]
overtuigen (ww)	convaincre (vt)	[kɔ̃vɛ̃kr]
passen (jurk, broek)	aller bien	[ale bjɛ̃]
passeren	dépasser (vt)	[depase]
(~ mooie dorpjes, enz.)		

peinzen (lang nadenken)	devenir pensif	[dəvnir pãsif]
penetreren (ww)	pénétrer (vt)	[penetre]
plaatsen (ww)	mettre (vt)	[mɛtr]
plaatsen (zetten)	mettre (vt)	[mɛtr]

plannen (ww)	planifier (vt)	[planifje]
plezier hebben (ww)	s'amuser (vp)	[samyze]
plukken (bloemen ~)	cueillir (vt)	[kœjir]
prefereren (verkiezen)	préférer (vt)	[prefere]

proberen (trachten)	essayer (vt)	[eseje]
proberen (trachten)	tenter (vt)	[tãte]
protesteren (ww)	protester (vi, vt)	[prɔtɛste]
provoceren (uitdagen)	provoquer (vt)	[prɔvɔke]

raadplegen (dokter, enz.)	consulter ...	[kɔ̃sylte]
rapporteren (ww)	faire un rapport	[fɛr œ̃ rapɔr]
redden (ww)	sauver (vt)	[sove]
regelen (conflict)	régler (vt)	[regle]

reinigen (schoonmaken)	enlever la boue	[ãlve la bu]
rekenen op ...	compter sur ...	[kɔ̃te syr]
rennen (ww)	courir (vi)	[kurir]
reserveren	réserver (vt)	[rezɛrve]
(een hotelkamer ~)		

rijden (per auto, enz.)	aller (vi)	[ale]
rillen (ov. de kou)	trembler (vi)	[trãble]
riskeren (ww)	prendre un risque	[prãdr œ̃ risk]
roepen (met je stem)	appeler (vt)	[aple]
roepen (om hulp)	appeler (vt)	[aple]

ruiken (bepaalde geur verspreiden)	sentir (vi, vt)	[sãtir]
ruiken (rozen)	sentir (vt)	[sãtir]
rusten (verpozen)	se reposer (vp)	[sə rəpoze]

255. Verbs S-V

samenstellen, maken (een lijst ~)	dresser (vt)	[drese]
schieten (ww)	tirer (vt)	[tire]
schoonmaken (bijv. schoenen ~)	nettoyer (vt)	[nɛtwaje]
schoonmaken (ww)	faire le ménage	[fɛr le menaʒ]

schrammen (ww)	griffer (vt)	[grife]
schreeuwen (ww)	crier (vi)	[krije]
schrijven (ww)	écrire (vt)	[ekrir]
schudden (ww)	secouer (vt)	[səkwe]

selecteren (ww)	sélectionner (vt)	[selɛksjɔne]
simplificeren (ww)	simplifier (vt)	[sɛ̃plifje]
slaan (een hond ~)	battre (vt)	[batr]
sluiten (ww)	fermer (vt)	[fɛrme]

smeken (bijv. om hulp ~)	supplier (vt)	[syplije]
souperen (ww)	dîner (vi)	[dine]
spelen (bijv. filmacteur)	jouer (vi, vt)	[ʒwe]
spelen (kinderen, enz.)	jouer (vi)	[ʒwe]

spreken met ...	parler avec ...	[parle avɛk]
spuwen (ww)	cracher (vi)	[kraʃe]
stelen (ww)	voler (vt)	[vɔle]
stemmen (verkiezing)	voter (vi)	[vɔte]
steunen (een goed doel, enz.)	soutenir (vt)	[sutnir]

stoppen (pauzeren)	s'arrêter (vp)	[sarete]
storen (lastigvallen)	déranger (vt)	[derãʒe]
strijden (tegen een vijand)	lutter (contre ...)	[lyte kõtr]
strijden (ww)	combattre (vi)	[kõbatr]

strijken (met een strijkbout)	repasser (vt)	[rəpase]
studeren (bijv. wiskunde ~)	étudier (vt)	[etydje]
sturen (zenden)	envoyer (vt)	[ãvwaje]
tellen (bijv. geld ~)	compter (vt)	[kõte]

terugkeren (ww)	revenir (vi)	[rəvnir]
terugsturen (ww)	renvoyer (vt)	[rãvwaje]
toebehoren aan ...	appartenir à ...	[apartənir a]
toegeven (zwichten)	céder (vt)	[sede]

| toenemen (on. ww) | augmenter (vi) | [ogmãte] |
| toespreken (zich tot iemand richten) | s'adresser (vp) | [sadrese] |

239

toestaan (goedkeuren)	permettre (vt)	[pɛrmɛtr]
toestaan (ww)	permettre (vt)	[pɛrmɛtr]
toewijden (boek, enz.)	dédier (vt)	[dedje]
tonen (uitstallen, laten zien)	montrer (vt)	[mɔ̃tre]
trainen (ww)	entraîner (vt)	[ãtrene]
transformeren (ww)	transformer (vt)	[trãsfɔrme]
trekken (touw)	tirer (vt)	[tire]
trouwen (ww)	se marier (vp)	[sə marje]
tussenbeide komen (ww)	intervenir (vi)	[ɛ̃tɛrvənir]
twijfelen (onzeker zijn)	douter (vt)	[dute]
uitdelen (pamfletten ~)	distribuer (vt)	[distribɥe]
uitdoen (licht)	éteindre (vt)	[etɛ̃dr]
uitdrukken (opinie, gevoel)	exprimer (vt)	[ɛksprime]
uitgaan (om te dineren, enz.)	sortir (vi)	[sɔrtir]
uitlachen (bespotten)	se moquer (vp)	[sə mɔke]
uitnodigen (ww)	inviter (vt)	[ɛ̃vite]
uitrusten (ww)	équiper (vt)	[ekipe]
uitsluiten (wegsturen)	exclure, expulser (vt)	[ɛksklyr], [ɛkspylse]
uitspreken (ww)	prononcer (vt)	[prɔnɔ̃se]
uittorenen (boven ...)	dominer (vt)	[dɔmine]
uitvaren tegen (ww)	gronder (vt)	[grɔ̃de]
uitvinden (machine, enz.)	inventer (vt)	[ɛ̃vãte]
uitwissen (ww)	effacer (vt)	[efase]
vangen (ww)	attraper (vt)	[atrape]
vastbinden aan ...	attacher (vt)	[ataʃe]
vechten (ww)	se battre (vp)	[sə batr]
veranderen (bijv. mening ~)	changer (vt)	[ʃãʒe]
verbaasd zijn (ww)	s'étonner (vp)	[setɔne]
verbazen (verwonderen)	étonner (vt)	[etɔne]
verbergen (ww)	cacher (vt)	[kaʃe]
verbieden (ww)	interdire (vt)	[ɛ̃tɛrdir]
verblinden (andere chauffeurs)	aveugler (vt)	[avœgle]
verbouwereerd zijn (ww)	être perplexe	[ɛtr pɛrplɛks]
verbranden (bijv. papieren ~)	brûler (vt)	[bryle]
verdedigen (je land ~)	défendre (vt)	[defãdr]
verdenken (ww)	suspecter (vt)	[syspɛkte]
verdienen (een complimentje, enz.)	mériter (vt)	[merite]
verdragen (tandpijn, enz.)	supporter (vt)	[sypɔrte]
verdrinken (in het water omkomen)	se noyer (vp)	[sə nwaje]
verdubbelen (ww)	doubler (vt)	[duble]
verdwijnen (ww)	disparaître (vi)	[disparɛtr]
verenigen (ww)	unir, réunir (vt)	[ynir], [reynir]
vergelijken (ww)	comparer (vt)	[kɔ̃pare]

vergeten (achterlaten)	laisser (vt)	[lese]
vergeten (ww)	oublier (vt)	[ublije]
vergeven (ww)	pardonner (vt)	[pardɔne]
vergroten (groter maken)	augmenter (vt)	[ogmãte]
verklaren (uitleggen)	expliquer (vt)	[ɛksplike]
verklaren (volhouden)	affirmer (vt)	[afirme]
verklikken (ww)	dénoncer (vt)	[denɔ̃se]
verkopen (per stuk ~)	vendre (vt)	[vãdr]
verlaten (echtgenoot, enz.)	quitter (vt)	[kite]
verlichten (gebouw, straat)	éclairer (vt)	[eklere]
verlichten (gemakkelijker maken)	faciliter (vt)	[fasilite]
verliefd worden (ww)	tomber amoureux	[tɔ̃be amurø]
verliezen (bagage, enz.)	perdre (vt)	[pɛrdr]
vermelden (praten over)	mentionner (vt)	[mãsjɔne]
vermenigvuldigen (wisk.)	multiplier (vt)	[myltiplije]
verminderen (ww)	diminuer (vt)	[diminɥe]
vermoeid raken (ww)	être fatigué	[ɛtr fatige]
vermoeien (ww)	fatiguer (vt)	[fatige]

256. Verbs V-Z

vernietigen (documenten, enz.)	détruire (vt)	[detrɥir]
veronderstellen (ww)	supposer (vt)	[sypoze]
verontwaardigd zijn (ww)	s'indigner (vp)	[sɛ̃diɲe]
veroordelen (in een rechtszaak)	condamner (vt)	[kɔ̃dane]
veroorzaken ... (oorzaak zijn van ...)	être la cause de ...	[ɛtr la koz də]
verplaatsen (ww)	déplacer (vt)	[deplase]
verpletteren (een insect, enz.)	écraser (vt)	[ekraze]
verplichten (ww)	forcer (vt)	[fɔrse]
verschijnen (bijv. boek)	paraître (vi)	[parɛtr]
verschijnen (in zicht komen)	apparaître (vi)	[aparɛtr]
verschillen (~ van iets anders)	être différent	[ɛtr diferã]
versieren (decoreren)	décorer (vt)	[dekɔre]
verspreiden (pamfletten, enz.)	diffuser (vt)	[difyze]
verspreiden (reuk, enz.)	répandre (vt)	[repãdr]
versterken (positie ~)	renforcer (vt)	[rãfɔrse]
verstommen (ww)	se taire (vp)	[sə tɛr]
vertalen (ww)	traduire (vt)	[tradɥir]
vertellen (verhaal ~)	raconter (vt)	[rakɔ̃te]
vertrekken (bijv. naar Mexico ~)	partir (vi)	[partir]

vertrouwen (ww)	avoir confiance	[avwar kɔ̃fjɑ̃s]
vervolgen (ww)	continuer (vt)	[kɔ̃tinɥe]
verwachten (ww)	s'attendre (vp)	[satɑ̃dr]

verwarmen (ww)	chauffer (vt)	[ʃofe]
verwarren (met elkaar ~)	confondre (vt)	[kɔ̃fɔ̃dr]
verwelkomen (ww)	saluer (vt)	[salɥe]
verwezenlijken (ww)	réaliser (vt)	[realize]

verwijderen (een obstakel)	éliminer (vt)	[elimine]
verwijderen (een vlek ~)	enlever (vt)	[ɑ̃lve]
verwijten (ww)	reprocher (vt)	[rəprɔʃe]
verwisselen (ww)	changer (vt)	[ʃɑ̃ʒe]
verzoeken (ww)	demander (vt)	[dəmɑ̃de]

verzuimen (school, enz.)	manquer (vt)	[mɑ̃ke]
vies worden (ww)	se salir (vp)	[sə salir]
vinden (denken)	penser (vt)	[pɑ̃se]
vinden (ww)	trouver (vt)	[truve]

vissen (ww)	pêcher (vt)	[peʃe]
vleien (ww)	flatter (vt)	[flate]
vliegen (vogel, vliegtuig)	voler (vi)	[vɔle]
voederen	nourrir (vt)	[nurir]
(een dier voer geven)		

volgen (ww)	suivre ...	[sɥivr]
voorstellen (introduceren)	présenter (vt)	[prezɑ̃te]
voorstellen (Mag ik jullie ~)	présenter (vt)	[prezɑ̃te]
voorstellen (ww)	proposer (vt)	[prɔpoze]

voorzien (verwachten)	prévoir (vt)	[prevwar]
vorderen (vooruitgaan)	progresser (vi)	[prɔgrese]
vormen (samenstellen)	former (vt)	[fɔrme]
vullen (glas, fles)	remplir (vt)	[rɑ̃plir]

waarnemen (ww)	observer (vt)	[ɔpsɛrve]
waarschuwen (ww)	avertir (vt)	[avɛrtir]
wachten (ww)	attendre (vt)	[atɑ̃dr]
wassen (ww)	laver (vt)	[lave]

weerspreken (ww)	objecter (vt)	[ɔbʒɛkte]
wegdraaien (ww)	se détourner (vp)	[sə deturne]
wegdragen (ww)	emporter (vt)	[ɑ̃pɔrte]
wegen (gewicht hebben)	peser (vi)	[pəze]

wegjagen (ww)	chasser (vt)	[ʃase]
weglaten (woord, zin)	omettre (vt)	[ɔmɛtr]
wegvaren	larguer les amarres	[large lezamar]
(uit de haven vertrekken)		
weigeren (iemand ~)	refuser (vt)	[rəfyze]

wekken (ww)	réveiller (vt)	[reveje]
wensen (ww)	désirer (vt)	[dezire]
werken (ww)	travailler (vi)	[travaje]
weten (ww)	savoir (vt)	[savwar]

willen (verlangen)	**vouloir** (vt)	[vulwar]
wisselen (omruilen, iets ~)	**s'échanger (des ...)**	[seʃɑ̃ʒe de]
worden (bijv. oud ~)	**devenir** (vi)	[dəvnir]
worstelen (sport)	**lutter** (vi)	[lyte]
wreken (ww)	**se venger** (vp)	[sə vɑ̃ʒe]
zaaien (zaad strooien)	**semer** (vt)	[səme]
zeggen (ww)	**dire** (vt)	[dir]
zich baseerd op	**être basé (sur ...)**	[ɛtr baze syr]
zich bevrijden van ... (afhelpen)	**se débarrasser de ...**	[sə debarase də]
zich concentreren (ww)	**se concentrer** (vp)	[sə kɔ̃sɑ̃tre]
zich ergeren (ww)	**s'irriter** (vp)	[sirite]
zich gedragen (ww)	**se conduire** (vp)	[sə kɔ̃dɥir]
zich haasten (ww)	**être pressé**	[ɛtr prese]
zich herinneren (ww)	**se souvenir** (vp)	[sə suvnir]
zich herstellen (ww)	**se rétablir** (vp)	[sə retablir]
zich indenken (ww)	**imaginer** (vt)	[imaʒine]
zich interesseren voor ...	**s'intéresser à ...**	[sɛ̃terese a]
zich scheren (ww)	**se raser** (vp)	[sə raze]
zich trainen (ww)	**s'entraîner** (vp)	[sɑ̃trene]
zich verdedigen (ww)	**se défendre** (vp)	[sə defɑ̃dr]
zich vergissen (ww)	**se tromper** (vp)	[sə trɔ̃pe]
zich verontschuldigen	**s'excuser** (vp)	[sɛkskyze]
zich verspreiden (meel, suiker, enz.)	**se renverser** (vp)	[sə rɑ̃vɛrse]
zich vervelen (ww)	**s'ennuyer** (vp)	[sɑ̃nɥije]
zijn (ww)	**être** (vi)	[ɛtr]
zinspelen (ww)	**faire allusion**	[fɛr alyzjɔ̃]
zitten (ww)	**être assis**	[ɛtr asi]
zoeken (ww)	**chercher** (vt)	[ʃɛrʃe]
zondigen (ww)	**pécher** (vi)	[peʃe]
zuchten (ww)	**soupirer** (vi)	[supire]
zwaaien (met de hand)	**agiter** (vt)	[aʒite]
zwemmen (ww)	**nager** (vi)	[naʒe]
zwijgen (ww)	**garder le silence**	[garde lə silɑ̃s]